JINRONG JIAOXUE
ANLI JINGXUAN

金融教学案例精选

宗计川　姜学军　主　编
范立夫　丁　宁　熊海芳　刘　妍　副主编

中国财经出版传媒集团

经济科学出版社
Economic Science Press

·北京·

图书在版编目（CIP）数据

金融教学案例精选/宗计川，姜学军主编；范立夫
等副主编 . －－北京：经济科学出版社，2024.1
ISBN 978 - 7 -5218 - 5483 - 1

Ⅰ.①金…　Ⅱ.①宗…②姜…③范…　Ⅲ.①金融学
－教案（教育）－汇编－高等学校　Ⅳ.①F830

中国国家版本馆 CIP 数据核字（2024）第 003381 号

责任编辑：李　建
责任校对：刘　昕
责任印制：范　艳

金融教学案例精选

宗计川　姜学军　主　编

范立夫　丁　宁　熊海芳　刘　妍　副主编

经济科学出版社出版、发行　新华书店经销
社址：北京市海淀区阜成路甲 28 号　邮编：100142
总编部电话：010 - 88191217　发行部电话：010 - 88191522
网址：www. esp. com. cn
电子邮箱：esp@ esp. com. cn
天猫网店：经济科学出版社旗舰店
网址：http://jjkxcbs. tmall. com
北京季蜂印刷有限公司印装
787 × 1092　16 开　19. 75 印张　365000 字
2024 年 1 月第 1 版　2024 年 1 月第 1 次印刷
ISBN 978 - 7 - 5218 - 5483 - 1　定价：98. 00 元

序

为适应经济发展对金融专门人才的需求，完善金融人才培养体系，创新金融人才培养模式，提高金融人才培养质量，2010 年 3 月，国务院学位委员会第 27 次会议审议通过了金融硕士专业学位设置方案，决定在我国新增金融硕士专业学位，并于 2011 年成立全国金融专业学位研究生教育指导委员会（以下简称金融教指委），2011 年开始招生。

国务院学位委员会在《金融硕士专业学位设置方案》中，对金融硕士专业学位培养目标做了明确的界定，即培养具备良好的政治思想素质和职业道德素养，充分了解金融理论与实务，系统掌握投融资管理技能、金融交易技术与操作、金融产品设计与定价、财务分析、金融风险管理以及相关领域的知识和技能，具有很强的解决金融实际问题能力的高层次、应用型金融专门人才。

专业学位教育的学生毕业后更多地会成为金融分析师、风险（财富）管理师、产品设计师、金融市场拓展者以及金融企业优秀从业人员与管理者。可见，专业学位教育与传统研究生教育（即学术性）的一个很大的不同就在于"实践能力"的培养，教师在教学上必须要重视运用团队学习、案例分析、现场研究、模拟训练等方法，否则就体现不出专业学位教育的特色，难以实现培养目标。

东北财经大学金融学院的专业学位教育始于 2011 年，是首批获授权培养单位之一。截至 2023 年，共招收学生 2354 名。为有效支持和推动案例教学，学院通过设立案例教学中心和培训等方式，鼓励教师积极开展案例建设，参加全国金融硕士教学案例大赛，取得了良好的成绩。

本书所汇集的 10 篇案例均为入选中国金融专业学位案例中心的入库案例。该中心是由金融教指委设立与管理的，国内层次最高、规模最大的金融专业学位教学案例中心，入库的案例在授权点全国性专项核验（原"专项合格评估"）、全国性水平评估中均是被认可的全国最高级别优秀案例，也是各高校在职称评定、科研认定中认可的重要成果形式之一。可见，这10篇案例一定程度上代表着金融学教学案例的较高水准。

通读这些案例，我认为有以下几个鲜明特点：

一是案例具有典型性。随着新经济、新业态的不断出现，各种金融创新越来越多，案例资源和素材十分丰富，但并不是所有的商业故事或决策情境都可以开发成案例，构成好案例的条件不仅仅是真实性，事件本身的性质、影响、解决的方法等必须具有代表性和借鉴价值。不论是《交通银行信用卡资产证券化的首秀之旅》中的"交元2015年第一期信用卡分期资产支持证券"，还是《扬帆起航：中国建设银行首启市场化债转股》中的中国建设银行对云南锡业集团实施的市场化债转股，以及《"幸福房来宝"如何带来幸福？——我国首款保险版"以房养老"产品的成长之路》中的以房养老产品，在当时都是影响颇大、在行业内产生了冲击效果的创新金融产品，一个"首"字道出了案例的典型性。

二是案例的思政元素突出。在2016年12月召开的全国高校思想政治工作会议上，习近平总书记指出"要坚持把立德树人作为中心环节，把思想政治工作贯穿教育教学全过程，实现全程育人、全方位育人"[①]。教育部在2020年明确提出要全面推进高校的课程思政建设，充分发挥各门课程的育人作用，进而提高高校人才培养的质量。课程思政也包括案例教学，本书的10篇案例也充分体现思政元素。作为新能源汽车的关键金属之一，控制镍资源成为抢占行业制高点的关键。《"妖镍"肆起，清山历劫》生动描述了2022年3月伦敦金属交易所上演的神秘多头"逼空"清山控股事件的全过程，通过对大宗商品定价权的争夺，意在谋取清山控股拥有的镍资源所有权，在各方共同努力下，成功应对了国际市场镍期货极端"逼空"行情。《10亿元债务如何压倒龙头车企》则通过让学生了解作为金融市场子市场之一的企业信用债市场的风云变幻，认识信用债的风险所在，由此关注国企的改革和命运。

三是案例的可读性强。编写案例容易出现两个极端，一是"理论"性太强，类似于学术论文，没有写出案例的"故事"性；二是简单罗列事件产生和发展，没有深度，缺少挖掘和分析总结，与知识点的契合度低。本书的10篇案例较好地解决了这个问题，在呈现案例情境时，语言轻松活泼。案例《五四路支行一笔贷款的演变》《蜂向科技精准定位数字化供应链金融》的引言部分，基于真实情况编了一个小故事，起到瞬间吸引读者的作用，且前后呼应，在适当的地方或案例的最后再给

---

① 资料来源：为党育人　为国育才——以习近平同志为核心的党中央关心学校思想政治工作纪实［EB/OL］（2021－12－01）. https：//www. gov. cn/xinwen/2021－12/01/content_ 5655303. htm.

这个小故事收尾。如案例《五四路支行一笔贷款的演变》的开篇写了某银行支行信贷部主任拖着疲惫的身躯从某公司开车回到办公室，之所以去该公司，是因为该公司由于经营出现问题致使700万元人民币的贷款逾期未还，如何处置该笔贷款成了信贷部主任的心病。案例由此铺开，在介绍案例涉及的当事人、贷款发放流程及法院裁决后，交代了最终的办法是通过处置抵押物来清偿债务。看似事件已经结束，但案例在最后写到"然而此刻李亮的内心并未平复，他始终在寻找答案——是什么原因导致一个看似风险并不高的贷款项目发生不良甚至造成损失呢？是哪些环节出现问题了？又该采取什么样的措施来减少或避免此类风险的再次出现呢？"从而引发读者思考，也成为案例第二部分的顺利过渡。

四是体现了案例教学的特点。案例教学与传统教学的主要区别就在于教学过程中以谁为中心。毅伟商学院的陈时奋教授曾这样归纳：案例教学是以学生为中心，"我不在意我如何教，但我非常在意学生如何学"，而传统教学是以教师为中心，"我不在意学生如何学，但我非常在意我如何教"。案例教学中，教师的角色是引导课堂讨论，让学生通过讨论形成观点，寻找答案，而非单纯地教授知识，解释理论。本书案例的第一作者均为东北财经大学金融学院的教师，谙熟写作规范，案例教学经验丰富，且都有在金融机构的从业经历，在编写时，有的亲自到案例当事人处调研，使这些案例不仅与实践紧密结合，而且"可用性"强。这些案例的正文部分很少有主观色彩的评价或结论性暗示，给学生留出了充分的选择、判断空间；在案例使用说明（教师使用手册）部分，精心设计思考题，合理安排课堂计划，给足背景资料。实际上，教学案例的使用说明部分很重要，如果案例作者将精力主要放在"案例正文"上，对"案例使用说明"漫不经心，浮皮潦草，就会使教师在使用的时候因得不到针对性的指导而难以入手，进而放弃使用。

当然，欠缺之处也在所难免，这10篇案例的第一作者比较集中，希望今后看到更多教师的案例入选；同时与企业合作开发的案例不多，但是瑕不掩瑜。

本书的编辑出版，是一次十分有意义的探索，让我们一起努力，给案例教学锦上添花，为培养新时代的金融专业人才添砖加瓦。

吴晓求

国家一级教授

全国金融专业学位教育指导委员会第一副主任委员

中国人民大学原副校长

2023 年 12 月 28 日

前　言

　　近年来，作为专业学位研究生培养模式改革重要手段的案例教学越来越受到重视。中共中央、国务院印发的《深化新时代教育评价改革总体方案》和教育部《关于加强专业学位研究生案例教学和联合培养基地建设的意见》以及国务院学位委员会、教育部《专业学位研究生教育发展方案（2020 – 2025）》中，均对案例教学和案例编写有明确的要求和支持政策。案例教学已日趋普遍和规范，成为强化专业学位研究生实践能力培养，推进教学改革，促进教学与实践有机融合的重要途径。

　　为推动和鼓励在专业学位的培养中更多地开展案例教学，金融教指委在案例研究、案例开发、案例库建设和案例教学培训等方面做了一系列有建树的工作，其中之一就是从 2015 年起每年定期组织全国培养单位开展案例编写活动，通过案例大赛和征集等形式，遴选出达到入库标准的案例收入中国金融专业学位案例中心，本书所选的 10 个案例正是出于此。

　　东北财经大学金融学院的金融学专业自 1981 年开始招生，是获得全国首批硕士学位授予权的高校之一，2011 年开始招收金融硕士（MF）和保险硕士（MI）。在2014 ~ 2016 年的全国硕士专业学位研究生教学指导委员会分别组织的金融硕士、保险硕士的评估中，排名均进入第一层次，专业硕士的招生规模名列全国前五。

　　东北财经大学金融学院历来重视案例教学，每门课程根据实际需要设置相应的学时，每年也都组织师生参与金融教指委的案例大赛。本书所选的 10 个案例入库的时间跨度从 2016 ~ 2023 年，内容涉及金融领域的各个方面，从银行传统的信贷业务到创新的衍生工具，从公司治理到海外并购，从债务违约到热点的"妖镍"事件；在着重把案例写在中国的大地上、讲好中国故事的同时，又兼顾国际金融市场；既把事件本身写清楚，又注重课程思政，意在培养学生的家国情怀和社会责任感。

　　案例的第一作者均为长期从事教学和科研的教师，对教学规律谙熟于心，而且都有在金融机构的从业经历，在编写案例方面具有一定的实践优势。这些案例适用于金融硕士大多数课程的案例教学，如金融理论与政策、金融市场与金融机构、投资学、公司金融、衍生金融工具、金融机构经营管理、金融机构风险管理、财富管理等。

本书中的案例已在教学中被反复使用，获得了教师和学生的认可和好评。由于是入库案例，已得到金融教指委相关专家的权威认同。这些案例所反映的多为当年的热点事件，社会关注度较高，代表性强，不仅适合课堂教学，也可以作为金融机构和上市公司管理人员的学习参考。

案例教学与传统教学不同，从教学的角度看其核心是"以学生为中心"，通过呈现案例情境，引导学生发现问题、分析问题和解决问题，从而掌握理论、形成观点、提高能力。但案例教学的第一步是有好的案例文本。一个能充分展现事件情景、将理论与实践紧密结合的可读性和可用性强的教学案例，可以收到事半功倍的效果。编写案例就像写剧本，事件的跌宕起伏、结构的起承转合、伏笔及悬念等都要考虑进去，否则再好的演员也难把剧本演好。而不同于剧本的是，教学案例是基于真实事件的描述，断不可天马行空，所以教学案例的写作有自己的特点和范式，需要花费心血，精心组织，而不是简单地罗列和拼凑。

为方便开展案例教学的需要，我们将由东北财经大学金融学院师生编写的已纳入中国金融专业学位案例中心的 10 篇案例汇集成册出版，每篇案例均包括两部分，一是案例正文，二是案例使用说明。前者是学生的课前阅读材料，后者是教师的使用手册，包括教学目的与用途、启发思考题、分析思路、理论依据与分析、关键要点及建议课堂计划等。书中 10 篇案例的顺序是按案例编写时间的先后来排列的。

案例的作者拥有著作权中的署名权、修改权、改编权。案例授权中国金融专业学位案例中心使用，中国金融专业学位案例中心享有复制权、发表权、发行权、信息网络传播权、汇编权和翻译权。由于企业保密的要求，在案例中对有关名称、数据等做了必要的处理。案例只供课堂讨论之用，并无意暗示或说明某种行为是否有效。

希望这些案例得到更多的使用，也希望获得同行和业界的指正。

编　者

2023 年 9 月

目　录

案例正文编号：PDF-CASE2016019

案例使用说明编号：PDF-TN2016019

入库时间：2016 年

作者：丁宁、颜凯

交通银行信用卡资产证券化的首秀之旅

摘要： 2015 年，资产证券化备受青睐。甚至有业界人士将 2015 年称为"资产证券化之年"。银行业界纷纷对资产证券化倾注了热情。交通银行始建于 1908 年，是中国早期的四大银行之一，目前营业网点分布在全国各地，是主要金融服务供应商之一。本案例首先描述交通银行信用卡业务的发展背景与历程，阐述其信用卡业务发展过程中遇到的问题，进而分析其采取的应对措施——发行"交元 2015 年第一期信用卡分期资产支持证券"，借以说明资产证券化的原理与流程，最后参照国外、国内实践说明可能的改进方向。

关键词： 交通银行　信用卡业务　资产证券化

案例正文

0 引 言

2015 年以来，随着国家经济步入"新常态"，经济结构性改革的进一步深入，消费越来越成为推动经济增长的"新宠"。而促进消费增长的消费信贷也逐渐成为银行获取利润的新增长点。在此背景下，银行信用卡业务作为实质上的一种消费信贷，虽已普及，但其增长趋势仍十分可观。据中国人民银行发布的《2015 年第三季度支付体系运行总体情况》显示，彼时的信用卡授信总额为 6.71 万亿元，同比增长 26.11%；信用卡信贷余额为 2.92 万亿元，同比增长 33.39%，人均授信额度 1.63 万元。由此可见，信用卡业务的发展不容小觑。

交通银行，作为中国上市的主要股份制银行之一，2004 年 10 月开始，与其战略合作者汇丰银行合作成立太平洋信用卡中心（交通银行信用卡业务由该独立核算的信用卡中心负责），经过多年精心运营，取得了令人艳羡的成绩。[①] 截至 2015 年 12 月末，交通银行信用卡贷款余额为 2715 亿元，占个人贷款的 27.3%，占总贷款的 7.3%，成为交通银行重要的资产组成部分。[②] 但利润与风险共存，信用卡业务同时也遭遇了风险的挑战。特别是在当前"新常态"经济环境下，加之利率市场化改革，增大了融资成本，变相压缩了银行的利润空间，商业银行亟须开辟新型融资工具进行应对。如何在云谲波诡的环境下实现信用卡业务的良性发展摆在了交通银行面前。

1 案例背景[③]

在中国，资产证券化经过近十年的洗礼，2015 年又重新受到银行业界青睐。银行业界纷纷开始进行不同形式的信贷资产证券化。在信用卡业务资产证券化方面，历来以创新著称的招商银行又成了"第一个吃螃蟹"的银行，率先实行信用卡业务

---

① 资料来源：交通银行太平洋信用卡中心介绍 . https://creditcard. bankcomm. com/content/ehr/about/kzxjs. html.

② 资料来源：交通银行 2015 年度报告。

③ 资料来源：根据 Wind 资讯整理。

资产证券化，也正是看到它的成功，交通银行开始考虑以同样的方式解决目前信用卡业务存在的困境。

事实上，资产证券化是一种市场化程度比较高的金融业务，从国际角度看，资产证券化于20世纪六七十年代起源于美国，继而在其他一些发达国家（如英国、法国、加拿大等国）得到迅速发展，20世纪90年代逐渐在韩国、新加坡、中国香港等亚太新兴经济体兴起。2014年末，美国证券化市场存量规模超过10万亿美元，占债券总存量超过25%。近十年内，美国资产证券化存量规模与GDP的比值一直在50%以上。

从国内看，2005年是中国资产证券化元年，但2008年全球金融危机以来，中国资产证券化业务停顿了几年，并于2012年重启。2014年是中国资产证券化迈入快车道之年，信贷资产支持证券、企业资产证券化产品、资产支持票据三类产品全年合计发行3264亿元，较2013年增长10倍以上。随着资产证券化备案制与注册制的实施，2015年我国资产证券化业务规模迎来井喷，全年共计发行资产证券化产品6032亿元，同比增长84%。

在中国激发资产证券化再次兴盛的原因可以从五个方面考量。第一，国家大力推进资产证券化业务以盘活存量，加快资金周转速度，促进实体经济的复苏。第二，自2015年10月24日起，存款利率浮动上限被完全取消，我国利率市场化初步完成，激烈竞争抬高了银行负债业务成本，同时，资本市场的壮大、互联网金融的发展使得金融脱媒加速，压缩了银行的资金来源。银行急需新型融资工具，能够拓宽资金来源的资产证券化业务恰逢其会。第三，当前，宏观经济恶化，避险资产需求增加，高评级的资产证券化产品需求旺盛。第四，资产证券化能够将风险权重较高的信贷资产出表，降低了银行为满足资本充足率要求的资本需求。第五，对影子银行的规范与加强表外业务的监管，为资产证券化业务提供了发展空间。

信用卡应收款证券化于1987年1月首发于美国，我国信贷资产证券化试点较早，但以信用卡应收账款为基础资产的资产证券化则起步较晚，直到2014年，招商银行信用卡资产支持证券的成功发行才使此类资产证券化实现零突破。2015年，招商银行再接再厉，成功发行了第二期信用卡资产支持证券。吸取招商银行信用卡资产证券化的成功经验，交通银行果断出击，开始尝试信用卡资产证券化之旅。

2　何以解忧，唯有证券化

目前，银行业似乎进入了瓶颈期，几乎每家商业银行都在忧心忡忡，那么忧从何来呢？忧虑之一，金融脱媒、利率市场化使得资金成本走高，导致传统股权融资与债权融资吸引力下降，如何开辟新的资金来源，降低融资成本？忧虑之二，近年来，我国信用卡市场趋于饱和，市场竞争加剧，开始由原来的粗放式发卡走向差异化道路，如何破解现有信用卡业务的资源占用，以快速进入新的细分市场，适应新的竞争模式？忧虑之三，经济增速趋缓，持卡人信用风险需要重新衡量，能否一劳永逸地将部分信用风险转移出去，既可保证总体风险可控，又可专心深耕细分市场？找到忧愁的核心点后，加之当前资产证券化持续升温，交通银行推出信用卡资产证券化可谓顺势而为，得天时之利。

资产证券化本质是将资产产生的现金流出售，因而发起人必须拥有能够产生可预期现金流的资产组合。交通银行是我国五大国有股份制银行之一，其营业网点及信用卡业务遍布全国，容易选择分散化程度较强的一组资产，生成具有稳定现金流的资产组合。2015 年，交通银行按照严格的标准选取一组基础资产组成资产池之后，将该资产池剥离到信托机构，由信托机构将其转化为多个资产支持证券。在资产支持证券出售之前，采用优先/次级结构、超额覆盖等方式对其进行信用增级，以降低发行成本。同时尽管交通银行的信誉良好，但并没有完全消除道德风险及信息不对称，于是聘请中诚信国际信用评级有限责任公司与中债资信评估有限责任公司，采用先进技术联合评估本期证券。双方经科学评估后，认为本期证券的优先 A 档为 AAA 级，优先 B 档为 AA 级。本次发行充分赢得市场认可，优先 A 档、B 档分别获得 3.23 倍、3.91 倍认购，中标利率分别为 3.4% 和 4%，均创下同期内相近期限利率水平新低。通过本期证券的顺利发行，交通银行实现了资产负债表左侧融资，风险转移及服务费的收取，一举多得，促进了交通银行信用卡业务的良性发展。[①]

3 步步为营——标准化的交易流程

3.1 基本情况

2015 年 11 月，受托人交银国际信托有限公司在全国银行间债券市场发行规模为 5022275802.23 元的"交元 2015 年第一期信用卡分期资产支持证券"（包括优先档资产支持证券和高收益档资产支持证券）。本期证券分为三档，分别为优先 A 档

---

① 资料来源：交银信托发行信用卡分期资产支持证券［EB/OL］.（2015 - 11 - 13）. http：//www. xtxh. net/xtxh/members/35525. htm.

的资产支持证券（4264900000.00 元）、优先 B 档的资产支持证券（505200000.00元）和高收益档资产支持证券（252175802.23 元）（见表1），其中，发起机构交通银行全部持有高收益档资产支持证券，并以簿记建档、集中配售的方式公开发行优先档资产支持证券（见表2）。

表 1   **交元 2015 年第一期信用卡分期资产支持证券基本情况**

资产支持证券（ABS）名称	交元 2015 年第一期信用卡分期资产支持证券		
证券分级	优先 A 档 ABS	优先 B 档 ABS	高收益档 ABS
发行规模（元）	4264900000.00	505200000.00	252175802.23
发行金额占比（%）	84.92	10.06	5.02
信用等级（中诚信）	AAA	AA	无评级
信用等级（中债资信）	AAA	AA	无评级
票面利率	固定利率（单利）簿记利率区间为 3.0%～4.0%	固定利率（单利）簿记利率区间为 3.8%～4.8%	无票面利率
利息支付频率	按月支付	按月支付	—
还本方式	过手摊还	过手摊还	过手摊还
加权平均期限	0.24 年	0.64 年	0.86 年
预期到期日	2016 年 7 月 17 日	2016 年 8 月 17 日	2017 年 2 月 17 日
法定到期日	2019 年 5 月 31 日	2019 年 5 月 31 日	2019 年 5 月 31 日
承销方式	承销团承销		
发行对象	银行间债券市场成员（国家法律、法规禁止购买者除外）		
面值	人民币 100 元		
发行价格	面值发行		
信托设立日	2015 年 11 月 6 日		
起息日	2015 年 11 月 6 日		
本息支付日	每个自然月的第 17 日，若该日不是工作日，则为该日后第一个工作日		
流通交易场所	本期优先 A 档和优先 B 档 ABS 发行结束后将于全国银行间债券市场流通交易		

资料来源：《交元 2015 年第一期信用卡分期资产证券化信托发行公告》《交元 2015 年第一期信用卡分期资产证券化信托发行办法》。

表 2   **参与机构列表**

发起机构/委托人	交通银行股份有限公司
受托机构/受托人/发行人	交银国际信托有限公司，以及任何允许的继任机构
资金保管机构	汇丰银行（中国）有限公司或允许的继任机构
登记机构	中央结算公司
支付代理机构	中央结算公司

续表

评级机构	中诚信国际信用评级有限责任公司 中债资信评估有限责任公司
联席主承销商	海通证券股份有限公司 中国工商银行股份有限公司
簿记管理人/牵头主承销商	海通证券股份有限公司

资料来源：《交元 2015 年第一期信用卡分期资产证券化信托发行公告》，《交元 2015 年第一期信用卡分期资产证券化信托发行办法》。

3.2 交易流程

一般的资产证券化都采取标准化的交易流程，只是在一些特殊情况下会具体问题具体分析。本次交易基本上采用标准化流程。结构示意图（其中实线表示现金流的划转，虚线表示各方之间的法律关系）如图 1 所示。

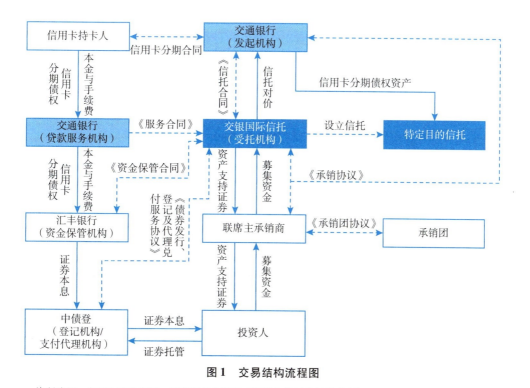

图 1 交易结构流程图

资料来源：《交元 2015 年第一期信用卡分期资产证券化信托发行说明书》。

根据图 1，可以明确具体交易流程如下：

（1）发起机构交通银行以信用卡分期债权资产作为信托财产委托给受托人，交银国信接受委托，设立资产证券化信托。

（2）受托人向资产支持证券持有人发行本期资产支持证券，并以信托财产产生的现金为限支付本期资产支持证券的本金和收益。

（3）资产支持证券由受托机构委托牵头主承销商和联席主承销商承销，牵头主承销商与联席主承销商组建承销团来完成承销工作。

（4）信托有效期内，受托人委托贷款服务机构对资产池的日常回收进行管理和服务。

（5）对于信托财产所产生的现金流，受托人委托资金保管机构提供资金保管服务。

（6）受托机构委托中央国债登记公司对资产支持证券提供登记托管和代理兑付服务。

（7）发行的资产支持证券中，优先 A 档资产支持证券、优先 B 档资产支持证券在银行间债券市场交易，高收益档资产支持证券在认购人之间通过协议进行转让。中央国债登记结算有限责任公司（或主管部门指定的其他登记机构）作为本期"资产支持证券"的登记托管机构，负责对本期证券进行登记托管，并向资产支持证券持有人转付由资金保管机构划入的到期应付信托利益。

在流程（1）中，交通银行以信用卡分期债权资产作为信托财产委托给受托人交银国际信托，实现资产池的剥离，达到破产隔离目的，从而使得被剥离的资产池信用评级不受发起机构交通银行信用评级的约束。

在流程（2）中，受托人在发行资产支持证券之前，要对资产支持证券进行信用增级。信用增级是证券化交易的基础，当资产池资产质量恶化时为投资者提供保护。

3.3 信用增级

本期资产证券化采取三种方式进行信用增级，分别是优先/次级结构、信用触发机制与超额覆盖。

首先，优先/次级安排是证券化项目中最常见的内部信用增级安排。本交易的偿付方式采用了优先级/次级的支付机制，即当资产池违约使本期证券遭受损失时，则首先由高收益档资产支持证券承担损失，当违约金额大于高收益档资产支持证券本金余额时，优先 B 档资产支持证券投资者将承受损失，依此类推。由各级别证券规模可得优先 B 档 ABS 和高收益档 ABS 为优先 A 档 ABS 提供 15.08%（10.06% + 5.02%）的信用支持；次级证券为优先 B 档 ABS 提供 5.02% 的信用支持。优先/次级支付机制降低了投资者的投资风险，进而降低了发起人交通银行的融资成本。①

其次，本期交易设置了两类信用触发机制：同参与机构履约能力相关的加速清偿事件，以及同资产支持证券兑付相关的违约事件。事件一旦触发将引致基础资产现金流的支付机制重新安排。如果加速清偿事件被触发，则收入分账户的资金将不再用于：（1）高收益档证券期间收益的支付（包括其后续的支付），而是将剩余资金全部转入本金分账户用于优先档证券本金的兑付；（2）如果违约事件被触发，优先档资产支持证券违约后，证券的清偿安排发生变化，即信托账户项下资金不再区分"收入回收款"和"本金回收款"，而是将二者并在支付有关税费、报酬和费用以后用于顺位偿付优先档资产支持证券的利息和未偿本金，以及支付高收益档资产支持证券的本金，其余额分配给高收益档资产支持证券持有人。

最后，超额覆盖相当于对资产池进行折价出售，本期资产支持证券基础资产的加权平均手续费率为 8.61%，资产池收益率与资产支持证券及税费之间存在较高利差，可以为优先档资产支持证券投资者提供进一步的信用支持。②

外部信用增级是指由第三方，如其他银行或者债券担保公司提供的外部信用担保。本次交易中没有采用外部信用增级方式。

4 未雨绸缪——风险自留与风险缓释

尽管本期证券的优先档获得了高评级，但仍存在一定的风险，发起机构针对风险未雨绸缪，进行了有效的防范应对措施。

4.1 风险自留

根据监管要求，信贷资产证券化发起机构应持有资产证券化产品的一定比例，该比例不得低于证券化产品全部发行规模的 5%；持有最低档次资产支持证券的比例不得低于该档次资产支持证券发行规模的 5%；持有期限不低于各档次资产支持证券存续期限。交通银行作为本次发行的发起机构，全部持有高收益档资产支持证券，高收益档资产支持证券的占比为此次发行规模的 5.02%；高收益档资产支持证券预期到期日为 2017 年 2 月 17 日，晚于优先档资产支持证券的预期到期日，符合上述监管要求。③

---

①②③　资料来源：《交元 2015 年第一期信用卡分期资产证券化信托发行说明书》。

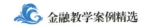

4.2　风险缓释

本期证券面临的风险包括：追索权仅限于信托财产的风险、资产池信用风险、发起机构抵销风险和贷款服务机构的资金混同风险、提前偿还风险、集中度风险、延迟支付风险、利率风险、项目法律和税务风险、交易结构风险、操作风险、交易对手方违约风险、资产支持证券的流动性风险、发生重大不利变化风险，等等。尤其是宏观经济增速放缓，不确定性因素增加，我国正处于增长速度换挡期、结构调整阵痛期、前期刺激政策消化期，经济波动可能导致居民收入降低，从而造成资产池未来信用表现与历史数据差异较大。此外，由于利益冲突的存在，评级机构给出的高评级也蕴含一定的风险。

针对资产池信用风险，除了上述优先/次级结构、信用触发机制与超额覆盖三种措施外，交通银行还对以下几个方面进行了关注，第一，交通银行在选择入池资产时，制定了严格的合格资产入池标准，首选向优质借款人发放分期债权组建资产池，借款人的信用等级较好。若资产池内任何一笔资产被发现在信托财产交付日不符合合格资产入池标准，则发起机构有义务按赎回价格进行赎回，严格的合格资产入池标准降低了资产池的信用风险。第二，基础资产借款人加权平均年龄为 34 岁，该年龄段借款人多具有较强的还款意愿与还款能力。同时，交通银行调查显示，入池资产借款人加权平均收入债务比为 6.32 倍，因而具有一定的还款保障。第三，交通银行太平洋信用卡中心拥有较为严格的信用卡贷款发放和审批流程以及完善的信用卡后续管理流程和违约信用卡债权的催收流程，严格的业务流程有效提高了借款人的信用水平，降低了信用风险。[1]

就抵销/混同风险而言，一方面，本期资产证券规定若借款人行使抵销权，交通银行将相当于抵销款项的资金全额支付给贷款服务机构，考虑到交通银行主体信用水平极高，则抵销风险相对较低，另一方面，根据贷款服务机构的信用等级来确定回收款转付频率，考虑到贷款服务机构主体信用水平极高，混同风险也相对较低。此外，就集中度风险而言，交通银行充分发挥大行优势，选取分散化程度很高的资产组成资产池，显著降低非系统性风险。本期证券基础资产分散度很高，借款人的区域分布和年龄分布合理；本项目入池的信用卡分期债权共 433573 笔，借款人数量共 270711 人，平均单户未偿还本金余额 1.86 万元，分散性较好。[2]

---

①②　资料来源：《交元 2015 年第一期信用卡分期资产证券化信托发行说明书》。

5 路在何方，路在脚下

交通银行第一期信用卡资产支持证券虽然已发行完毕，但是还未看到最后的结果。还有漫长的过程值得期待。在今后的征程中，提出了三个值得进一步关注的方面：

其一，是否"动态资产池"，而非目前实施的"静态资产池"更适合信用卡资产证券化？信用卡业务允许借款人循环使用贷款额度，在这个额度之内，持卡人可以多次偿还，多次举债，而无须重新签署贷款协议。这一明显特征使得信用卡资产证券化更适合循环购买，即构建"动态资产池"，池子中的资产不是固定不变的，就如同一个蓄水池，会随着信用卡借款人的还款出现水位下降，而利用循环购买新信用卡应收账款向池内注水，提高水位，维持信托中必要的应收账款水平。这样做可以有效地提高信用卡支持证券的期限，本期证券由于没有利用循环购买构建"动态资产池"，信用卡资产支持证券的发行期限受到了信用卡应收款期限的限制，不能灵活满足银行不同时期不同证券发行期限的融资需求。当然动态池也有明显的缺陷，一方面，动态资产池的结构较为复杂，需要长时间的摸索；另一方面，复杂的结构必然带来评级上的困难，也增加了信息的不对称，对投资者的风险识别能力要求较高。

其二，是否考虑"统合信托"方式？所谓统合信托，即依据同一信托合同，在不同时期多次发行证券，无须与受托人多次设立信托和签订信托合同，进而节约费用，提高发行效率。由于信用卡资产证券化在我国刚刚起步，相关法律尚不健全，该种方式应择时设立。

其三，是否考虑使用"分摊型信托结构"发行债券？本期证券的三个档次是同时发行的，而"分摊型信托结构"可以先发行优先 B 档证券和高收益档证券，然后发行优先 A 档证券。只要规定所需的信用保护，更高级别的证券就可以独立发行。

The First Travel Show of Credit Card Securitization of BOCOM

Abstract：Asset Securitization becomes more popular and attractive since 2015 that called "the year of asset securitization". More and more commercial banks in China start the business of asset securitization that includes Bank of Communications（BOCOM）. BOCOM founded in 1908，is one of important financial service suppliers in China with a variety of businesses and many branches. Our case analyzes the first show of its credit card securitization in 2015 based on the background information of BOCOM as well as its credit card business. Finally，it demonstrates the rationale and procedures of asset securitization and asks the possible questions in the future.

Key words： BOCOM；Credit Card Business；Asset Securitization

 ## 案例使用说明

一、教学目的与用途

1. 适用课程：商业银行经营管理案例分析、证券投资学。

2. 适用对象：金融专业硕士、金融学学术硕士和高年级金融本科学生等。

3. 教学目的：（1）掌握资产证券化的含义与原理；（2）掌握资产证券化的运作程序与制度安排；（3）了解资产证券化过程中的投资风险；（4）了解我国资产证券化过程中存在的问题。

二、启发思考题

1. 交通银行作为本次发行的发起机构，全部持有高收益档资产支持证券的出发点是什么？

2. 基础资产的交易是资产买卖行为，还是融资行为？

3. 你认为长期资产还是短期资产更适合证券化？本期证券存续期较短，你怎么看？

4. 哪些资产可以成为 ABS 的基础资产？

5. 本期证券对交通银行的信用卡业务有何影响？

三、分析思路

资产证券化的交易结构较为复杂，可分别从交易参与方的权利与义务、现金流的方向、风险等方面进行分析，详见图1。

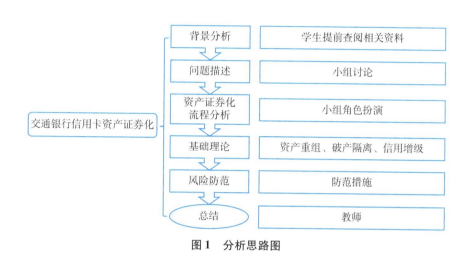

图1 分析思路图

四、理论依据与分析

（一）理论依据

1. 资产证券化的概念与原理

资产证券化是指发起人将缺乏流动性，但具有可预测现金流的资产或资产组合（基础资产）汇集起来，形成一个资产池，通过结构性重组，出售给特定的机构或载体（SPV），以基础资产产生的现金流为支持，发行可以在金融市场上出售和流通的证券（资产支持证券），以获得融资并最大化提高资产流动性的一种结构性融资手段和过程。其基础是可预期的现金流，其本质是将资产产生的现金流出售。资产证券化与传统债务融资方式的差异：由于资产真实出售和破产风险隔离，资产证券化融资一般是基于资产的信用，而非发起人的信用。资产证券化涉及三大基本原理，即资产重组、风险隔离、信用增级原理。

2. 资产证券化的基础资产

可分为债券类资产与收益权类资产。常见的基础资产包括：公积金贷款、住房抵押贷款、信贷资产、租赁合同债权、公交经营收费收益权、信托受益权、电力上网收益权和物业费、高速公路收费权、能源收益权、网络租赁权、BT 项目、大型企业的应收账款等。

3. 资产证券化的运作程序（见图 2）

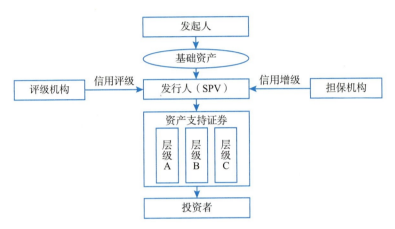

图 2　资产证券化运作程序图

资料来源：中金公司研究部。

资产证券化的重要环节：基础资产的选择、真实出售与风险隔离、现金流的归集、增信与评级、证券化产品的分级处理。

基础资产的选择：由于资产证券化产品是以基础资产未来现金流为支持发行，更多地基于基础资产的信用，而不是基于发起人自身信用，作为证券化的起点，基础资产的选择构成整个流程的重要的第一步。

真实出售与风险隔离实现原始权益人和基础资产的风险和收益的双向隔离：按资产证券化的原理，真实出售是指基础资产有效转移至 SPV，而真实出售的法律后果是原始权益人及其债权人对基础资产无追索权，实现基础资产与原始权益人之间风险隔离。

保障证券化产品现金流的安全和正常支付：基础资产现金流在其产生与归集过程中能否特定化的问题，也是决定资产证券化项目可行性的重要因素。《证券公司及基金管理公司子公司资产证券化业务管理规定》（证监会〔2014〕49 号公告）对基础资产的界定为：符合法律法规，权属明确，可以产生独立、可预测的现金流的可特定化的财产权利或者财产。其中，基础资产现金流的独立性，是指现金流在产生与归集过程中可以特定化，在财务上可以将其与其他经营性现金流相区分，该项现金流有明确的计量方法、核对凭证，使用相对独立、封闭的账户体系进行归集等。

现用示例说明现金流的支付，见图 3。

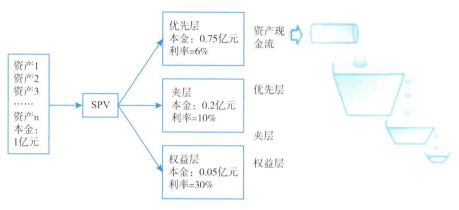

图 3 资产证券化现金流支付图

资料来源：John C. Hull. Financial Risk Manager（FRM）Exam Part 1：Foundations of Risk Management［M］. 7nd. New York：Pearson Education，2017.

如图 3 左半部分所示，优先层、夹层、权益层的本金分别为 0.75 亿元、0.2 亿元、0.05 亿元，相应的利率分别为 6%、10%、30%。基础资产产生的现金流首先用来保障优先层投资者的利益，其次用来保障夹层投资者的利益，最后用来保障权益层投资者的利益。可用图 3 右半部分描述现金流的支付。换言之，当损失不超过 5% 时，损失由权益层全部承担；当损失超过 5%，但不超过 25% 时，权益层全部损失，夹层部分损失；当损失超过 25% 时，权益层与夹层全部损失，优先层部分损失。

增信和评级提高了证券化产品的信用等级和流动性。增信措施通常可根据其来源分为内部增级及外部增级两大类。外部增级的常见形式包括保险、担保等，当发生超额损失时，投资者将获得补偿。外部增级的主要缺点在于，资产支持证券能够获得的信用评级不会高于提供增级服务的第三方自身的信用等级，并且第三方自身的信用等级的降低有可能连累资产支持证券的信用评级。所以，市场上更为盛行的是内部增级。内部增级的常见形式包括现金准备金、超额抵押、利差账户、回购条款、提前摊还条款和优先次级结构。现金准备金是指将证券发行收入中的一部分建立一个基金，并投资于货币市场工具，以支付将来可能的损失。超额抵押是指在资产证券化交易中，将资产池中价值超过资产支持证券票面价值的差额作为信用保护，该差额用于弥补资产证券化业务活动中可能会产生的损失。利差账户是指将资产池中产生的现金流在支付证券利息和各种费用之后的超额利差存入一个独立的账户，以支付非预期损失。

回购条款赋予了投资者在全部偿还资产池中资产或者资产支持证券之前，要求发起人赎回证券化风险暴露的一种选择权。清仓回购的通常做法是在资产池或资产支持证券余额降至一定的水平之后，赎回剩余的证券化风险暴露。提前摊还条款规定，如果在资产证券化相关法律文件中事先规定的机制触发的话，投资者有权在事先规定的资产支持证券到期日之前得到偿还。内部增级方法中最为广泛使用的是优先次级结构。优先次级结构将资产支持证券分为不同的档次。资产池中产生的现金流优先支付优先级证券，而发生的损失则首先由次级证券吸收，即次级证券为优先级证券提供了保护，优先级证券往往可以获得信用评级。这种增级的成本就是需要为次级结构证券支付较高的利率。

4. 资产证券化的意义

（1）资产证券化有助于银行实现从持有型银行向交易型银行转变。

（2）左侧融资有助于调整资产负债结构，释放资本占用，实现合理资本充足率，增强资产流动性，置换出新的信贷空间；募集资金受限性小，可灵活使用，既盘活存量，又优化增量。

（3）有助于风险转移以调节银行风险承担总量。

（4）资产证券化的结构化设计有助于降低加权平均利率，减少融资成本。

（5）资产证券化宏观上可以降低银行体系的风险集中度，促进银行体系的健康稳定发展；有助于增加社会公众投资工具。

5. 我国资产证券化存在的问题

（1）我国券商资产证券化的风险隔离模式倾向于采取表外模式，但目前由于基础资产出售给SPV之后，而SPV基本都是空壳公司，不具备资产管理和运营的能力，基本都还是由原始权益人控制，并且资产支持证券最终的收益被原始权益人以差额补足等类似条款保证收益，所以部分产品不能实现完全出表。

（2）法律制度建设尚需进一步完善。对资产证券化业务操作过程中的特殊目的载体SPV法律地位还没有足够清晰的界定，SPV难以真正发挥破产隔离的作用。此外，信贷资产证券化过程中也有重复征税的问题，国际通行的资产证券化中的一些税收原则还需要得到进一步的体现。

（3）信贷资产证券化的供给方和需求方动力都显得不足。从银行的角度看，目前经济下行压力较大，资产质量下降，有效信贷需求不足。商业银行对于优良贷款宁愿持有到期，因为证券化过程不仅需要让渡一部分收益给投资者，而且把优良贷款转让出去，不一定能找到合适的新贷款。所以，当前商业银行并没有强烈的资产证券化动力。对于不良贷款的证券化而言，由于刚性兑付的情况尚未彻底消除，因而监管部门和商业银行也都心存一定顾虑。从需求方看，无论一级市场还是二级市场，证券化产品的投资者目前还都主要是机构投资者，个人投资者尚不能直接投资这类证券化产品。而且，由于沪深交易所和银行间债券市场的体制原因，银行类资产支持证券作为资产支持证券的绝对主力，在相当程度上主要是集中在银行间市场进行交易，这也不利于让更多非金融企业参与有关投资。目前，信贷资产支持证券约有80%为银行机构之间互相持有，这种现象不合理，没有真正起到间接融资转为直接融资的作用，并不符合信贷资产证券化的初衷。

（4）证券化产品流动性普遍不强。资产证券化产品的一级市场的投资者通常采取持有到期策略，二级市场交易则显得十分清淡。没有二级市场流动性的产品，投资者必然要求更高的流动性溢价，这对一级市场定价带来了一定的影响。信贷资产支持证券相对于同期限、同评级的中期票据和短期融资券等非金融企业债券，溢价水平较高。由于缺乏流动性，投资人宁愿买低评级的中期票据，也不愿接受高评级的资产支持证券。由于发行利率定价偏高，这又反过来影响了银行将资产进行证券化的动力。

6. 促进资产证券化业务的几点建议

（1）更合理地确定资产证券化自留部分的风险权重。风险自留能够有效防范发起机构的道德风险，进而提高投资者投资意愿。2013年12月，央行和银监会公告《关于规范信贷资产证券化发起机构风险自留行为》，要求发起机构需保留不得低于5%的基础资产信用风险。具体到各档证券留存方式，则可选择水平自留（留次级档不低于总规模的5%）、垂直自留（各档同比例自留不低于各档规模的5%）以及L型自留（优先档按同比例自留，次级档自留比例可以不同）等方式。但是，考虑到目前国内证券化业务结构简单、监管约束比较有力，同时不同基础资产和交易结构的证券化项目风险分布情况差异较大的具体情况，风险自留规定似可更为灵活。

（2）抓紧推进资产证券化的相关法律法规的建设。我国的刚性兑付问题严重，但资产证券化建立在破产隔离的基础上，因此要在法律上明确破产隔离，准确告知投资者能够清晰意识，在基础信贷资产一旦发生现金流不足以偿付的情况下，追索权仅限于信托财产的风险，无权向发起者追索。资产证券化中有SPV的特殊设置，SPV并非真实经营实体，其收益是转递给最终持有人的，将其作为独立纳税主体的合理性需要研究。不因 SPV 的设立而重复征税可以有效降低各参与主体的投融资成本，这也是一些成熟市场的通行做法。建议参照成熟市场的经验制订专门的 SPV 税收政策，明确交易行为性质认定，使有关税收政策更科学、更合理。

（3）切实防范资产证券化风险，完善信息披露是前提。信贷资产证券化应该加速推进，而在推进的过程中必须防控住风险。信息不对称是风险爆发的重要原因，因此，只有充分、准确的信息披露才能维护资产证券化业务健康发展。切实实现资产池中基础资产的分散化，从起点上降低资产证券化业务的风险。

（二）具体分析

1. 交通银行作为本次发行的发起机构，全部持有高收益档资产支持证券的出发点是什么？

（1）作为银行，交行进行资产证券化的目的，期望获得什么收益、付出多少的成本等；

（2）高收益档资产支持证券主要包含哪种类型的资产、有什么特点，与其他档资产支持证券相比有什么优势。

2. 基础资产的交易是资产买卖行为，还是融资行为？

（1）从基础资产概念出发，了解基础资产包含哪些资产。

（2）从融资和资产买卖概念出发理解。资产买卖，是指资产所有者将其资产所有权和经营权全部或者部分有偿转让的一种经济活动。它包括多种资产，如股票、债券、外汇、商品等。

（3）从资产买卖和传统融资差异角度出发理解，包含的种类、交易的流程等区别。

3. 你认为长期资产还是短期资产更适合证券化？本期证券存续期较短，你怎么看？

从银行进行资产证券化的目的来考虑，是为了增加流动性，将长期资产转化为高流动性的短期资产。

4. 哪些资产可以成为 ABS 的基础资产？

具有预期稳定现金流的资产都可以证券化，也就是作为 ABS 的基础资产。从证券化类型来看，有信贷资产、企业的资产、基金子公司以及非传统的证券化资产，例如信托公司等开展的类资产证券化产品。或者从财产性质入手作答。

5. 本期证券对交通银行的信用卡业务有何影响?

交通银行实现了风险转移及获取了服务费,缓解了现有信用卡业务的资源占用程度,一举多得,促进了交行信用卡业务的良性发展。

五、关键要点

1. 资产证券化的流程
2. 资产证券化的好处与风险
3. 信用增级方式
4. 基础资产的特征

六、建议课堂计划

1. 课前计划

(1) 要求学生详细阅读案例全文,并收集相关资料和文献。

(2) 按照事先分好的小组完成启发思考题。

(3) 开启拓展性思维模式,要求学生从案例中寻找问题。

2. 课中计划(案例分析课堂时间为 80 分钟)

(1) 由导师做背景介绍与案例引入;(5 分钟)

(2) 由各学习小组制作展示 PPT,并选出代表从所负责的视角分析案例;(40 分钟)

(3) 由各小组选出代表扮演某一参与机构,进行角色扮演;(10 分钟)

(4) 有选择地分析启发性思考题;(20 分钟)

(5) 由教师归纳总结。(5 分钟)

相关附件*

1. 基础资产总体信息

由于制定了较为严格的资产池入池合格标准,交通银行本次信用卡分期债权的资产质量优良。具体资产池统计信息列示如附表 1 ~ 附表 5 所示。

---

* 本部分资料来源于《交元 2015 年第一期信用卡分期资产证券化信托发行说明书》。

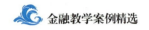

附表1　　　　　　　　　　　　　　入池资产笔数与金额特征

基本情况	数值
资产池未偿本金余额总额（万元）	502227.58
借款人数量（人）	270711
借款人平均未偿本金余额（万元）	1.86
分期债权笔数（笔）	433573
单笔分期债权最高本金余额（万元）	35
单笔分期债权平均本金金额（万元）	1.16
分期债权总金额（万元）	758240.67

附表2　　　　　　　　　　　　　　入池资产期限特征　　　　　　　　　　单位：月

基本情况	数值
加权平均分期债权合同期限	20.81
加权平均分期债权剩余期限	13.86
加权平均分期债权账龄	6.94
最短分期债权期限	12
最长分期债权期限	24
最短分期债权剩余期限	11
最长分期债权剩余期限	19

附表3　　　　　　　　　　　　　　入池资产利率特征　　　　　　　　　　单位：%

基本情况	数值
加权平均分期债权年手续费率	8.61
单笔分期债权最高年手续费率	8.64
单笔分期债权最低年手续费率	4.80

附表4　　　　　　　　　　　　　　入池资产借款人特征

基本情况	数值
借款人加权平均年龄（岁）	34.36
30～40岁借款人分期债权的本金金额占比（%）	44
借款人加权平均年收入（万元）	8.734
借款人加权平均收入债务比	6.32

附表5   入池分期债权用途

基本情况	消费领域
入池分期债权资金投向民生消费领域	入池分期债权主要为交通银行信用卡持卡人日常刷卡消费及部分针对具体领域的专项消费形成的分期债权，根据中国银联对消费商户类型的分类，主要包括了商品批发、民生消费支付、交通运输、购买耐用消费品、医疗、保险、纳税、住房及维修、网络信息服务、旅行、教育以及法律、会计和咨询服务等领域

2. 基础资产分布信息

基础资产皆为分期偿还、按月支付、手续费率固定、正常类信用卡信用贷款，见附表6～附表9。

附表6   按照分期债权未偿本金余额分布

未偿本金余额（元）	本金余额（元）	本金余额占比（％）	分期债权笔数	笔数占比（％）	平均每笔余额（元）
0～10000（含）	1180808051.94	23.51	264936	61.11	4456.96
10000（不含）～50000（含）	3264172046.43	64.99	160157	36.94	20381.08
50000（不含）～100000（含）	517048888.93	10.30	8023	1.85	64445.83
100000（不含）～150000（含）	44891072.54	0.89	377	0.09	119074.46
150000（不含）～200000（含）	9694281.22	0.19	58	0.01	167142.78
200000（不含）～250000（含）	2658776.15	0.05	12	0.00	221564.68
250000（不含）～300000（含）	1650000.08	0.04	6	0.00	275000.01
300000（不含）～350000（含）	1352684.94	0.03	4	0.00	338171.24
总计	5022275802.23	100.00	433573	100.00	11583.46

附表7   按照分期债权剩余期限分布

剩余期限（月）	本金余额（元）	本金余额占比（％）	分期债权笔数	笔数占比（％）	平均每笔余额（元）
0～11（含）	68452786.84	1.36	12559	2.90	5450.50
11（不含）～12（含）	1905470606.28	37.94	155033	35.76	12290.74
12（不含）～13（含）	875628160.68	17.43	79932	18.44	10954.66
13（不含）～14（含）	1055960105.90	21.03	86139	19.87	12258.79
14（不含）～15（含）	42616930.78	0.85	8563	1.97	4976.87
15（不含）～16（含）	35093456.61	0.70	6910	1.59	5078.65

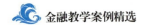

剩余期限 （月）	本金余额 （元）	本金余额 占比（%）	分期债权 笔数	笔数占比 （%）	平均每笔 余额（元）
16（不含）~17（含）	90391810.88	1.80	12589	2.90	7180.22
17（不含）~18（含）	921601151.28	18.35	67093	15.47	13736.17
18（不含）~19（含）	27060792.98	0.54	4755	1.10	5691.02
总计	5022275802.23	100.00	433573	100.00	11583.46
加权平均分期债权剩余期限（月）	13.86				

附表8　　　　　　　按照分期债权手续费率分布

手续费率（%） （年化）	本金余额 （元）	本金余额占比 （%）	分期债权 笔数	笔数占比 （%）	平均每笔余额 （元）
4.80	32843363.66	0.65	552	0.13	59498.85
5.04	9631666.13	0.19	169	0.04	56992.11
8.64	4979800772.44	99.16	432852	99.83	11504.63
总计	5022275802.23	100.00	433573	100.00	11583.46
加权平均分期 债权手续费率（%）	8.61				

附表9　　　　　　　按照分期债权消费用途分布

消费用途	本金余额 （元）	本金余额占比 （%）	分期债权 笔数	笔数占比 （%）	平均每笔余额 （元）
商品批发	2142087183.21	42.65	116858	26.95	18330.68
民生消费支付	2119601402.22	42.20	249644	57.58	8490.50
交通运输	385842937.29	7.68	19820	4.57	19467.35
购买耐用消费品	274592955.59	5.47	30935	7.13	8876.45
医疗	21224058.62	0.42	3619	0.83	5864.62
保险	20016254.39	0.40	4618	1.07	4334.40
缴税	10595922.56	0.21	1296	0.30	8175.87
住房及维修	9161341.24	0.20	612	0.13	14969.51
网络信息服务	6738540.81	0.13	1756	0.41	3837.44
旅行	7145566.78	0.14	1204	0.28	5934.86
教育	6646669.57	0.13	736	0.17	9030.80

消费用途	本金余额（元）	本金余额占比（%）	分期债权笔数	笔数占比（%）	平均每笔余额（元）
法律、会计和咨询服务	1225426.46	0.02	414	0.10	2959.97
其他	17397543.49	0.35	2061	0.48	8441.31
总计	5022275802.23	100.00	433573	100.00	11583.46

3. 借款人分布

借款人的行业分布与地区分布较为分散，见附表10～附表12。

附表 10　　　　　　　　　按照分期债权的借款人年龄分布

借款人年龄（岁）	本金余额（元）	本金余额占比（%）	分期债权笔数	笔数占比（%）	平均每笔余额（元）
18（含）～25（含）	439941774.12	8.76	64171	14.80	6855.77
25（不含）～30（含）	1348983459.65	26.86	132008	30.45	10218.95
30（不含）～35（含）	1344413685.15	26.77	102734	23.69	13086.36
35（不含）～40（含）	865231550.02	17.23	61153	14.10	14148.64
40（不含）～45（含）	554623778.56	11.04	38680	8.92	14338.77
45（不含）～50（含）	285482668.64	5.68	20677	4.77	13806.77
50（不含）～55（含）	151873122.09	3.02	11539	2.66	13161.72
55（不含）～60（含）	31725764.00	0.64	2611	0.61	12150.81
总计	5022275802.23	100.00	433573	100.00	11583.46
加权平均借款人年龄（岁）	34.36				

附表 11　　　　　　　　　按照分期债权在交通银行内部信用评分分类

B-score 评分（分）	本金余额（元）	本金余额占比（%）	分期债权笔数	笔数占比（%）	平均每笔余额（元）
500（不含）～600（含）	9698975.22	0.19	1250	0.29	7759.18
600（不含）～700（含）	1515955920.42	30.18	158023	36.45	9593.26
700（不含）～800（含）	3496620906.59	69.63	274300	63.26	12747.43
总计	5022275802.23	100.00	433573	100.00	11583.46

附表 12　　　　　　　　　　按照分期债权的借款人收入分布

借款人平均年收入（元）	本金余额（元）	本金余额占比（%）	分期债权笔数	笔数占比（%）	平均每笔余额（元）
0～100000（含）	4262713088.91	84.88	383595	88.47	11112.54
100000（不含）～200000（含）	531740118.90	10.59	37380	8.62	14225.26
200000（不含）～300000（含）	108232392.19	2.15	6606	1.52	16383.95
300000（不含）～400000（含）	20249638.24	0.40	1132	0.26	17888.37
400000（不含）～500000（含）	48488448.94	0.97	2547	0.59	19037.48
500000 以上	50852115.05	1.01	2313	0.53	21985.35
总计	5022275802.23	100.00	433573	100.00	11583.46
借款人加权平均年收入（元）	87335.59				

参考文献

［1］石鹏. 资产证券化基本理论和风险分析［D］. 济南：山东大学，2008.

［2］长城证券. 银行业资产证券化系列专题报告之一：新金融时代的新工具［R］. 2013－06－28.

［3］长城证券. 银行业资产证券化系列专题报告之二：非金融企业资产证券化有望转为常规业务，潜力即将释放［R］. 2013－06－29.

［4］交元 2015 年第一期信用卡分期资产证券化信托发行说明书；交元 2015 年第一期信用卡分期资产支持证券发行文件；交元 2015 年第一期信用卡分期资产证券化信托发行公告。

［5］邱幼花. 招商银行信用卡资产证券化案例研究［D］. 广州：华南理工大学，2015.

［6］中国国际金融股份有限公司. 中国宏观专题报告：中国资产证券化爆发式启动［R］. 2015－02－09.

［7］交通银行. 二〇一五年年度报告［R］. 2015.

［8］杨凯生. 资产证券化三大问题待解需做好相关风险防范［EB/OL］.（2016－04－18）http：//mp. weixin. qq. com/s？biz＝MzA5ODI4MTMyOQ＝＝&mid＝404790823&idx＝3&sn＝9f0be7ae8c07042f9aaf3930f2eb81ab&scene＝0#wechatredirect.

［9］John C. Hull. Financial Risk Manager（FRM）Exam Part 1：Foundations of Risk Management［M］. 7nd. New York：Pearson Education，2017.

案例正文编号：**PDF-CASE2017043**

案例使用说明编号：**PDF-TN2017043**

入库时间：**2017 年**

作者：姜学军、胡晨旭

五四路支行一笔贷款的演变[*]

摘要： 中小企业是我国国民经济发展中的重要组成部分，其发展充满活力，在促进我国经济增长、增加就业岗位、提高国民收入等方面发挥着积极的作用。为谋求更广阔的市场、更稳定的收益率和更广泛的客户基础，我国商业银行近年来开始将中小企业信贷作为业务的重点。但是中小企业普遍存在着抗风险能力弱、内部管理体系不完善、财务制度不健全、信息不对称等问题，使得商业银行对中小企业发放贷款存在着极大的风险。如何降低中小企业信贷风险，是银行界最为关心的问题之一。本案例的沥淋建设集团公司是一建筑行业的中小企业，五四路支行向其发放的一笔贷款终成不良贷款，深思个中的原委，具有一定的代表性和可借鉴性。

关键词： 中小企业　银行贷款　风险管理

---

[*] 本案例中人名、公司名、银行名均为化名。

案例正文

0 引 言

2015 年 5 月 21 日，五四路支行信贷部主任李亮拖着疲惫的身躯从沥淋建设集团公司开车回到自己位于市中心的办公室。之所以去该公司是为了和负责人胡康健、胡康俊商谈，督促其尽快偿还银行贷款。胡康健和胡康俊是亲兄弟，也是沥淋建设集团公司的共同创建人。2013 年沥淋建设集团公司承建了利明市西汪区建设局的一项道路建设工程，合同价款为 4028.3 万元，因资金短缺在 10 月向五四路支行申请了 700 万元人民币的贷款，贷款期限一年，到期日为 2014 年 10 月 25 日。由于经营出现问题，加之整体经济运行下行，作为中小企业的沥淋建设集团公司面临着前所未有的困境，直至 2015 年 5 月仍无法还清银行的贷款。李亮在回办公室的路上又在思考这个让他痛苦了大半年的问题：该如何处置该笔贷款，从而将银行的损失降到最低？

1 案例涉及的有关当事人

1.1 贷款人概况

1. 贷款银行——五四路支行

五四路支行隶属的总行是五大国有银行之一，五四路支行是二级分行利明分行的下属机构，主要经营人民币存款、贷款、结算业务，票据贴现，代理发行金融债券，代理发行、兑付、销售政府债券，买卖政府债券，代理收付款项及保险业务，外汇存款、贷款、汇款、兑付、国际结算、外汇票据的承兑和贴现等业务。

利明市地处苏鲁豫皖四省接壤地区，是江苏省重点规划建设的四个特大城市和三大都市圈核心城市之一。"十二五"期间，利明市经济保持平稳较快增长，主要指标增速继续高于全国全省。伴随着经济的快速发展，利明市的信贷规模稳步扩大，为支持地区经济的发展做出了积极的贡献。作为当地银行业龙头的五四路支行也不断开拓创新、加大培养人才力度、努力优化提升服务质量，不断调整信贷结构，使得该银行各项业务发展态势良好，近三年主要业务指标全部翻了一番，成为东部沿海地区最具发展潜力的国有大银行之一。

2010～2015 年间，五四路支行资产总量从 159.2 亿元稳步增长到 356.7 亿元，年均增长率达到 24.79%。各类贷款余额从 78.5 亿元稳步增长到 237.4 亿元，年均增长率达 40.47%。同期存款总量也稳步增长，资金实力得到不断增强，负债总额从 156.6 亿元稳步增长到 349.2 亿元，年均增长率为 24.59%。吸收的各类存款余额从 152.3 亿元稳步增加到 341.8 亿元，年均增长率为 24.89%。此外，营业收入也保持持续增长的态势，从 5.17 亿元稳步增长到 13.16 亿元，年均增长率达 30.91%。2015 年全年实现总利润 7.407 亿元，比上年增长 34.22%。

2. 贷款负责人——李亮

五四路支行信贷部主任李亮，2009 年毕业于"211"大学——南京师范大学金融专业，他从小对数字极为敏感，又有超强的记忆力和学习能力，加之入学前就对金融很感兴趣，从入学开始就一直是该专业的佼佼者，通过 4 年的努力学习和认真实践，他比同龄人更早地掌握了专业知识和技能，一毕业就被各大银行争相录取。最后李亮决定回到老家利明市，想为利明市的金融业发展做贡献，并顺利进入五四路支行工作。

工作上，他勤勤恳恳、兢兢业业，在努力提升自身业务素质的同时，还热心帮助同事共同取得工作上的进步，得到了领导和同事的一致好评。具备良好的金融素质又踏实肯干，李亮数度获得晋升，后被安排在信贷部从事对公业务。由于处理的贷款业务从未出现不良，在其工作的第 3 个年头被破格晋升为信贷部主任。担任领导后，他并没有止步不前，而是以更高的标准严格要求自己，积极进取。然而信贷风险无处不在，扎实的知识储备和丰富的工作经验并不能使其与风险绝缘。2013 年，五四路支行对沥淋建设集团公司发放的贷款出现了不良。虽然李亮并非这项贷款业务的直接负责人，但他是最终审核人、签字人，授信出现不良，让他寝食难安，自责不已，并一直在反思该笔授信形成不良的原因，想方设法寻找最佳的解决方案。

1.2 借款人——沥淋建设集团公司

1. 借款人基本情况

沥淋建设集团公司成立于 2002 年 5 月，注册资本 5000 万元，股东为胡康健、胡康俊，前者为公司法人。其经营范围主要为沥青、燃料油、煤焦油、重油的销售；市政工程施工、公路工程施工、防水工程施工；沥青混凝土的生产、销售，润滑油、化工产品、建筑材料销售，自营和代理各类商品的进出口业务。

经县发改委、县土地局、规划局批准，沥淋建设集团公司 2006 年 4 月选址在北区李集镇建厂，同年 10 月正式投产，仅用 2 个月的时间便实现产销路面油料 6 万吨，产值 1700 万元的好业绩。贷款发生时，该企业总资产为 4257 万元，生产原料主要为黄沙、矿粉、石子，这三种原料供应均为地产，而沥青则依客户要求分别采用国产中海沥青及进口韩国 SK 沥青。

2. 借款人行业情况及地位

沥淋建设集团公司成立以来，顺应市场发展变化，几年内发展迅猛，经营规模和经济实力大大提高。2011 年实现销售收入 23868 万元，净利润 3203 万元，2012 年实现销售收入 26339 万元，净利润 4131 万元，2013 年前两个季度（贷款前）实现销售收入 11991 万元，净利润 1545 万元。公司的销售收入主要来自沥青路面的铺路工程，且来源稳定。

2006 年以来沥淋建设集团公司先后参与了省、市各级道路路面摊铺工程，如利明市卷烟厂、时代大道、城市纪念馆、奔腾大道、矿业大学等，其中利明新政府大院、钼山县委政府等重点工程均获得了优质工程奖。

沥淋建设集团公司有员工 157 人，其中高级技术职称 2 人，中级技术职称 8 人。该公司具备国内最先进的 LB4000 型沥青混凝土拌合站，它是利明市同类拌合站中自动化程度最高、规模最大、生产能力最强的设备，该设备的生产能力达 280～320 吨/小时。公司年产 500 万平方米防水卷材车间采用先进工艺技术和配方，具有完善的检测手段和齐备的实验设备，名优 SBS/APP 高档卷材享誉南北，自粘卷材、道桥专用卷材深受客户信赖。

沥淋建设集团公司的管理层成员年富力强，具有较强的事业心和丰富的工作经验，能够团结协作，勤奋务实，具有不断学习和创新意识，重合同、守信用，有较强的遵纪守法观念。

3. 实际控股人情况

沥淋建设集团公司股东为胡康健和胡康俊两兄弟，二人皆以货币形式注资，注册资本 5000 万元，其中胡康健所占比例为 98.4%，是企业的实际控制人，胡康俊占比 1.6%。近两年不存在股权变更。

胡康健作为公司的实际控制人，有着十分丰富的从业经验，虽然在创业前换过几次不同的工作，但一直处于上升通道，随着眼界的开阔和人脉的积累，他的职位也越来越高，这为以后的创业之路打下了坚实的基础。1986 年 2 月至 1990 年 7 月，任利明市工行干部学校教师；1990 年 8 月至 1994 年 8 月，任利明市工行会计科科员；1994 年 9 月至 2008 年 8 月，任利明工行信用卡部副经理；2000 年 8 月至 2002

年 5 月，任利明市西汪区工行副经理；2002 年 5 月，胡康健毅然决然地辞职创业，开创了沥淋建设集团公司，任总经理一职。

胡康健从商多年，在众人眼中，他目光敏锐、思维超前、敢于创新。任公司总经理以来，每当公司运营出现问题，都能凭借其敏锐的判断力和果敢的行动力整合资源、盘活资产，增加收入，使公司经受住了一次又一次的考验，渡过了许多难关。这在一定程度上说明他有决策管理和驾驭市场的能力，且待人诚恳友善，无不良嗜好，综合素质较高。

1.3 担保人——紫昶家具制造有限公司

紫昶家具制造有限公司（以下简称"紫昶家具公司"）成立于 2009 年 9 月，注册资本金 500 万元，所属行业为家具制造业，信用等级 BBB－。2012 年（贷款的上一年度）的总资产为 6044 万元，净利润 851 万元，见表 1。

表 1　　　　　　　　　　紫昶家具公司 2011～2013 年财务状况　　　　　　金额单位：万元

项目	2011 年	2012 年	2013 年前 8 个月
总资产	89621	6044	6827
总负债	61590	1580	1677
资产负债率（%）	68.72	26.14	24.56
销售收入或纳税销售收入	28313	5213	4356
净利润	3320	851	685

资料来源：根据紫昶家具公司财务报表整理。

紫昶家具公司下设制造厂、红木家具精品馆、红星美凯龙专卖店等，是一家集开发、研究、设计、生产、销售、服务于一体的，专业从事各种家具木雕工艺品、古典家具的综合性制造企业。其艺术手法精湛，传承了中国高贵典雅的艺术气息。该保证人是利明市唯一一家集设计、研究、制造、销售、鉴别于一体的现代化创新型公司，销售前景广阔，销售范围逐渐向周边地区扩展。其制造的家具质地优良、纹理沉着、坚固耐用、美观大方，具有实用、收藏和观赏价值，受客户青睐。总经理综合素质较高，有着稳定的社会关系，借款人与担保人实际控制人关系较好。

2 贷款流程

2.1 贷款申请

2013年沥淋建设集团公司与利明市西汪区建设局签署了一项道路建设工程合同，开工日期为2013年8月20日，完工日期为2014年5月12日，价款暂定为4028.3万元，结算方式为开工付款30%，完成工程量的70%时付50%，工程竣工验收合格后再付20%，余额自审计报告之日起，根据审计局审计结论，两年内付清。

该公司于2013年8月向五四路支行申请700万元人民币贷款，用于项目垫资，期限为一年，以其土地使用权作抵押，该土地评估价值为864.12万元，全部授信额度由紫昶家具公司提供担保，该建筑公司股东对全部授信承担连带责任担保。

按规定，沥淋建设集团公司向五四路支行提交了营业执照正副本、组织机构代码证、税务登记证、完税证明、近3年报表（已审计），贷款卡，公司章程，董事会意见，股东签名，法人代表经办人身份证，法人代表个人信用报告、资信证明等资料。

2.2 贷前调查与评估

沥淋建设集团公司负责人到五四路支行提出贷款申请并提交材料后，五四路支行信贷部主任立刻组织人员进行贷前评估，并仔细分析了沥淋建设集团公司的财务状况，经办人员审核无误。

1. 借款人成长性分析

从资产负债表、损益表及现金流量表等可以看出，该公司近年来生产经营态势良好，财务状况较为稳健，资金结构较为合理，销售收入及效益均呈较好的发展趋势（见表2）。

表2　　　　　　　沥淋建设集团公司2011～2013年资产负债表　　　　单位：万元

项目	2011年	2012年	2013年前两个季度
总资产	17866	22875	27261
流动资产	11107	15887	18212

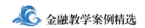

续表

项目	2011 年	2012 年	2013 年前两个季度
其中：货币资金	1277	4229	1739
应收账款	5936	8610	8870
其他应收款	757	984	3479
存货	1640	1264	2977
固定资产净值	3460	3843	5455
总负债	6771	7650	10490
流动负债	6771	7650	10490
短期借款	5800	7300	8800
所有者权益	11095	15225	16771

资料来源：根据沥淋建设集团公司资产负债表整理。

首先，沥淋建设集团公司的总资产连续三年呈递增趋势，2011~2012 年同比增长 28.04%，增加了 5009 万元，2012~2013 年前两个季度就增加了 4386 万元。2012 年存货比 2011 年减少了 376 万元，主要是燃料油和沥青的减少，2013 年存货比 2012 年增加了 1713 万元，也主要是燃料油和沥青的增加；2012 年固定资产比 2011 年净增加 383 万元，2013 年固定资产比 2012 年净增加 1612 万元。

其次，公司负债全部为流动负债，其中，2012 年比 2011 年增加了 879 万元，主要是为扩大生产建设而导致的银行贷款的增加；2013 年比 2012 年增加了 2840 万元，主要用于购买沥青以实现铺路工程的顺利完成。

最后，2011 年、2012 年的资产负债率分别为 38%、33%，呈逐年下降趋势，说明该公司的长期偿债能力有一定的提高。

2. 借款人偿债比率分析

沥淋建设集团公司 2012 年末资产负债率为 33%，较 2011 年末有所好转，且与同行业其他企业相比该数值相对较低，说明借款人长期偿债能力较强，借款人流动比率、速动比率数值均大于 1，处于较为稳定的状态，说明借款人有一定的短期偿债能力（见表 3）。

表3　　　　　　　　　沥淋建设集团公司2011～2013年偿债能力指标　　　　　单位：%

项目	2011 年	2012 年	2013 年前两个季度
资产负债率	38	33	38
流动比率	164	208	174
速动比率	139.81	191.15	145.15

资料来源：根据沥淋建设集团公司历年资产负债表整理。

3. 借款人获利能力分析

沥淋建设集团公司从2011年至2012年销售收入、销售利润、净利润均呈增长态势（见表4），一方面，由于企业不断扩大生产规模、努力争取工程订单，高效的服务和优质的产品为其获得了大量的大额订单；另一方面，该公司不断提高管理水平、优化产品流程，从而有效降低了管理费用、营业费用等开支。所以，从该行业发展趋势及当地公路建设等情况看，该公司有较强的发展潜力。

表4　　　　　　　　　沥淋建设集团公司2011～2013年获利能力指标

项目	2011 年	2012 年	2013 年前两个季度
销售收入（万元）	23868	26339	11991
销售利润（万元）	5012	5531	2158
净利润（万元）	3203	4131	1545
销售利润率（%）	21	21	18
净利润率（%）	13	16	13

资料来源：根据沥淋建设集团公司历年销售利润统计表整理。

4. 借款人现金流分析

一般来说，当企业的经营活动现金流入量大于流出量，筹资活动现金流入量大于流出量，投资活动现金流入量大于流出量时，说明企业财务状况良好。由表5可以看出，2012年该公司的经营活动净现金和筹资活动净现金流入量均大于现金流出量，虽然投资活动净现金流入量小于流出量，但额度远小于经营活动现金流量差，因此该公司的现金流正常，企业发展稳健。总体来说，该借款人的现金流是充足的，而且，随着企业销售收入的进一步增长，现金流将更加充沛，偿还五四路支行短期贷款有较充足的保障。

表5　　　　　　　　　沥淋建设集团公司2011～2013年现金流量财务数据　　　　　单位：万元

项目	2011 年	2012 年	2013 年前两个季度
经营活动净现金流量	− 1457	2664	—
投资活动净现金流量	− 2113	− 407	—
筹资活动净现金流量	3937	695	—

资料来源：根据沥淋建设集团公司历年现金流量表整理。

5. 借款人信用等级

沥淋建设集团公司 2012 年在五四路支行信用评级为 BBB ＋，2013 年度仍为 BBB ＋/Ⅰ类客户，其债务承受额为 2745 万元人民币。该公司业务发展稳定，在金融领域信誉良好，诚信度高，与五四路支行及其他金融机构银企关系均良好，履约能力较强，且无不良授信记录。该公司是五四路支行 2009 年发展的客户，已在该行开立了结算账户和企业网银业务，账户使用情况正常。

6. 抵押物评估

沥淋建设集团公司以其土地使用权作抵押，该土地于 2013 年 9 月 16 日由利明市长城评估咨询信息服务有限公司评估，评估价值为 864.12 万元。同时李亮又从以下几个方面重点考察了该抵押物：

第一，押品合法有效：该土地确为抵押人合法拥有，不存在法律瑕疵。

第二，押品的价值：李亮意识到抵押物的估值不仅要考虑到押品的账面价值，还要考虑该土地的实际价值，且要关注土地的取得方式、已缴纳土地出让金、合同和付款凭证，以及土地是否被闲置等，因此对此格外予以关注。

第三，押品的变现能力：该土地位于优质地段，紧邻交通要道，发展空间较大，具有通用性，变现能力较强。

第四，押品的易保管性：土地作为抵押物有着容易保管、不易变质的特点，且在较短的授信期间内一般不易贬值。

综上所述，李亮认为沥淋建设集团公司用土地进行抵押贷款，符合五四路支行的贷款要求。

7. 授信综合效益分析

沥淋建设集团公司收益稳定，自 2009 年第一次与五四路支行建立合作关系贷款 1000 万元并于一年后偿清本金后，一直与五四路支行保持着良好、密切的合作关系。若五四路支行此次以中国人民银行基准利率上浮 40% 为贷款利率向该公司发放 700 万元贷款，则预计收益计算如下：

①贷款收益=［贷款利率×（1－营业税金及附加）－内部资金成本率］×金额=［6%×（1－5%）－3.25%］×700=17.15（万元）。

②预计存款为日均200万元。

预计存款收益=（内部资金收益率－同期存款利率）×金额

$$=（4.01\%－0.35\%）×200=7.32（万元）$$

③该项目为优质项目，收益率较高，预计中间业务收益率为40%。中间业务收入=700×6%×40%=16.8（万元）

综合收益=17.15＋7.32＋16.8=41.27（万元）

鉴于五四路支行与该公司合作时间较久，借款人能及时归还银行的贷款本息，在中国人民银行的征信系统无不良信息记录，故再次为其办理贷款业务，能为五四路支行带来较为可观的收益。

2.3 签订合同，办理抵押登记

沥淋建设集团公司所抵押的土地估价合计为864.12万元，五四路支行拟设定抵押率为30%，抵押贷款金额为259.236万元，并办理抵押登记，2013年10月签订贷款合同，同时在合同中注明："保证人放弃要求我行处置抵押物的抗辩权。"以及"借款人对外提供担保或申请他行新增授信需经我行同意。"并在借款合同中对资金用途进行约定，明确当借款人挪用信贷资金时，银行有权要求借款人提前还款。2013年10月25日，五四路支行向沥淋建设集团公司发放了700万元的贷款，用于满足其项目垫资所需，贷款利率为中国人民银行基准利率上浮40%，期限为1年。

由于中小企业信贷风险普遍大于大型企业信贷风险，因此在贷款发放之前的每一个检查环节，李亮都全程参与，亲力亲为，以确保每一个环节都无纰漏。

2.4 贷后监管

贷款发放的当月，五四路支行的客户经理上传了相关资金流向监控表，并于当月收集了相应的资料以证明交易真实性和贷款用途合规性，随后该客户经理每两个月会去沥淋建设集团公司与实际控制人见面，询问公司的发展情况，考察公司是否有重大决策变化。在随后连续的接触中并未发现任何不妥之处。

由于李亮手里有许多工作都需要亲自处理，精力有限，加之印象中该贷款属于优质，渐渐地便放松了对该笔贷款的贷后跟踪和监管。

2.5 贷款收回

贷款发放后，借款人每个月都会按时偿还贷款利息，直到2014年3月。

进入 2014 年，利明地区企业担保圈风险相继爆发，地方财政出现困难，由此该企业大部分政府工程款不能按照工程进度支付或竣工后不能按期决算审计，审计后亦无法取得回款。沥淋建设集团公司终因其承担公路工程、市政工程，有政府大额应收账款无力按期收回，造成资金链断裂，无法按时向五四路支行支付贷款本金和利息，形成呆账。

事后查出，该公司生产所需的主要原材料——沥青的价格在 2014 年以来有较大的增幅，这直接导致借款公司成本增加，利润大幅减少，而银行的客户经理并未察觉，始终认为借款人的盈利状况良好，未曾出现问题。

2014 年 3 月 21 日，借款人未能正常付息。经多次上门催收后，4 月 30 日，借款人归还贷款欠息 2 万元，剩余欠息无力归还。在多次催收无果的情况下，五四路支行于 2014 年 5 月将借款人及担保人诉至利明市中级人民法院，并申请了诉前保全。

截至 2015 年 5 月 20 日，沥淋建设集团公司在五四路支行授信本金余额为 700 万元，利息总额为 67.561727 万元，本息合计为 767.561727 万元。诉讼过程中五四路支行诉讼费合计为 20.67 万元。

3 法院判决及最新进展

3.1 法院裁决

利明市中级人民法院审理后作出如下的裁决：沥淋建设集团公司于本判决生效后的十日内，向五四路支行偿还借款本金 700 万元及利息；沥淋建设集团公司于本判决生效后十日内向五四路支行支付律师代理费 14.06 万元；若沥淋建设集团公司不能按期、足额履行上述义务，五四路支行有权对其项下财产以折价或者拍卖、变卖所得价款在 700 万元范围内优先受偿；紫昶家具公司、沥淋建设集团公司股东对上述债务承担连带清偿责任。

如国内大多数银行面临的问题一样，虽然法院的裁决已下达，但沥淋建设集团公司和紫昶家具公司均不归还五四路支行的贷款，在等待数月之后，李亮和银行行长们决定采取行动维护银行的合法权益。

3.2 最新进展

经反复商讨研究，五四路支行最终决定以处置抵押物来清偿债务。目前该案件正处于司法拍卖环节，贷款已核销，虽然拍卖抵押物的预计回收金额不足以覆盖贷款本息，但五四路支行表示并不会就此放弃债权，而是更加密切地关注已核销贷款的借款人财务状况和还款能力的变化，指定专人负责催收，使银行的贷款债权始终保持在诉讼时效之内。必要时五四路支行会通过法律程序对已核销的贷款进行追偿，不会因贷款核销而豁免债务人的偿债义务。

在研究过程中，李亮等也想出了其他的几种解决方案，主要有：

（1）追加贷款。据银行调查了解，沥淋建设集团公司无法按时偿还本金的主要原因在于西汪区建设局拖欠该公司大量工程款，借款人只是由于垫资过多、工程款被拖欠尚未收回而出现的暂时性资金链断裂，并未出现经营方面的重大失误，只要企业收回工程款，便会渡过难关。所以如果银行能转变思路，创新信用机制，建立信用恢复机制，深化银行与中小企业的诚信合作，对经营没有出现重大失误、财务状况没有恶化、只是短暂性出现困难的中小企业不予收贷，甚至为其追加贷款，就可以帮助该企业减轻债务负担、缓解资金压力，促进生产经营的恢复，帮助企业渡过难关。但是这样的做法无疑会使银行承担更大的风险，李亮不得不仔细推敲。

（2）出售贷款。将该笔贷款业务打包卖给资产管理公司，只要资产管理公司愿意出资购买，合同一签，对银行来说就万事大吉了，催债等复杂事宜由资产管理公司去做就行了，银行能省去很多麻烦。但是打包卖给资产管理公司所得的资金无法覆盖贷款本息，而且该缺口会变成坏账，无法收回，直接影响银行的盈利水平。

（3）处置抵押物以覆盖贷款本息。但是抵押物的处置程序复杂，耗时长久，抵押物不仅不易迅速变现，也存在着贬值的风险。

但权衡后，李亮还是选择了处置抵押物这一方式。

看似一切都已处理妥当，银行的工作人员松了一口气，然而此刻李亮的内心并未平复，他始终在寻找答案——是什么原因导致一个看似风险并不高的贷款项目发生不良甚至造成损失呢？是哪些环节出现问题了？又该采取什么样的措施来减少或避免此类风险的再次出现呢？

The Evolution of A Loan in Bank of Wusi Road Sub-branch

Abstract：Small and medium-sized enterprises (SMEs) have gradually been important parts of the national economic development. SMEs play a positive role in promoting China's economic growth, employment rate, and national income,

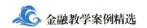

because their development is full of vitality. For this reason, SMEs are universally focused in the society. Meanwhile, China's commercial banks have begun to incorporate the credit business for SMEs into the focus of the development, so as to seek broader markets, more stable yields, and more customer bases. However, SMEs have many common problems such as weak risk resistance, imperfect internal management system, unsound financial system, and asymmetric information. Thus, great risks are generated to the loans of the commercial banks to SMEs. How to reduce the credit risks caused by SMEs has been an issue necessary for the bank to think twice. The case of Lilin Construction Group Ltd. is a small and medium enterprises in the construction industry, Bank of Wusi Road branches to its loans, the end into a bad loan, pondering the inside of the Commission, with a certain degree of representation and can be used for reference.

Key words: SMEs; Bank loan; Risk Management

 案例使用说明

一、教学目的与用途

1. 适用课程：商业银行管理、风险管理、金融学。

2. 适用对象：金融硕士（MF）、金融学本科生及相关专业的专业硕士，以及有一定工作经验的管理者。

3. 教学目的：本案例通过阐述五四路支行向沥淋建设集团公司发放贷款的全过程，围绕贷款发放后出现不良为主线，分析发生不良贷款的原因，并通过案情跟进，给出五四路支行最终的解决办法，以期通过该案例，使学生理解和掌握商业银行信贷风险管理的相关理论和知识。

具体目的包括以下三个方面：（1）掌握贷款的五级分类，即依据借款人的实际还款能力和贷款的风险程度，将贷款划分为正常、关注、次级、可疑、损失等五类，后三种为不良贷款。（2）学会分析一笔贷款出现不良的具体原因，以防范信贷风险。（3）分析银行降低信贷风险的方式方法，尤其是针对中小企业的贷款。

二、启发思考题

1. 借款人沥淋建设集团公司的财务状况是不是银行经办人员当初分析得那样，是否存在风险隐患？

2. 五四路支行的贷前审查是否系统、全面？有没有遗漏重要的审查点？

3. 到底是哪个环节的偏颇使得五四路支行的贷款最终形成呆账？

4. 五四路支行的贷后监管是否到位？出现了哪些问题？

5. 五四路支行的方案是最佳的吗？其他的处置方式是否可以考虑？

6. 从该案例中，作为银行应该吸取什么教训？

三、分析思路

完整的贷款流程包括贷款申请，贷前调查与评估，签订合同、办理抵押登记，贷后监管和贷款收回等五个环节，可以按照贷款流程的先后顺序，分别思考每一步骤是否存在管理上的疏漏。

1. 贷款申请。沥淋建设集团公司贷款申请时是否说明了贷款用途和贷款期限？有无提供抵押物？有无担保公司对贷款进行担保？沥淋建设集团公司提交的申请所需要的材料是否齐全？

2. 贷前调查与评估。沥淋建设集团公司提交的资产负债表和现金流量表是否真实？有无财务造假的可能？根据沥淋建设集团公司的资产负债表、现金流量表、销售明细账、银行存款对账单等分析该公司的资产负债比、现金流量是否稳定、资金来源、资金用途、融资能力、获利能力和投资情况，进而分析企业贷款是否合理、是否有足够的还款能力？沥淋建设集团公司的抵押物是否合法有效、押品的价值是否足够覆盖贷款金额、押品的变现能力如何、是否易于保管、在授信期间内是否容易贬值、押品的变现能力如何？公司的竞争力、发展前景如何？公司股东的人品如何、有无不良嗜好、处理和解决问题的能力如何？原材料市场的供需情况、发展趋势、原材料价格的稳定性如何？

3. 签订合同、办理抵押登记。借款合同是否合法有效？若主合同（借款合同）无效，那么从合同（抵押合同）是否有效？合同上是否有附加条款？抵押合同的签字或者授权是否有效、是否面签？

4. 贷后监管。借款人的主营业务及经营地址是否有变动？考察公司账户上的流动应急资金、应收应付及账期、库存及周转周期。如果应收款数额巨大则需要询问应收款的构成及回收成本。考察沥淋建设集团公司的上下游情况及原材料的供需状况和价格涨跌幅度。考察公司的营业收入、毛利率。考察贷款的实际用途、是否存在贷款资金被挪用的情况？抵押物的情况是否良好？公司的经营方针有没有大的调整？公司的管理层有没有大的变动？还款意愿和还款能力是否良好？是否有其他的需求和建议？

5. 贷款收回。贷款发放后，借款人每个月是否会按时偿还贷款利息？若贷款本息逾期未还，五四路支行应采取怎样的措施？

在此基础上，可以进一步思考：五四路支行贷款发生不良的原因是什么？五四路支行和沥淋建设集团公司各负怎样的责任？沥淋建设集团公司应该怎样使企业走出困境？五四路支行怎么做才能将损失降到最低？从该案例中，作为银行应该从中吸取怎样的教训？

四、理论依据与分析

（一）理论依据

贷款五级分类、信息不对称理论和关系型贷款理论。

（二）具体分析

1. 贷款五级分类。

1998 年 5 月，中国人民银行参照国际惯例，结合中国国情，制定了《贷款风险分类指导原则》，要求商业银行根据借款人的实际还款能力进行贷款质量的五级分类，即按风险程度将贷款划分为五类：正常、关注、次级、可疑、损失，后三种为不良贷款。正常贷款：借款人能够履行合同，一直能正常还本付息，不存在任何影响贷款本息及时全额偿还的消极因素，银行对借款人按时足额偿还贷款本息有充分把握，贷款损失的概率为 0。关注贷款：尽管借款人目前有能力偿还贷款本息，但存在一些可能对偿还产生不利影响的因素，如这些因素继续下去，借款人的偿还能力受到影响，贷款损失的概率不会超过 5%。次级贷款：借款人的还款能力出现明显问题，完全依靠其正常营业收入无法足额偿还贷款本息，需要通过处分资产或对外融资乃至执行抵押担保来还款付息。贷款损失的概率在 30%~50%。可疑贷款：借款人无法足额偿还贷款本息，即使执行抵押或担保，也肯定要造成一部分损失，只是因为存在借款人重组、兼并、合并、抵押物处理和未决诉讼等待定因素，损失金额的多少还不能确定，贷款损失的概率在50%～75%之间。损失贷款：借款人已无偿还本息的可能，无论采取什么措施和履行什么程序，贷款都注定要损失了，或者虽然能收回极少部分，但其价值也是微乎其微，从银行的角度看，也没有意义和必要再将其作为银行资产在账目上保留下来，对于这类贷款在履行了必要的法律程序之后应立即予以注销，其贷款损失的概率在75%～100%。

2. 信息不对称的含义是什么？在案例中体现在哪里？对于信贷中存在的信息不对称的问题，银行该如何解决？

信息不对称（Asymmetric information）指交易中的各方拥有的信息不同。在社会政治、经济等活动中，一些成员拥有其他成员无法拥有的信息，由此造成信息的不对称。在市场经济活动中，各类人员对有关信息的了解是有差异的。掌握信息比较充分的人员，往往处于比较有利的地位，而信息贫乏的人员，则处于比较不利的地位。信息不对称可能导致逆向选择（Adverse selection）和道德风险（Moral risk）。

在本案例中，借款人沥淋建设集团公司进行生产所需的主要原材料——沥青的价格大幅上涨，导致生产成本增加、利润骤减。此外，2014年以来，利明地区企业担保圈风险相继爆发，地方政府财政也逐渐走向困难，沥淋建设集团公司大部分政府工程款不能按照工程进度支付或竣工后不能按期决算审计，审计后亦无法取得回款。沥淋建设集团公司因其承担公路工程、市政工程，有政府大额应收账款无力按期收回，这造成了资金链断裂。这些情况都对银行贷款的按期偿还起着不利的影响。但是沥淋建设集团公司并未将该状况告知贷款人五四路支行，五四路支行也未及时了解到该不利情况，这就出现了信息不对称。

银行可以通过采取关系型贷款的方式来规避信息不对称。

3. 关系型贷款的含义是什么？关系型贷款对银行和企业各有什么益处？

关系型贷款是指通过建立全面细致的银企关系，利用银行与企业之间的长期稳定合作关系，最大限度地减少企业借贷风险的一种借款协议。依此看来，银行对企业的贷款决策是通过长期多渠道的接触所获信息进行的。关系型贷款是银行为缓解信息不对称问题开发出的贷款技术之一，其他几种技术的使用有一定的前提和限定条件，而关系型贷款往往需要的是一些"软信息"，不仅限于企业的报表。一般信息包含企业与企业所有者的一些商业信息，但是使用关系型贷款的前提条件是银行与企业之间形成了长期稳定的合作关系，因为它是通过二者之间发展非标准化的密切关系达成的融资行为。实际上，这是银行和企业为避免市场缺陷（信息不对称）而进行的一种制度安排，这种制度能缓减市场存在的信息不对称问题，使双方都能获益。

从银行角度来讲，银企长期的合作关系使其贷前的风险评估更易客观进行，贷后的跟踪也能及时跟进，可以最大幅度地减少对企业发放贷款的风险，获得合理收益。银企之间的关系越长久，银行对企业所掌握的信息就越多，这样实际上是增大了企业的风险成本，所以，银企关系越长久，对于银行越有利，能够有效地降低中小企业信贷风险。

从企业角度来看，首先，关系型贷款能够降低中小企业从金融机构获得贷款的机会成本，符合融资成本最小化原则，关系型贷款对企业的报表等硬性信息要求较少，比较符合中小企业的特点。其次，关系型贷款的利率一般低于普通贷款，因而这种关系一旦形成，中小企业更加容易从中获得优惠，关系越长久，贷款条件越宽松。

4. 五四路支行的贷前审查是否系统、全面？有没有遗漏重要的审查点？

五四路支行的贷前审查相对来说比较全面，但依然遗漏了一个重要的审查点，即考察沥淋建设集团公司上游的状况。

看上游主要是看企业原材料采购情况，考察原材料的市场供应情况和价格的稳定性情况。因为原材料的涨跌幅度直接关系到企业的生产成本和毛利率。本案例中，借款人沥淋建设集团公司进行生产所需的主要原材料——沥青的价格大幅上涨，导致生产成本增加、利润减少。如果五四路支行能在贷款发放前发现原材料价格上涨的潜在可能，可能会要求沥淋建设集团公司增加抵押物，或者少发放甚至不发放贷款，则可以避免贷款出现不良造成的损失。

5. 该笔不良贷款形成的原因是什么？

（1）信用评级不完善。首先，我国现行使用的信用评定等级一般分为 AAA 级、AA＋级、AA 级、AA－级、A＋级、A 级、A－级、BBB＋级、BBB 级、BBB－级、BB 级、B 级，共 12 个等级。客户的不同得分对应着不同的等级，得分越高，信用评级就越高，说明该客户的信用风险越小，偿债能力越高，反之亦然。然而该评级方法的主要缺陷在其过分偏重评估企业过去的财务报表和履约情况，而非现在和未来的财务以及非财务指标，尤其是没有考虑到企业未来的偿债能力。其次，在进行信用评级时，部分指标设置不够科学，有一定的局限性。五四路支行的信用风险评级指标体系中，使用的指标主要包括资产负债率、流动比率、速动比率、销售利润率、净利润率和现金流量等财务指标。但大多数中小企业的数据都不够完善，加之对其数据采集的难度很大，难以获得及时、准确、真实的数据，财务信息失真情况严重，即使对中小企业进行了信用评级，其结果也是不完全可靠的。本案例中，借款人沥淋建设集团公司作为建设施工企业，因其行业特点，财务数据往往滞后于其实际经营情况，而五四路支行在进行风险评估时并未考虑到这一情况。

（2）银企信息不对称。很多中小企业为了便于竞争不愿意公开太多的内部财务信息，他们往往会准备几套不同的财务报表，上报董事会一套，上报税务部门一套，上报银行等金融机构又是一套，这种不完全披露财务信息的行为，使得银行的客户经理难以辨别真伪，再加上信息不对称导致企业易于产生逆向选择和道德风险，银行信用调查难度增大。企业在信息方面占据着十分明显的优势，而中小企业保持这种优势，就能使得他们获取很大的效益，在利益的驱使下，他们会选择突出有利的信息，隐瞒不利的信息。本案例中，建设工程所需的原材料——沥青的价格大幅提高，使得建设工程的成本增加，收益减少，这对于日后的还款极为不利，而沥淋建设集团公司隐瞒了这一信息。

（3）对借款企业行业发展前景预判能力不足。沥淋建设集团公司主要通过投标的方式承揽各类工程路面，其业务周期、结算方式均以签订的合同为准，该公司自成立以来，建立了良好的上下游关系，多次参加了周边重点工程的建设。该企业在保持快速发展的同时，不断强化社会责任感，在行业内形成了良好的口碑。随着其规模的不断扩大，该公司签订的合同也在不断增加，再加之该企业往年的履约情况良好、偿债能力很高、在中国人民银行征信系统中无不良记录，因此五四路支行高估了沥淋建设集团公司的行业发展前景，认为其签订的建设合同越多，盈利能力就越强，偿债能力就越高，然而2014年整个建筑行业都进入了低迷行情，加之原材料价格大幅增长，使得建筑成本提高，收益急剧下降。此外利明地区企业担保圈风险相继爆发，地方政府财政也逐渐走向困难，因此该企业大部分政府工程款无法按照工程进度支付，导致借款人收不回工程款，又因为之前该企业为其他工程垫资较多，应收账款的质量和账龄均不良，对企业造成了巨大影响，无力偿还银行贷款。

（4）经济运行态势的影响。沥淋建设集团公司作为一家刚起步不久的中小企业，尚未建立起完善的现代企业管理制度，规模较小、高级人才占比低且人才流动量大、管理水平较低、资金不够雄厚、抗风险能力也较弱，因此易受整体经济环境的影响。当经济处于上行的良好态势时，这种企业的盈利水平也会相应提高。但当经济处于下行态势时就会首当其冲，进而引发银行的信贷风险。此外，国家政策的调整对该企业的发展也产生了较大的影响。沥淋建设集团公司自营能力不强、过度依赖政府补助和政策支持，一旦政策改变或政府的支持力度减少，行业需求会骤然下降，从而引起一系列不利的连锁反应。2008年受国家四万亿投资拉动，地方政府公路、建筑领域持续繁荣，借款人成长较快，也获得了丰厚的利润回报，但2014年，进入经济转型调整期，在实体经济下行时，借款人仍然判断政府工程回款稳定可靠，大量承接工程，垫付大额资金，恰恰相反，政府财力的减弱，致使资金链断裂，回款困难，无力按时还本付息。

（5）贷后监管不到位。贷款发放后，五四路支行并未关注市场行情，没有跟踪企业生产发展状况，没有对项目工程进度进行跟踪检查，也没有过于关注资金流向，监管不到位，没能及时发现潜在风险，导致授信形成不良。

6. 五四路支行的贷后监管是否到位？应该如何进行贷后监管？

五四路支行的贷后监管是不到位的。

（1）没有时刻关注国家行业政策和宏观经济指标的变化。五四路支行最起码也应跟踪沥青、石料等原材料价格的波动情况，以及该公司销售收入中生产成本所占比重的变化以及利润率的异动，一旦发现有问题，应及时采取措施收回贷款。

（2）对在建项目工程进度的跟踪检查不够及时。

（3）忽视了借款企业上下游客户市场需求的变化。上下游客户市场需求的变化对借款人经营及资金运用的影响是巨大的。关注借款人销售产品的市场份额的变化情况，根据借款人整体经营情况及时调整银行授信政策，防范授信风险。

（4）银行的客户经理缺乏与企业管理人员的沟通交流。沟通有助于了解企业的内部管理情况，追踪借款人应收账款、存货科目的质量和账龄变化，以及时调节银行授信政策。

总之，五四路支行应加强贷后管理工作，强化企业信贷资金用途的检查，密切跟踪资金流向，尽量核实交易的真实性，防止资金被挪用。要求企业结算占比不低于五四路支行授信占比，以便于时时了解借款人的生产经营情况，加大对其账户的监控，关注大额资金的划转，防患于未然。

7. 五四路支行的方案是最佳的吗？其他的处置方式是否可以考虑？

经反复商讨研究，五四路支行最终决定以处置抵押物来清偿债务，该方案相对于其他方案而言更为保守，可以降低损失，但是未必能够将损失降到最低，且抵押物的处置程序复杂，耗时长久，抵押物不仅不易迅速变现，也存在着贬值的风险。

其他处置方式：

（1）出售给资产管理公司。五四路支行可以将沥淋建设集团公司的该笔不良贷款打包出售给资产管理公司，催债等复杂事宜均由资产管理公司处理，能提高处置效率。但是债权一般需要打折出售，所得资金无法覆盖贷款本息，且该缺口会变成坏账，无法收回。

（2）司法执行。五四路支行可以通过向法院申请强制执行债务人胡康健和胡康俊的名下资产，如房产。但是房产拍卖价格可能只有市场价格的五折至九折，本息总额面临价格风险。

（3）垫资过桥。由第三方出资垫还银行贷款，五四路支行重新发放一笔新贷款，但由于垫资人面临的风险较大，因此可能会出现临阵变卦的问题。

（4）债转股。债转股是指将该笔不良贷款转化为沥淋建设集团公司的股权，五四路支行通过股权投资的方式处置不良贷款，从而实现风险转移，同时还可以提高处置效率，降低处置成本。

8. 从该案例中，作为银行应该吸取什么教训？

启发学生思考。

五、关键要点

1. 关键点：本案例阐述了五四路支行一笔不良贷款的形成过程，重点介绍了五四路支行贷前调查和贷后监管的内容，目的在于让老师带领学生一起分析、探讨该笔不良贷款形成的原因以及银行应该如何操作，才能使损失降到最低，并为商业银行降低信贷风险提供参考和借鉴。

2. 关键知识点：贷款五级分类、信息不对称、关系型贷款理论、信贷风险的种类、内部控制、风险预警机制。

3. 能力点：综合分析案例的能力、批判性思维能力、将课本知识与实际操作相结合的能力、妥善解决问题的能力。

六、建议课堂计划

本案例可以作为专门的案例讨论课来进行，如下是按照时间进度提供的课堂计划建议，仅供参考。

整个案例的课堂时间控制在 80～90 分钟。

课前分组：全班分为 6 组，每位同学可以自行组队。

课前计划：提出几个启发思考题，让学生在课前阅读完整篇案例并完成问题的初步思考。

课堂发言：请 1～2 位同学起来发言，简明扼要地概括案例的内容。时间控制在 3～5 分钟。

分组讨论：小组成员之间分工合作，共同准备发言大纲。时间控制在 30 分钟内。

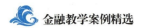

小组发言：每个小组推举出一名组员，配合 PPT 进行展示。每个小组发言时间为 5 分钟，时间控制在 30 分钟内。

由老师带领全班同学一起深入讨论研究，并进行归纳总结。时间控制在 20 分钟内。

课后计划：请同学上网搜集相关资料，根据案例和课堂内容写一篇 1500～2000 字的分析报告。

 **相关附件**

附件1：沥淋建设集团公司资产负债表

单位：万元

项目	2011 年	2012 年	2013 年前两季度
货币资金	1277	4229	1739
应收账款	5936	8610	8870
其他应收款	757	984	3479
预付账款	1497	800	1147
存货	1640	1264	2977
流动资产合计	11107	15887	18212
固定资产原值	4700	5060	5612
固定资产净值	3460	3843	5455
在建工程	506	552	0
无形/递延资产	498	499	500
资产总额	17866	22875	27261
短期借款	5800	7300	8800
应付票据	500	300	1300
应付账款	283	27	278
预收账款	—	—	—
其他应付款	188	23	112
流动负债合计	6771	7650	10490
长期借款	—	—	0
负债总额	6771	7650	10490
实收资本	5000	5000	5000

项目	2011 年	2012 年	2013 年前两季度
资本公积	102	102	102
盈余公积	516	1136	1136
未分配利润	5475	8987	10533
所有者权益合计	11095	15225	16771

数据来源：根据沥淋建设集团公司资产负债表整理。

附件 2：沥淋建设集团公司损益表

项目	2011 年	2012 年	2013 年前两季度
营业收入（万元）	23868	26339	11991
营业成本（万元）	17571	18648	8389
营业税金及附加（万元）	120	70	60
销售费用（万元）	469	756	577
管理费用（万元）	280	387	180
财务费用（万元）	416	947	627
销售利润（万元）	5012	5531	2158
净利润（万元）	3203	4131	1545
销售利润率（%）	21	21	18
净利润率（%）	13	16	13

数据来源：根据沥淋建设集团公司历年销售利润统计表整理。

参考文献

[1] 高宏业. 中小企业贷款信用风险控制问题的调查与思考 [J]. 华北金融，2007 (6).

[2] 李志鸿. 股份制商业银行中小企业综合授信的风险控制 [D]. 西南财经大学，2008.

[3] 段斌，王中华. 股份制商业银行中小企业信贷风险管理的研究 [J]. 现代管理科学，2008 (8)：111 - 113.

[4] 万绍玫. 我国中小企业信贷风险及防范机制研究 [J]. 科技经济市场，2009 (7)：56 - 57.

［5］柳松，刘春桃.村镇银行研究文献综述［J］.重庆工商大学学报（社会科学版），2009，26（6）.

［6］何光辉，杨咸月.中国小企业融资担保发展的理论研究［N］.财经研究，2000（8）：27－33.

［7］童明军.中小企业信贷风险防范［J］.经营与管理，2012（1）.

［8］金宵.我国小微企业创建期融资渠道选择分析［J］.湖南人文科技学院学报，2012（3）：16－20.

［9］杨军.风险管理与巴塞尔协议十八讲［M］.北京：中国金融出版社，2013.

［10］彭建刚.商业银行管理学：第四版［M］.北京：中国金融出版社，2014.

［11］Michel Crouhy，Dan Galai，Robert Mark. The Essentials of Risk Management［M］. New York：McGraw—Hill，2006.

［12］Zaslavska O，Potyshniak O，Poliakova Y，et al. Synchronization of Credit Risks of Commercial Banks［J］. Journal of Management Information and Decision Sciences，2020，23（2）：35－41.

案例正文编号：PDF-CASE2018005

案例使用说明编号：PDF-TN2018005

入库时间：2018 年

作者：丁宁、丁兆君

扬帆起航：中国建设银行
首启市场化债转股

摘要： 市场化债转股作为供给侧结构性改革的重要举措之一，不仅能在一定程度上降低企业杠杆率，而且还能有效缓解银行因不良贷款带来的信贷风险，最终达到银企双赢。本文基于对上轮债转股的历史回顾和现实背景，主要分析了市场化债转股的领跑者——中国建设银行的典型事例，并详细剖析了中国建设银行对云南锡业集团实施市场化债转股的具体方式。

关键词： 中国建设银行　债转股　市场化原则　云南锡业集团

案例正文

0 引 言

2017 年 8 月 2 日是值得每一位建行人铭记的日子，在国家各部委、一行三会的有关领导以及合作企业代表的见证下，建信金融资产投资有限公司（以下简称"建信公司"）正式开业。这标志着中国建设银行在开展市场化债转股方面迈出了新的步伐，债转股已经从试点转入规模推广阶段。

2016 年 10 月 10 日，国务院出台《关于市场化银行债权转股权的指导意见》，其中，明确提出了市场化债转股的目标和操作方法，为逐步破解企业去杠杆难题指明了方向。建设银行积极响应，组织精兵强将，率先大胆尝试首个市场化债转股项目，这个重担便落在了时任建行债转股项目负责人的肩上，经过精心筹备，在政策公告仅一天后，全国首单央企市场化债转股项目即落地，武汉钢铁与中国建设银行共同设立规模为 120 亿元的发展基金用于降低企业杠杆率；仅仅五天后，中国建设银行又牵手云南锡业集团完成了全国首单地方国企市场化债转股项目，可谓是取得了开门红。①

1 案例背景

1.1 经济形势不容乐观

随着我国经济发展减速提质以及国际大宗商品进入下行周期，中国企业尤其是产能过剩的周期性企业债务违约现象频发，其所依赖的高负债低收益运营模式难以为继，银行不良贷款持续增加。与此同时，供给侧结构性改革不断深入推进，企业迫切需要降杠杆、增效益，债转股成为帮助这些企业降杠杆、化解经济金融潜在风险的一剂良方。

一般而言，企业资产负债率的适宜水平是 40% ~ 60%，警戒线为 70%。国家统

---

① 资料来源：《华夏时报》：建行债转股探路 将申请设立一个新机构从事该业务［EB/OL］. (2016 - 10 - 24). http://ccb. com/cn/ccbtoday/mediav3/20161024_1477294671. html.

计局公布的数据显示，截至2016年5月，我国工业企业资产负债率为56.80%，总体负债水平仍处于合理区间。但从企业性质的层面来看，国有企业资产负债率为61.80%，已超过适宜水平60%的上限，明显高于民营企业52.30%和外资企业54.10%的负债水平；从行业来看，煤炭、钢铁、有色等周期性企业资产负债率均超过60%，其中煤炭行业最为严重，资产负债率高达70.15%，已高于70%的警戒线。[①]

企业的高负债低收益增加了银行业的潜在风险。银监会的数据显示，我国商业银行不良贷款余额从2012年末的4929亿元攀升至2016年6月的14373亿元，增幅达191.60%，而总资产增幅仅为40.06%；不良贷款率从2012年的0.95攀升至2016年第三季度的1.76%。2016年第四季度银行业实施债转股以来，不良贷款获得了显著改善，2016年末不良贷款率降至1.74%，截至2017年第二季度不良贷款率稳定在1.74%，不良贷款生成率也显著降低，贷款的内部结构变得更加优化，资产质量整体趋好。[②]

1.2 中国建设银行稳中向好

中国建设银行股份有限公司是一家中国领先的大型股份制商业银行，总部设于北京。2005年10月于香港联合交易所上市（股票代码：0939），2007年9月于上海证券交易所上市（股票代码：601939）。2017年末，市值约为19200亿元，位居全球上市银行第五位。中国建设银行经营存贷款、外汇、信用卡等多种业务，拥有基金、财险、人寿、信托、租赁、养老金、期货等多个行业的子公司，与中国经济战略性行业的核心企业和大量高端客户保持紧密合作关系。建设银行正在加快向综合型、创新型、智慧型银行集团转型发展。

中国建设银行能够在本轮债转股项目中拔得头筹，得益于自己过硬的实力。银行2016年半年报显示，贷款总额较2015年年中增长9.66%，增速稳中趋缓，不良贷款率为1.63%，低于行业平均水平1.75%（见图1）。由此可见，建设银行在贷款业务方面具有相对的竞争优势。深入观察建设银行的贷款结构后发现，其不良贷款主要集中于企业贷款，而企业中的重灾区便是制造业、采矿业以及下游的批发零售业，这些行业还未迁徙的正常类贷款于是乎成为了建设银行的"开胃菜"（见表1）。

---

① 资料来源：根据国家统计局2016年月数据计算整理得出。
② 资料来源：根据国家金融监督管理总局2012年、2016年和2017年商业银行主要监管指标整理得出。

图1　2012～2017年建设银行及银行业的不良贷款余额与不良贷款率

资料来源：Wind 数据库。

表1　　　　　　　　　　　　**建设银行贷款及不良贷款分布情况**

类别	2016 年 6 月 30 日				2015 年 12 月 31 日			
	贷款金额（百万元）	占总额百分比（%）	不良贷款金额（百万元）	不良贷款率（%）	贷款金额（百万元）	占总额百分比（%）	不良贷款金额（百万元）	不良贷款率（%）
公司类贷款和垫款	5840309	52.44	155914	2.67	5777513	55.11	144187	2.50
制造业	1237326	11.13	76963	6.22	1217122	11.61	71641	5.89
交通运输、仓储和邮政业	1188879	10.67	4300	0.36	1146028	10.93	3204	0.28
电力、热力、燃气及水的生产和供应业	653909	5.87	1432	0.22	642026	6.12	2092	0.33
房地产业	406194	3.65	7105	1.75	449334	4.29	5510	1.23
租赁及商业服务业	682687	6.13	5482	0.80	629274	6.00	4090	0.65
其中：商务服务业	608181	5.46	5453	0.90	579115	5.52	4021	0.69
批发和零售业	397998	3.57	36958	9.29	386916	3.69	37353	9.65
水利、环境和公共设施管理业	304530	2.73	152	0.05	313258	2.99	95	0.03
建筑业	256715	2.30	6375	2.48	258699	2.47	6915	2.67
采矿业	223980	2.01	12210	5.45	226027	2.16	9032	4.00
其中：石油和天然气开采业	8210	0.07	90	1.10	5122	0.05	90	1.76

53

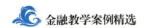

续表

类别	2016 年 6 月 30 日				2015 年 12 月 31 日			
	贷款金额（百万元）	占总额百分比（%）	不良贷款金额（百万元）	不良贷款率（%）	贷款金额（百万元）	占总额百分比（%）	不良贷款金额（百万元）	不良贷款率（%）
教育	75028	0.67	204	0.27	77248	0.74	173	0.22
信息传输、软件和信息技术服务业	28027	0.25	363	1.30	30216	0.29	734	2.43
其中：电信、广播电视和卫星传输服务	18870	0.17	29	0.15	22236	0.21	—	—
其他	385036	3.46	4370	1.13	401365	3.82	3348	0.83
个人贷款和垫款	3885451	34.89	22155	0.57	3466810	33.06	18153	0.52
票据贴现	517300	4.64	—	—	433153	4.13	—	—
海外和子公司	894817	8.03	3880	0.43	807664	7.70	3640	0.45
客户贷款和垫款总额	11137877	100.00	181949	1.63	10485140	100.00	165980	1.58

资料来源：建设银行 2016 年半年度报告。

伴随着 2017 年 8 月 8 日银监会发布的《商业银行新设债转股实施机构管理办法（试行）》，中国建设银行的全资子公司建信金融资产投资有限公司也随即开业，其注册资本高达 120 亿元，是中国建设银行所有子公司中注资最高的公司。由此，中国建设银行真正步入了资产管理与股权投资领域。精耕细作之下硕果累累，截至 2017 年 7 月底，其与 41 家企业签订了总额为 5442 亿元的市场化债转股框架协议，已到位资金 488 亿元，规模与数量均居行业之首。①

2 债转股归来：踏入的不是同一条河流

2.1 忆往昔——债转股锋芒初露

时光倒流至 20 世纪 90 年代，1992 年邓小平南方谈话后，全国范围内掀起了投资的热潮，在地方政府盲目求快发展的背景下，大量不适宜建设的项目强行上马，本就产能过剩的企业仍然融资扩张，1992～1996 年，我国固定资产投资额及 CPI 同

---

① 资料来源：首家"银行系"债转股实施机构开业　市场化债转股从试点转入推广［EB/OL］．（2017 - 08 - 02）．https：//www.gov.cn/xinwen/2017 - 08/02/content_5215528.htm.

比均保持高速增长（见图2、图3），这直接导致了我国经济过热的发生。随着1997年东南亚金融危机的爆发，我国的经济泡沫终于刺破，外需锐减及通货紧缩使得大量产能过剩企业出现严重亏损，银行不良贷款率高达30%。面对此情此景，中央政府实施了国企改革、债转股等重要举措，成功化解了经济危局。

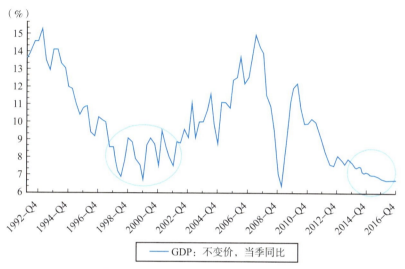

图2　1992~2016年中国GDP同比增速

资料来源：Wind数据库。

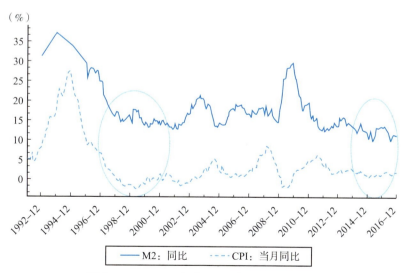

图3　1992~2016年中国M2与CPI同比增速

资料来源：Wind数据库。

1999 年债转股的主要目的是降低银行业过高的不良贷款率，防范系统性金融风险的发生，因此操作模式上偏于保守，带有浓重的行政化、非市场化的特征。具体来说：一是债转股企业的选择及评审由政府机关决定；二是商业银行的不良贷款按照账面价值出售给国家设立的资产管理公司，由其对企业的债权转为对企业的股权，待到企业经营改善后，按照原值转让股权；三是股权退出以企业回购的方式为主，导致资产管理公司持有的股权长期被动持有。

2.2　看今朝——债转股羽翼渐丰

与 1999 年的政策性债转股相比，前后两次的经济背景较为相似，都表现为产能严重过剩，但本轮改革是主动型而非被动型，且总体风险较弱。本次的核心目的是降低企业过高的负债率以及缓释银行潜在的不良资产，操作模式更加开放，具有鲜明的去行政化、市场化的特征。具体而言，一是债转股企业的选择及评审由银行自己决定，政府只提供"正面"和"负面"清单，明确了"三鼓励"和"四禁止"，简而言之，即鼓励将因行业周期性波动、财务负担过重导致临时困难的成长型、关键型企业作为市场化债转股对象；禁止将"僵尸企业"、信用不佳、可能助长产能过剩及权益不明晰的企业作为市场化债转股对象；二是持股机构多元化，商业银行可以通过设立具备资质的子公司间接持股，也可以转让给第三方机构持股，包括国有资产管理公司、保险机构、产业基金等；三是债转股的转让价格与转股价格要按照公允价值确定；四是股权退出以多层次资本市场与企业回购为主（见表2）。

表 2　　　　　　　　　　　　　　前后两轮债转股对比

名称	1999 年第一轮债转股	2016 年第二轮债转股
类型	政策性债转股	市场化债转股
实施目的	降低银行不良贷款率，防范和化解金融风险	降低企业杠杆率，降低银行潜在不良贷款率
债权类型	主要为不良贷款	主要为正常类贷款
企业选择标准	政府指定	"三鼓励"和"四禁止"
债转股实施主体	四大国有资产管理公司	商业银行及多种第三方机构
资金来源	国家资本为主	社会资本为主
退出方式	企业回购为主	股权转让、企业回购

资料来源：国家信息中心中经网。

3 债转股的实施流程——以云南锡业集团为例

3.1 建信开业势在必行

建信金融资产投资有限公司的设立，从两方面助力中国建设银行更高效地推进了债转股项目。一方面是业务范围有所扩大。此前我国《商业银行法》第43条规定："商业银行在我国境内不得从事信托投资和证券经营业务，不得向非自用不动产投资或者向非银行金融机构和企业投资，但国家另有规定的除外。"受此限制，中国建设银行只能通过两种方式进行股权投资业务。一是通过债务企业破产重组实现被动持股。我国《商业银行资本管理办法（试行）》第六十八条规定，银行被动持有企业股权在规定年限内仍按照400%的权重计提风险准备金，因此，破产重组这种方式会占用建设银行大量资本，难以为继。二是通过设立境外子公司。通过该境外公司再设立境内下属子公司，以该境内公司为载体，可通过直接股权投资、产业基金等方式进行人民币股权投资业务。此种方式由于钻取监管漏洞、结构烦琐，存在很大的不确定性。随着我国金融改革的不断深化，2005年监管层允许中国建设银行设立基金子公司从事股票投资等业务，但允许其投资某一上市公司的比例较低，且持股期限较短，基金及银行不能参与企业的经营管理，因此中国建设银行并不能对上市企业的经营产生实质性影响。随后监管层又允许中国建设银行设立信托子公司从事债转股项目，但信托不属于金融资产管理公司的牌照，它只能做正常贷款的债转股，而建信公司不仅可以做正常贷款的债转股，不良贷款债转股也可以做，业务空间大大拓展。

另一方面是有助于提升中国建设银行的议价权。就银行不良资产处置来讲，该债务市场属于买方市场，如果与四大资产管理公司进行谈判交易，银行的议价能力是不足的，而借由专营子公司进行债转股，可以对转股价格做一个合理估值。

3.2 锡业集团背景探底

云南锡业集团（控股）有限责任公司（以下简称"云锡集团"）是世界著名的锡生产、加工与研发基地，国家520户重点企业之一、云南省重点培育的十大企业集团之一，在世界锡行业中排名第一。经过130多年的发展，云锡集团已发展成为拥有40多个国内外子公司的国际型企业，其中包括在深交所上市的云南锡业股份有限公司（以下简称"锡业股份"），该公司是国内锡行业唯一一家上市公司，锡资源储量全球第一，由于锡业股份2011年以来淡化主业，盲目追求多元化发展，致使利润逐年降低直至亏损，该公司在2014年将连年亏损的铅业务剥离转让至云锡控股并调整战略，回归锡金属主业。2015年锡业股份收购华联锌铟公司75.74%的股权，将锌、铟资源纳入囊中，使得公司的铟储量全国第一，锌储量全国第三，目前公司正在募集资金建设10万吨锌、60吨铟冶炼项目，并拥有多个锡铜矿勘探权。2016年3月，锡业股份对董事会及高管进行了大规模变更，公司发展潜力巨大（见图4）。

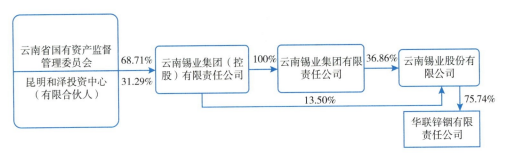

图4　公司股权关系结构图

资料来源：根据云南锡业股份有限公司2016年年报整理。

然而在当前经济背景下，高负债的云锡集团也举步维艰了。云锡集团官网数据显示，在债转股之前，云锡集团的资产负债率高达83%。随着市场对于债转股的预期不断升温，云锡集团从2016年4月前后，就在内部专门成立了一个债转股工作组与建行的工作组接触，云锡集团觉得这是个难得的好机会。

3.3　银企联姻终成正果

2016年10月16日，中国建设银行与云锡集团在北京签订总额100亿元的市场化债转股投资协议，资金用于承接云锡集团债务、进行债务置换以及对一些项目进行增资，该债转股采取设立基金对股权进行持有的形式，项目分两期实施，首期50亿元，目前已完成注资43.5亿元，包括债务置换23.5亿元，增资优质资产20亿元。项目由建信公司前身——建信投资筹备组负责实施，基金管理人为建信信托公司。预计资金全部到位后，将降低云锡集团负债率15个百分点。基金预期收益率在5%~15%，期限为5年，不承诺刚性兑付。具体方案与流程见图5。

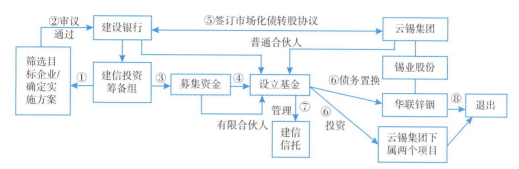

图5　建设银行对云锡集团债转股实施方案流程图

资料来源：根据 Wind 资讯归纳总结。

①首先，建信投资筹备组基于总行取得的数据资料，运用模型分析客户的信息，筛选出行业指标、资产负债率等相匹配的企业；其次，具体操作人员赴企业实地考察并与潜在客户接触；最后，与目标企业的主管人员进行谈判，评估其管理团队水平、主营业务前景等，商议债转股的实施方案。此前，中国建设银行曾向云锡集团贷款约 40 亿元，因此对云锡集团的情况非常熟悉。目前云锡集团正面临行业周期的阶段性调整，只是遇到了暂时性困难，中国建设银行看好其发展前景，目前的关键是要帮助云锡集团降低资产负债率，减轻财务负担，改善公司治理，让企业的潜力可以得到充分的释放。

②实施方案上报审核，获准后进行前期准备工作。

③实施债转股的资金主要有两个来源：一是来自中国建设银行自有资金，但是资金金额很小，主要目的是撬动社会资金；二是来自社会资金，主要包括保险资产管理机构、全国社会保险、信达资产管理公司、私人银行的理财资金等。

④中国建设银行此次采取的是"基金＋交叉债转股"模式，具体来说就是募集的资金成立一个规模为 100 亿元的有限合伙基金，其中，由中国建设银行和云锡集团共同担任普通合伙人，承担无限责任，中国建设银行方面负责基金管理运营，而社会资金担任有限合伙人。

基金所募集的资金除少量进行新增投资外其余将全部用于偿还债务。但出于对监管要求及道德风险的考虑，资金将偿还建设银行自身以外的债权。此外，债权和股权的标的也并非一一对应，通俗来说就是，某个子公司的债务被偿还，转换后不一定就是这个子公司的股权，而是转换为集团内优质板块和资产的股权，即"交叉债转股"。

⑤签订市场化债转股协议，开始进入实施阶段。

⑥第一，华联锌铟的生产成本低，锌、铟储备丰富，得益于世界范围内的锌矿

减产导致的供给紧张，锌价持续走高，企业的盈利前景或超预期，详见图6。因此，基金投资 23.5 亿元偿还集团高息负债 23.5 亿元，并转为持有不超过 15% 的华联锌铟的股份。得益于云锡集团的债务评级较好，该部分债权的转让价格为其账面价值。具体偿债情况详见表3。根据双方签订的合同条款，转股价格以双方公认的评估机构确定的评估值为准，公司应完成合同规定的相关工程项目及经营指标，每年现金分红不低于当年净利润的 10%，中国建设银行方面有权派出一名董事参与公司治理，合同期限为 3 年，详见附件3。第二，基金投资云锡集团下属的关联公司及优质矿权各 10 亿元。

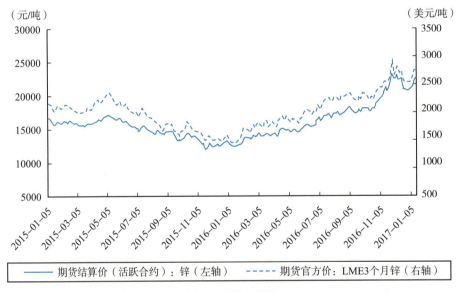

图6 锌价走势图

资料来源：兴业证券研究所。

表3   锡业股份偿债情况表

项目	2015 年	2016 年	同期变动率
EBITDA 利息保障倍数	−0.91	1.57	272.53%
贷款偿还率	100%	100%	0.00%
利息偿付率	100%	100%	0.00%
主体信用评级	AA	AA	0.00%
债券信用等级	AA	AA	0.00%

资料来源：云南锡业股份有限公司 2015 年、2016 年年报。

⑦基金开始运营后，由中国建设银行子公司建信信托进行日常管理运营，资金由第三方机构托管。

⑧合同期满后，以当日为基准日，股份价格依然以双方公认的评估机构确定的评估值为准，锡业股份优先回购该部分股权，如公司不选择回购，基金可将其股份按照公允价值转让给第三方投资者持有。

市场化债转股的实施，在降低宏观杠杆率的同时也实实在在地减轻了企业的负担。然而，作为一项大胆尝试的新举措，国内仍有不少学者对此持谨慎态度，相关的制度建设和配套措施还需尽快跟进。

4 有人欢喜有人忧

4.1 欢喜派观点

（1）有利于解决信息不对称引发的资金错配问题。银行作为债权人，不能参与企业的日常经营管理活动，对于企业的评价往往局限于企业公开的外部信息以及过往与银行间的资金往来情况，因而难以充分了解企业的内部实际情况，再叠加现代公司存在的委托代理与大股东利益侵占问题，银行往往会出现信贷错配的情形，贷款的结果难如所愿。然而，当银行将债权转换为股权时，银行作为重要股东能够获得更多关于公司的内部信息，使得银行能够有效评估公司的投资价值，降低银行因信贷错配带来的损失，提高资金的使用效率。另外，银行可以借助于其重要股东的地位妥善处理好公司治理存在的问题，提升公司的管理水平。对于被持股企业来说，由于获得了银行的增资，信用水平会显著提高，有利于企业顺利开展融资活动，降低融资成本。

（2）银行借助政策东风获取牌照，多元化利润来源。在利率市场化的大环境下，单纯的存贷款业务已经无法满足银行盈利增长的要求。银行成立债转股专营机构涉入股权投资领域，能够有效增加银行的非利息收入，如收取基金管理费。未来还会出现更多的债转股新模式，盈利模式很有想象空间。

（3）降低潜在的不良风险。虽然银行实施的交叉债转股并没有减少自己的债权，但银行利用社会资金偿还了其他银行的贷款，于是本行贷款出现违约的风险也就降低了，此举能够有效降低银行潜在的不良贷款率。

（4）与龙头企业保持良好的合作关系。此轮债转股企业均是全国各地的龙头企业，其融资需求巨大。由于债转股协议时间一般较长，使得银行能够与企业建立长

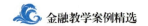

期合作关系，为以后与企业进行票据、信贷、债券发行等业务合作奠定了基础。

4.2 忧愁派观点

（1）资金回收的不确定性增加。银行持有债权时，有抵押品或第三方做担保的贷款，利息收入是确定的，信用贷款的利息收入存在不确定性；而持有股权就变成了股息分红或股权退出转让时的投资收益，这些或有收益不存在保障，且股权的清偿顺序位于债权之后，资金回收的不确定性更大。

（2）银行介入程度较浅，股权增值作用有限。一方面银行需要对企业进行整改以改善公司的经营，未来企业盈利改善后获利退出；另一方面银行持股比例往往不高，难以行使公司的决策权，且这些大型企业的管理经营多受各地方政府和国资委的影响干预。

（3）滋生道德风险问题。在我国由于贷款并非完全的市场化行为，部分贷款是由于地方政府干预而发放的，这部分贷款后期可能演变为不良贷款，而地方政府可能再次干预银行，倒逼银行选择债转股方案继续替企业"背黑锅"，银行成为股东后，使得两者的边界更加模糊化，即便企业经营不善，银行作为直接利益相关者也会大量输送资金，容易引发银行的过度投资，失去理性。

5　未来不是梦

"云锡案例"会成功吗？通过上述落地项目的实施，截至 2016 年末，云锡集团资产负债率已从之前的 83% 降至 79%，华联锌铟净利润同比增长 19%，看起来已然取得了开门红。① 而这仅仅是 100 亿元协议的前一半项目，未来后 50 亿元的项目能否再接再厉，落地项目的后续几年能否再创佳绩，这些都在考验着建行的团队。

如何控制债转股规模的"度"？时任央行行长曾说过，债转股是一种药方，能治病，但不是包治百病。不能不用，但不能滥用。目前银行由于刚刚起步，选取的企业均是整体情况比较好的优质企业。未来，随着银行业务的日益娴熟以及政策的逐步放开，形形色色的企业进入了候选行列，银行是否有能力、有方法权衡好债转股企业的收益与风险，成为一名合格的"股权投资者"？

混业经营时代即将到来？中国建设银行获批设立债转股实施机构之前，已经拥有基金、信托、保险、租赁等子公司，现如今又拥有了资产管理子公司，涉足股权

---

① 资料来源：根据云南锡业集团 2016 年年报整理。

投资领域，不排除未来有设立银行系投行的可能，面对越来越清晰的混业经营趋势，各大银行该何去何从？

Setting Sail：China Construction Bank Makes the Market-Oriented Debt-to-Equity Swap Debut

Abstract：As one of major measures of supply-side reforms，market-oriented debt-to-equity swaps can not only lower the leverage ratio of the companies，but also can effectively mitigate the credit risks of the banks caused by high debt and bad loans. This case study mainly focuses on the debt to equity swap initiated by China Construction Bank（briefly "CCB"）. It firstly reviews the historical background of the previous debt to equity swaps and describes the current status of the new-round market-oriented debt-to-equity swap，followed by a detailed analysis on the CCB involvement in the market-oriented debt to equity swaps with Yunnan Tin Group.

Key words：China Construction Bank；Debt-to-Equity Swap；Principle of Marketization；Yunnan Tin Group

 案例使用说明

一、教学目的与用途

1. 适用课程：商业银行经营管理案例分析、证券投资学。
2. 适用对象：金融专业硕士、金融学学术硕士和高年级金融本科学生等。
3. 教学目的：（1）掌握债转股的含义与原理；（2）掌握债转股的运作程序与制度安排；（3）掌握银行实施债转股的利弊；（4）了解前后两轮债转股的异同。

二、启发思考题

1. 站在银行的角度，结合费雪的债务通缩理论及中国的实际情况谈谈当前实施

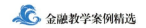

债转股是否有必要？

2. 按照贷款质量进行分类，你认为哪些贷款适合银行实施债转股？其他贷款如何处置比较合适？

3. 你认为实施债转股整个流程中最大的难点是什么，有什么好的解决办法？

4. 除了中国建设银行的"基金＋交叉债转股"模式，你认为还有哪些模式适合银行采用？

5. 如果你是一位投资机构的负责人，你会选择参与银行的这类项目吗？

三、分析思路

债转股涉及的内容比较广泛，教师可以根据自己的教学目标来确定分析思路，图1仅供参考。

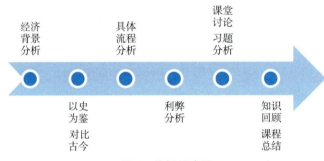

图1　分析思路图

具体分析思路如下：

1. 搜集相关的经济数据，结合费雪的债务通缩理论，分析一下宏观、银行业以及其他行业企业的经济情况，探寻存在的风险。

2. 将1999年的债转股与当今的债转股进行对比分析，观察他们的异同，吸取上一次的教训，避免本轮债转股重蹈覆辙。

3. 详细描述中国建设银行债转股案例的流程，分析采取每个步骤的原因、效果及不足。

4. 结合商业银行经营管理的收益与风险、公司治理理论分析银行参与债转股的利与弊。

5. 讨论文后的思考题，对案例进行拓展分析。

6. 回顾相关的理论基础知识，对本次课程内容进行归纳总结。

四、理论依据与分析

（一）理论依据

1. 债转股的概念

从分类上来讲，债转股属于债务重组的一种形式。所谓的债务重组是指债权人在债务人发生财务困难情况下，债权人按照其与债务人达成的协议或者法院的裁定作出让步的事项。即只要双方就原债务偿还条件进行了修改，均可作为债务重组。债务重组通常包括三种形式，而债转股属于第二种形式：（1）债务人用资产清偿部分债务，通常是指以低于债务账面价值进行清偿，等值账面价值清偿不属于债务重组；（2）债务人将债务转为资本，同时债权人将债权转为股权的债务重组方式，根据协议约定的公司可转换债券除外；（3）修改其他原有债务条件如债务本金、降低利率、免息等，其目的为减少债务人所需偿付的本金及利息。

从内涵上来讲，债转股是指债权人将其对债务人享有的债权转换为对债务人的投资，其直接导致债权人债权的消失和股权的产生。而本案例所讨论的商业银行"债转股"是指商业银行将对企业贷款而获得的债权转变为对企业的股权。执行人可以为商业银行具有相关资质的子公司，也可以为第三方机构通过收购债权人债权实现。通过债转股，债权银行与企业间由债权债务关系转变为执行人与企业间的股权关系，债权银行所享有的利息收益转变为执行人享有的经营性分红的权利。执行人作为重组企业股东，依法行使股东权利，参与企业的重大决策，但通常执行人的目的并非为长期股东享受分红，故通常执行人不干预企业正常生产经营活动，执行人通常会在企业经营状况好转以后，通过企业回购、股权转让、上市或者资产重组等退出机制收回前期投入资金并获得收益。

2. 费雪的债务通缩理论

欧文·费雪在1932年首次提出"债务——通货紧缩"理论来解释大萧条，他认为经济衰退主要涉及过度债务负担引起通货紧缩的问题，具体而言，可以分为以下两大阶段（见图2）：

（1）经济高速增长期：社会整体的风险偏好上升，乐观预期下资产价格高估、信贷扩张；

（2）经济增长放缓期：当预期回归中性，过度债务负担累积下，部分主体开始进行债务清偿，在供给大于需求的情况下，债务清偿容易引致资产估值下降，进而廉价出售。此外，由于偿付银行贷款进一步引起存款货币收缩，流通速度下降。流动性争夺刺激避险情绪上升，进而导致社会价格指数下降、实际利率会上升，实际负债会进一步加重陷入"恶性循环"，经济进入衰退期。

从债务现状来看，我国已经度过了费雪债务通缩的前半段，即在前期政府主导的刺激政策下，信用快速扩张，导致较为严重的产能过剩及部分非金融企业部门杠杆率高企。此外，我国正处于经济增长速度换挡期，说明通过银行放贷刺激经济活动的效用逐渐降低。

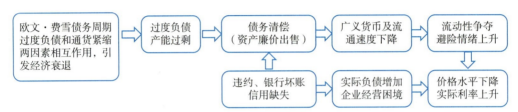

图2　欧文·费雪债务通缩理论的传导机制

资料来源：广发证券发展研究中心。

具体地，国际清算银行（BIS）数据显示，截至2016年9月底，从债务规模上看，国内非金融部门债务已高达185.6万亿元，占名义GDP的比重高达255.6%，远高于新兴经济体的平均水平；从债务结构上看，我国债务的结构性风险集中在国有经济为主导的企业部门：国内企业债务占债务总额的约65%，主要在于我国金融体系以间接融资为主；国企债务占企业债务总额比重约70%，国企承担了政府反危机调控的主要职责，因此2008年金融危机后国有和非国有工业企业杠杆率开始呈现较为明显的剪刀差。

按照费雪债务通缩理论，现阶段我国杠杆率处于高位，容易引发债务危机。因此，近年来，政府层面积极推进企业去杠杆，进而避免企业普遍破产、陷入经济萧条期。

（二）具体分析

1. 站在银行的角度，结合费雪的债务通缩理论及中国的实际情况谈谈当前实施债转股是否有必要？

（1）了解费雪的债务通缩理论，搜集有关中国银行业经济情况，尤其是债务的现状，理解银行业目前面临的危机；

（2）从债转股的概念以及意义出发理解债转股的必要性，并结合历史经验数据加深理解。

2. 按照贷款质量进行分类，你认为哪些贷款适合银行实施债转股？其他贷款如何处置比较合适？

（1）从贷款质量的分类标准入手，主要是正常类、关注类贷款进行债转股，但并不是所有的不良贷款都适合债转股，主要是行业周期性波动导致经营运作困难但仍有望逆转的企业、高负债财务负担过重的成长型企业、关键性企业以及战略性这几类企业产生的贷款。

（2）剩下的次级、可疑、损失类贷款也就是不良贷款应要求其申请破产清算，核销债权。

3. 你认为实施债转股整个流程中最大的难点是什么，有什么好的解决办法？

（1）存在一定的操作风险，购买股权的银行会增加资金回收的不确定性；可能会产生道德风险；部分不上市的公司债转股估价谈判不透明。

（2）推动市场化转股。

4. 除了中国建设银行的"基金 + 交叉债转股"模式，你认为还有哪些模式适合银行采用？

模式：商业银行在债转股中通过资产管理公司进行市场化定价。由银行参照投贷联动模式直接设立投资子公司进行债转股，子公司以自有资金进行股权投资，与银行母公司实行机构隔离、资金隔离，最终以获取的投资收益抵补整个集团承担的投资风险。发挥资产管理公司对商业银行贷款和企业股权的价格发现职能。

5. 如果你是一位投资机构的负责人，你会选择参与银行的这类项目吗？

先从银行选择的债转股的模式入手，了解该项目的流程，考虑银行进行债转股的相关企业的经营能力、经济状况等，预先估计投资回报率等指标后再进行慎重选择。

五、视野拓展

1. 国际债转股案例启示

通过债转股进行债务重组在国外是通行做法，其中较有代表性的国家有波兰和日本，通过这两个国家的债转股经验可以大致了解成功通过债转股进行债务重组所应具备的条件。

（1）20 世纪 90 年代初波兰经济出现危机，银行业不良资产高企，企业普遍出现不同程度债务危机，波兰政府为防止产生商业银行依赖政府的惯性，由商业银行自行处理不良资产，而政府以辅助姿态出现在债转股实施过程中，并通过财政拨款以及发行政府债券的方式为实施银行提供资本金，同时为保证商业银行不会产生系统性风险，在政府内部设立相应部门接受特殊企业债务。具体执行上，政府通过《重组法》《银行调解协议》出台了两个政策来解决制度上的障碍：①银行调解协议，即在双方未签订银行调解协议情况下债权银行可将所持有不良资产于二级市场转让置换为企业股权；②禁止企业通过向债权银行借新还旧的方式来偿还企业借款。具体实施方式如下：一是债权银行在限定时间内需将不良资产在二级市场公开出售，前提是银行与企业间未签订庭外调解协议；二是若债权债务人间进行庭外调解，协议有效期限为 3 年，且债权银行应要求调解企业做出经营重组以配合债务重组，并设立详细还款计划，若无法按计划实行，可强制企业破产清算。

据统计，波兰债务危机中通过债转股方式化解不良资产仅占总体不良资产的 2%，对整体债务危机的解决并没有决定性的作用，但其通过法律法规设定以及修订相应的制度体系以配合债转股工作的进行，为我国本轮债转股实施从法律角度展示了正确的思考方向，具有重要的借鉴意义。

（2）与波兰类似，20 世纪 90 年代的日本也因为历史上最严重经济危机造成日本严重的经济衰退，数不胜数企业倒闭，1995 年，日本政府承认按国际通行标准，日本银行业产生高达 50 万亿日元的银行坏账，占日本 GDP 的 1/10 以上。在这样的背景下，日本也进行了大规模以债转股方式进行的债务重组。

日本商业银行通过控制子公司股权并将债权转移给该子公司，该子公司属于类资管公司专门进行不良资产管理，通过如此安排，表内不良资产得以转移至表外，可有效降低商业银行不良贷款率。子公司通过两种方式进行债权处置，一是出售债权，对于债务人经营前景持有保留态度的债权通常以出售来规避进一步损失的风险；二是债转股，对于实施债转股股权退出通道明晰，企业经营前景乐观的企业，商业银行子公司通常采用债权转优先股的方式，以便在企业盈利后即可获得股息收益，在合适时机通过上市或企业回购等方式退出获得超额收益。

日本经济总量自 20 世纪以来虽然未能大幅增长，但日本 2000 年至今的人均 GDP 累计增长了 20%，表现优于同是发达国家的美国，日本也在逐步走出 90 年代经济危机带来的阴影。总体来说，日本的这次债转股实施是成功的。从日本债转股的实践来看，最为关键的核心原则是市场化。实施债转股的主体为商业银行与第三方机构并存，通过实施主体与政府资金共同设立再生基金，由第三方机构运作基金，债权银行与政府以有限合伙人的身份参与投资，充分发挥第三方机构的专业投资能力及企业管理能力。这都对我国实施本轮债转股具有一定的借鉴意义。

2. 债转股定价方式

债转股定价主要涉及债权和股权定价（见图3）。债权定价：正常贷款按照1∶1债股比例定价；问题贷款一般以3~4折折扣率进行折价，再结合对应资产的抵质押状况、资产负债表估算出破产清算情况下的现金价值（由专业第三方机构负责评估）。武钢集团和云锡集团都是正常贷款，建行主导的基金以1∶1的企业账面价值承接债务。股权定价：（1）上市公司可结合市价，形成合理的估值区间后，双方进行谈判确定交易价格；（2）非上市公司也可参考同类市场价值，通过不同的估值方法互相验证，形成合理的估值区间后，双方进行谈判确定交易价格。

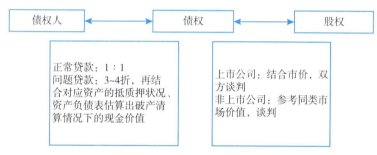

图3　债转股定价示意图

资料来源：中泰证券研究所。

3. 市场化债转股模式汇总

（1）企业自救模式。企业在遭遇流动性紧张和债务压力时的一种自救行为，由债权债务双方协商决定，通过以股抵债、定向增发等行为偿还债务，债务重组完成后企业债权人变更为股东。

案例一：长航凤凰——以股抵债、破产重整①

2014年2月25日，长航凤凰披露重整计划，普通债权以债权人为单位，20万元及以下债权获得全额现金清偿；超过20万元债权每100元转4.6股股票，以转股前停牌价2.53元每股计算，清偿比例约为11.64%。资本公积转增股票改善公司经营。同时，公司运用资本公积金转增股票，每10股转增5股，共转增3.37亿股，不分配给股东，主要用于偿债和改善公司经营。

---

① 资料来源：第一财经—https：//www.yicai.com/news/3293989.html以及中国证券网—https：//company.cnstock.com/company/scp_dsy/tcsy_gszx/201312/2850897.htm.

案例二：华荣能源——定向增发、清偿债务①

向债权人定向增发股票抵债。2016 年 3 月 8 日，华荣能源宣布向债权人发行 171 亿股股票，其中向 22 家债权银行发行 141 亿股，向 1000 家供应商债权人发行 30 亿股，以抵销 171 亿元债务。公司向其最大债权方——中国银行（债务总额 63.1 亿）发行 27.5 亿股股票以抵销 27.5 亿元债务。

（2）银行全资子公司模式。此种模式由于占用银行资本过大，目前还没有很好的案例。

从操作流程上来看，主要分为四个阶段。（a）债权转移：银行将贷款资产转让给子公司，子公司支付相应对价；（b）债股转换：子公司将购买贷款的对价按照相应价格比例转换成公司股票；（c）主动管理：子公司成为债转股企业股东，参与企业运营管理；（d）股权退出：通过二级市场上市挂牌或企业回购股权等方式退出。

（3）银行"基金+交叉债转股"模式。此种模式比较流行，云南锡业集团案例就属于这种模式。

从操作流程上来看，主要分为五个阶段：（a）设立 SPV：以 GP-LP 模式成立基金主体；（b）债权转移：用基金募集的资金支付债权收购对价，置换银行贷款；（c）债股转换：基金将购买债权的对价按照相应比例转换成公司股票；（d）主动管理：基金成为企业股东，参与运营管理；（e）基金退出：通常通过二级市场上市挂牌或股权转让退出，若企业承诺业绩未达预期，则由企业远期回购股权等方式退出。

（4）明股实债模式。

案例：平煤股份——增债还债，节省息差②

平煤股份 2017 年 4 月 24 日公告称，公司拟与兴业国际信托等共同发起设立平煤——兴业债转股基金合伙企业，其中兴业国际信托通过信托计划出资 20 亿元作为基金优先级有限合伙人，平煤股份出资 5 亿元作为劣后级有限合伙人。上海星斗资产管理有限公司（平煤股份的子公司）出资 10 万元，为普通合伙人。基金通过银行委托贷款的方式将资金提供给平煤股份，主要用于置换有息负债等。执行事务合伙人和基金管理人为上海星斗资产管理有限公司。基金经营期限为七年，优先级有限合伙人基金的投资期限为 6 年。每年应优先向优先级合伙人分配投资收益，劣后

---

① 资料来源：新浪财经。
② 资料来源：根据搜狐证券—平煤股份：《关于拟投资设立平煤-兴业债转股基金的公告》整理，https://php.cnstock.com/texts/2017/20170424/9F6402F84635564C76B350A4784830AA.pdf。

级有限合伙人及普通合伙人不参与投资收益分配。

由于该基金的执行事务合伙人与基金管理人均为平煤股份的子公司，所以该基金能并表。因此该笔交易实质是兴业信托募集资金对平煤股份委托贷款，但仍能在名义上降低平煤股份的资产负债率，这是典型的明股实债。

（5）可转债模式。

案例：中钢集团——名义上的债转股[①]

2016 年 9 月，中钢集团与六家银行签订债务重组协议，中钢集团的债务规模约600 亿，其中留债 300 亿元，转股 300 亿元。留债部分由中钢集团支付利息，但利率较低，为 3% 左右；转股部分是六年期的可转债，前三年锁定，从第四年开始逐年按 3∶3∶4 的比例转股退出。如果企业经营改善，银行可将这笔债券转为股权，分享更多收益；若经营不好，银行可放弃行权，只求得债券的固定收益。

（6）地方金融资产管理公司（AMC）与城商行合作模式。

案例：陕煤化——地方 AMC 和城商行合作模式[②]

12 月 28 日，陕煤化集团与陕西金资签署《400 亿元债转股合作框架协议》。同时，陕煤化集团、陕西金资和北京银行西安分行三方签署了《首笔 100 亿元债转股增资协议》。按照三方签署的协议内容，将由陕西金资成立基金管理公司，陕煤化集团与陕西金资各出资 10 亿元，北京银行西安分行出资 80 亿元，联合成立债转股合资公司，对榆北煤业进行债转股（见图 4）。

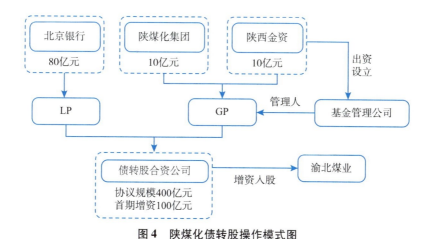

图 4　陕煤化债转股操作模式图

---

① 资料来源：根据财新网整理，http：//www. nengyuanjie. net/show – 61 – 33851 – 1. html。
② 资料来源：中国经济网—每日经济新闻，http：//finance. ce. cn/rolling/201612/29/t20161229_19237066. shtml。

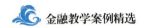

六、关键要点

1. 债转股的原理
2. 债转股的运作流程
3. 债转股的利弊

七、建议课堂计划

1. 课前计划

（1）要求学生详细阅读案例全文，收集相关资料和文献，将不懂的地方归纳总结；

（2）按照事先分好的小组进行讨论，解决疑难，并准备好被分配的案例讲解部分。

2. 课堂计划（案例分析课堂时间为80分钟）

（1）由教师做背景介绍与案例引入；（5分钟）

（2）由各小组上台讲解所负责的案例部分并进行答疑互动；（50分钟）

（3）采用辩论模式分析启发性思考题；（20分钟）

（4）由教师归纳总结。（5分钟）

📝 相关附件

附件1：锡业股份与建设银行签订的《投资意向书》核心内容①

一、本次交易概述

2016年10月16日，云南锡业股份有限公司（以下简称"锡业股份"或"公司"）的控股股东云南锡业集团（控股）有限责任公司（以下简称"云锡控股"）与中国建设银行股份有限公司（以下简称"建设银行"）在北京签订系列合作协议。其中，锡业股份及控股子公司云南华联锌铟股份有限公司（以下简称"华联锌铟"）

---

① 资料来源：证券时报——云南锡业股份有限公司关于与中国建设银行股份有限公司签订《投资意向书》的公告，2016-10-17.

与建设银行三方同日在北京签订《云南华联锌铟股份有限公司、云南锡业股份有限公司、中国建设银行股份有限公司关于华联锌铟的投资意向书》（以下简称《投资意向书》），建设银行拟对锡业股份控股子公司华联锌铟注资以认购其新增注册资本。

二、《投资意向书》的主要内容

1. 概述

建设银行或其关联方设立的基金（以下简称"投资人"）拟向华联锌铟注资以认购其新增注册资本（以下简称"本次增资"）。本次增资后，投资人将持有不高于15%华联锌铟股份，具体比例和增资金额根据华联锌铟评估值确定。华联锌铟的估值以投资人和锡业股份共同选定的评估机构确定的评估值为准。

2. 投资人出资的主要条件

（1）华联锌铟股东大会批准本次增资且锡业股份就本次增资完成了相关内部审批；云南省国资委通过对本次增资的整体批复，包括豁免本次增资进场；

（2）华联锌铟完成金石坡采矿权和铜街——曼家寨采矿权范围内新增金属储量的储量核实报告或阶段性地质勘查工作总结；

（3）华联锌铟完成金石坡锌锡矿60万吨采矿扩建工程的可行性研究报告，并使之与已核实的金属储量相匹配。其中：根据评估基准日金石坡锌锡矿已核实的金属储量报告，金石坡锌锡矿矿山设计服务年限不超过30年。

3. 出售选择权

本次增资交割满3年时，投资人同意以该时点为作价基准日，由锡业股份通过向投资人支付现金和/或发行股份等方式收购投资人持有的华联锌铟股份。收购价格为投资人与锡业股份确定的评估机构对华联锌铟的评估价格，并经云南省国资委备案/批复。除非投资人和锡业股份另行协商一致。

4. 本次增资的主要承诺事项

（1）华联锌铟应当在可行的范围内尽快完成每年新探明储量在国土部门的备案工作。投资人退出时评估基准日，华联锌铟应完成增资时纳入矿权评估范围但未备案的金属储量的备案工作。

（2）华联锌铟应加快采矿工程的扩建，使其与已核实的资源储量相匹配。其中：金石坡锌锡矿60万吨采矿许可证应在本次增资后3年内办理完成。

（3）华联锌铟承诺尽最大努力进行勘探，加快推进"十三五"规划中的地质找矿规划，并在可行范围内尽快完成每年新探明储量在国土部门的备案工作。其中：投资人退出时点华联锌铟完成备案且处于可评估利用范围的锌、锡、铜金属保有总量与本次增资时点华联锌铟完成储量核实且处于可评估利用范围的锌、锡、铜金属保有总量之比应大于1；投资人退出时点华联锌铟完成储量备案且处于可评估利用范围的锌、锡、铜工业矿石品位不低于本次增资时点华联锌铟完成储量核实且处于可评估利用范围的锌、锡、铜工业矿石品位的90%；为免疑义，投资人增资和退出时点均为评估基准日。在本次增资交割完成至投资人完全退出时，华联锌铟应加快推进完成"十三五"发展规划（2015～2020年）提及的事项，包括但不限于完成铜街——曼家寨矿区360万吨采矿扩建工程、300万吨/年含矿废土（石）综合回收项目、金石坡矿区开发项目，并积极推进对马关县矿产资源整合。其中铜街——曼家寨矿区360万吨采矿扩建工程力争于2018年前建成投产。

（4）在本次增资交割完成至投资人完全退出时，华联锌铟承诺保持主要生产经营技术指标（包括但不限于年累计采矿量、年累计选矿量，锌和锡金属的累计采矿品位、累计选矿品位）稳定，且不得低于2015年该经营指标的90%。公司年采矿贫化率不高于4.7%，采矿损失率不高于2.5%，锌回收率不低于88%，锡回收率不低于46%。其他经营指标由各方另行约定。

（5）无论未来投资人以何种方式完全退出，在合法合规的前提下，对目标公司华联锌铟的价值评估方法和逻辑应与本次增资时对华联锌铟的评估方法保持一致。

（6）华联锌铟与关联方之间的交易应以市场公允价格为基础，并在交易条款中明确定价依据和结算方式。

（7）华联锌铟承诺在投资人完全退出前，每年均应向届时股东进行现金分红，全部现金分红金额应为不低于当年实现净利的10%。

5. 公司治理主要事项

本次增资完成后，华联锌铟董事会总共将有7席，其中投资人有权提名1席（即投资人董事）。

6. 股份转让的限制

未经投资人事先书面同意，锡业股份不得向任何第三方转让其直接或间接持有的华联锌铟股份。为免疑义，投资人向第三方转让其持有的华联锌铟股份，应事先取得锡业股份书面同意。如锡业股份不同意该转让，则应受让该部分股份。如锡业股份未受让该部分股份的，则视为其同意投资人向第三方转让该等股份。

7. 优先购买权和跟售权

受制于本投资意向书"股份转让的限制"条款，对于锡业股份转让股份，投资人有权以相同价格进行优先购买（"优先购买权"）；投资人未行使优先购买权的，投资人有权按其和锡业股份的相对持股比例跟售其持有的华联锌铟股份。

8. 反稀释和优先认购权

本次增资完成后，未经投资人的书面同意，华联锌铟不得以任何方式稀释投资人的股份，包括但不限于增资、发行股票期权等。对于华联锌铟新增股份，投资人有权优先认购以确保其持股比例不受稀释。

9. 排他期

从本投资意向书订立之日起 3 个月内，建设银行就本意向书项下的合作事宜享有排他性合作权，期满后，在不违反法律法规的前提下，建设银行在同等条件下享有优先合作的权利。

三、对公司的影响

2016 年，国务院出台了《关于市场化银行债权转股权的指导意见》，支持对具备条件的企业开展市场化债转股。锡业股份从自身实际出发，抢抓本轮市场化债转股机遇，引进建设银行作为控股子公司华联锌铟战略投资人，本次投资意向书的签订，不仅有利于合作双方协同发展、资源共享，更有利于满足华联锌铟相关重点项目建设资金需求，有效降低锡业股份和华联锌铟的财务成本支出，降低资产负债水平，优化资产债务结构，改善公司治理水平，进而提升锡业股份和华联锌铟的盈利能力及可持续发展能力。

本《投资意向书》的签订预计对公司 2016 年度的经营业绩不构成重大影响。

附件 2：云南锡业集团（控股）有限责任公司主要经济指标

金额单位：亿元

项目	资产总额	负债总额	资产负债率	所有者权益	营业收入	净利润	已交税费	企业增加值
2016 年	530.54	419.09	78.99%	111.45	471.62	−20.71	15.1	27.98
2015 年	525.59	435.55	82.87%	90.40	418.79	−32.49	13.03	20.21
与上年同期相比	+0.94%	−3.78%	−4.68%	+23.29%	+12.61%	+36.26%	+15.89%	+38.45%

资料来源：根据云南锡业集团 2016 年年报整理。

附件 3：建设银行 2016 年至 2017 年 7 月参与债转股部分已披露情况

时间	企业	合作机构	金额（亿元）	行业
2016 年 10 月 11 日	武钢集团	建设银行	240	钢铁
2016 年 10 月 16 日	云南锡业	建设银行	100	有色
2016 年 11 月 2 日	海翼集团	建设银行	50	机械

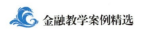
续表

时间	企业	合作机构	金额（亿元）	行业
2016 年 11 月 8 日	广晟资产	建设银行	150	有色
2016 年 11 月 9 日	广州交投	建设银行	100	交通
2016 年 11 月 10 日	重庆建工	建设银行	100	建筑
2016 年 11 月 14 日	山东能源	建设银行	210	煤炭
2016 年 12 月 8 日	山西焦煤	建设银行	250	煤炭
2017 年 1 月 5 日	陕煤化集团	建设银行	500	煤炭
2017 年 1 月 11 日	河南能化集团	建设银行	350	煤炭
2017 年 2 月 24 日	南钢股份	建设银行	30	钢铁
2017 年 3 月 10 日	甘肃省公航旅集团	建设银行	100	交通
2017 年 3 月 10 日	金川集团	建设银行	100	有色
2017 年 3 月 10 日	酒钢集团	建设银行	100	钢铁
2017 年 3 月 29 日	潞安集团	建设银行	100	煤炭
2017 年 3 月 29 日	晋煤集团	建设银行	100	煤炭
2017 年 4 月 5 日	西矿集团	建设银行	100	有色
2017 年 4 月 5 日	盐湖股份	建设银行	200	化学制造
2017 年 4 月 22 日	中船集团	建设银行	未知	船舶
2017 年 5 月 19 日	河北钢铁集团	建设银行	400	钢铁
2017 年 6 月 21 日	福建能源集团	建设银行	210	煤炭
	福建交通运输集团			交通
	福建电子信息集团			电子
	福建建工集团			建筑
2017 年 6 月 30 日	鞍钢集团	建设银行	240	钢铁
2017 年 7 月 20 日	云天化集团	建设银行	100	化学制造

资料来源：根据建设银行 2016 年和 2017 年年度报告、网易财经、新浪财经等整理所得。

参考文献

［1］周小川. 关于债转股的几个问题［J］. 经济社会体制比较，1999（6）.

［2］李丹. 市场化债转股大幕拉开建设银行拔得头筹［J］. 中国金融家，2016（11）.

［3］钟正生，张璐. 债转股归来：踏入的不是同一条河流［J］. 金融市场研究，

2016（4）.

［4］云南锡业股份有限公司关于与中国建设银行股份有限公司签订《投资意向书》的公告，2016 - 10 - 17.

［5］詹姆斯·丹尼尔，约瑟·加里多，马里纳·莫雷蒂，王鹏，崔延贵. 中国的债转股与不良贷款证券化：一些初步考虑［J］. 金融发展研究，2016（7）：60 - 62.

［6］胡文勇，简青. 浅谈市场化银行债转股［J］. 国际金融，2017（4）.

［7］马岚. 市场化债转股：商业银行的机遇与挑战［J］. 金融理论探索，2017（2）.

［8］郭炎兴. 市场化债转股迎来专业机构——建信金融资产投资有限公司开业［J］. 中国金融家，2017（8）.

［9］闫俊花. 债转股对我国银行业发展的影响与对策研究［J］. 现代管理科学，2017（6）.

［10］佰瑞咨询. 案例分析：云锡集团债转股项目［Z］. 2017 - 07 - 19.

［11］中泰证券. 银行"债转股"实践深度剖析，短期影响有限，中长期利好银行［Z］. 2017 - 08 - 10.

［12］广发证券. 广发策略"存量变革"系列之债转股篇：债转股，穿越去杠杆周期的新路径［Z］. 2017 - 09 - 14.

［13］兴业证券. 锡业股份：行业反转，业绩高弹性［Z］. 2017 - 01 - 18.

［14］云南锡业股份有限公司2016年年度报告、2017年半年度报告.

［15］中国建设银行股份有限公司2016年年度报告、2017年半年度报告.

［16］中国银行业监督管理委员会. 商业银行新设债转股实施机构管理办法（试行）［Z］. 2017 - 08 - 08.

案例正文编号：**PDF-CASE2020055**

案例使用说明编号：**PDF-TN2020055**

入库时间：**2020** 年

作者：姜学军、胡晨旭、宫思路

"幸福房来宝"如何带来幸福？

——我国首款保险版"以房养老"产品的成长之路

摘要："幸福房来宝"是幸福人寿保险股份有限公司（以下简称"幸福人寿"）于 2015 年 3 月推出的我国大陆地区首款老年人住房反向抵押保险产品，旨在为拥有私人房产的老年人提供"以房养老"的寿险服务。本案例通过分析"幸福房来宝"的推出背景、合同设计、产品定价、推广过程等，客观评价该产品，探讨反向抵押住房这种养老方式的特点及在我国目前环境下开展此业务的难点和痛点，以期让"幸福房来宝"为更多的老年人带来幸福。

关键词：老龄化　以房养老　反向抵押

案例正文

0 引 言

2020 年 3 月 25 日上午，疫情期间的孟晓苏仍然按以往的作息时间开始"办公"。其实他已退休多年，但职场生涯养成的习惯一直延续下来，每天上午他都要"读读写写"一番。此刻，孟晓苏急不可待地读着一篇报告。这是幸福人寿北京、上海、广州、武汉、杭州、南京、苏州、大连等八家分公司关于"幸福房来宝"的业务报告，作为幸福人寿的创始人、第一任董事长，也是"幸福房来宝"的发起者和组织者，他的思绪不由回到了 2003 年。

2003 年 3 月，54 岁的孟晓苏向时任国务院总理温家宝呈递了一份题为《建立"反向抵押贷款"的寿险服务》的建议，主旨是让拥有私人房产且愿意投保的老年人享受抵押房产、领取年金的寿险服务，该建议得到总理的批示。2013 年 9 月，国务院发布《关于加快发展养老服务业的若干意见》后，孟晓苏带领他的团队抓住机会，在汲取其他机构经验和教训的基础上，经过潜心研究，设计出了名为"幸福房来宝"的产品，意指老年人晚年的幸福生活由幸福人寿提供的这款产品来保障。2015 年保监会批复了幸福人寿的"幸福房来宝"，孟晓苏"以房养老"的愿望终于付诸实施，他坚信"幸福房来宝"使老年人多了一个提高退休收入的养老方式，是一条幸福之路。

报告显示，截至 2019 年 12 月底，幸福人寿在全国八个城市共签约"幸福房来宝" 207 单（141 户）。面对这样的"成绩单"，是喜是忧？

1 幸福人寿介绍①

幸福人寿是一家全国性、国有控股的专业寿险公司，于 2007 年 11 月经中国保险监督管理委员会批准设立，主要开展各类人寿保险、健康保险等与人身保险相关的保险业务，控股股东为中国信达资产管理股份有限公司，其他股东包括三胞集团有限公司、陕西煤业化工集团有限责任公司等。截至 2019 年底，注册资本 101.30

---

① 资料来源：幸福人寿官方网站。

亿元，总资产 631.29 亿元。总部坐落北京，在全国设有 22 家省级分公司，各级分支机构 244 家。

2019 年，在人身保险公司按照保费收入的排名中，幸福人寿排名处于第 40 位（共 91 家）。在 2020 年第一季度的人身险公司综合竞争力排名中，幸福人寿在 90 家人身险公司中位列第 20 位，被中国保险业协会评为 B 类公司，属于速度规模、效益质量和社会贡献等各方面经营正常的公司；在人身险公司按照偿付能力的排名中，幸福人寿处于第 23 位（共 76 家），综合偿付能力充足率[①]为 230.8%，核心偿付能力充足率[②]为 129.0%。

虽然其主要投资人和股东方面具备一定的优势和实力，但公司在保费收入、综合投资收益率、业务利润率等方面面临诸多挑战。为实现公司缔造世界知名寿险企业、行业内优秀典范和市场上杰出品牌的战略目标，秉承至善至诚、传递幸福的企业精神，幸福人寿在产品设计和开发等方面做了一系列调整，吸收了一批具有大型金融企业管理经验和丰富保险业从业经验的骨干人员。

幸福人寿的创办人孟晓苏，1949 年 12 月出生于苏州，硕士与博士均毕业于北京大学，经济学博士，是享受国务院政府特殊津贴的教授。他在担任中房集团理事长、幸福人寿董事长的同时，不忘理论研究，是最早提出在中国发展住房反向抵押贷款和抵押贷款保险的专家之一，被媒体誉为"中国房地产之父"。

2 "幸福房来宝"介绍

2.1 "幸福房来宝"推出的背景

随着我国老龄化趋势不断加深、加快，传统的养老方式已无法满足老年人多样化的养老需求。国家开始鼓励尝试新的养老模式，并出台了一系列的政策，通过金融工具和技术增加养老供给。在国家政策的支持下，"以房养老"类产品应运而生，为"幸福房来宝"的设计提供了借鉴。孟晓苏及其团队认为，"幸福房来宝"既能满足老年人"以房养老"的需要，也迎合了幸福人寿转型升级的发展诉求。

2.1.1　顺势而为：传统的养老模式难以为继

自 1999 年我国进入老龄化社会后，老龄化趋势加快、程度趋深。在 2014 年

---

① 综合偿付能力充足率：实际资本与最低资本的比值，衡量保险公司的总体充足状况。

② 核心偿付能力充足率：核心资本与最低资本的比值，衡量保险公司高质量资本的充足状况。当核心偿付能力充足率 >50%，且综合偿付能力充足率 >100% 时，意味着该保险公司的偿付能力达标。

（推出产品前一年）年末中国大陆总人口为 136782 万人，比 2013 年年末增加 710 万人，同比增加 0.52%。从年龄组成看，16～64 周岁的人口为 100469 万人，占总人数的 73.5%；65 周岁及以上人口为 13755 万人，占总人口的 10.1%，老龄化①问题严峻。②

2015 年至今，我国的老龄化趋势并未改变。截至 2019 年年末，中国大陆总人口为 140005 万人，比上年末增加 467 万人，同比增长 0.33%。65 周岁及以上人口为 17603 万人，占总人口的 12.6%，同比增长 5.67 个百分点。③

图 1 为 2012～2019 年中国 65 周岁及以上人口的数量变化趋势，可以看出，我国 65 周岁及以上人口呈逐年增加的趋势，占比逐年提升，增长率也居高不下，老龄化趋势明显。

面对日趋严重的人口老龄化，养老问题引发了社会的普遍关注。我国的老龄化具有"未富先老"的特点，加之社保体系有待完善，传统的养儿防老难以为继，开辟养老融资新路径迫在眉睫。

图 1　2012～2019 年中国 65 周岁及以上人口数量变化趋势

资料来源：国家统计局。

---

① 人口老龄化有两个含义：一是指老年人口相对增多，在总人口中所占比例不断上升的过程；二是指社会人口结构呈现老年状态，进入老龄化社会。国际上通常看法是，当一个国家或地区 60 岁以上老年人口占人口总数的 10%，或 65 周岁以上老年人口占人口总数的 7%，即意味着这个国家或地区的人口处于老龄化社会。

② 资料来源：根据 2014 年国民经济和社会发展统计公报整理。

③ 资料来源：根据 2012～2019 年国民经济和社会发展统计公报整理。

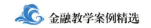

2.1.2 政策东风：国家政策鼓励"以房养老"

2004 年底，中国保监会在广州、北京、上海等几大重点城市试点，推出主要面向老年群体的住房反向抵押贷款的寿险品种。在 2005～2010 年间，南京、北京、上海、杭州等多地也陆续推出了一些住房反向抵押贷款的项目，但由于准备不充分、法律制度不健全以及公信力不高等原因导致参与度不高，最终这些实践都被迫中止。

2011 年 9 月 28 日，全国政协举办"大力发展我国养老事业"提案办理协商会，"以房养老"再次引发外界关注，却因无相应法律保障而陷入难解困局。

2013 年国务院对外发布了《关于加快发展养老服务业的若干意见》，明确提出"开展老年人住房反向抵押养老保险试点"，国家发展改革委、民政部为此联合召开新闻通气会，介绍了加快养老服务业发展的有关政策和情况。会上透露，作为"以房养老"的方式之一，中国将逐步试点开展老年人住房反向抵押养老保险。

2014 年 6 月 23 日，保监会发布了《关于开展老年人住房反向抵押养老保险试点的指导意见》，自 2014 年 7 月 1 日起在北京、上海、广州、武汉四个城市进行为期两年的反向抵押养老保险试点。

2016 年习近平总书记两次对老龄化工作作出批示，中央经济工作会议提出加快出台养老保险制度改革方案。2016 年 7 月，上述老年人住房反向抵押养老保险的试点时间延长两年，试点范围扩大至各直辖市、省会城市、计划单列市及部分地级市。

2018 年 8 月 10 日，试点范围由直辖市推广至全国。

2020 年 1 月 23 日，银保监会等 13 部门联合发布《关于促进社会服务领域商业保险发展的意见》（以下简称《意见》），《意见》指出，要优化老年人住房反向抵押养老保险支持政策。建立完善支持老年人住房反向抵押养老保险业务发展的合同赋予强制执行效力、公证遗产管理人、房产差异化处置等制度，促进相关业务规范发展。深化"放管服"改革，对符合法律援助条件的当事人，公证机构按规定减免公证费；不动产登记机构积极支持并做好相关不动产抵押登记服务工作，简化办理流程和要求。

2.1.3 前车可鉴：国内外"以房养老"产品的经验

在 2005～2011 年间，国内陆续有一些机构推出"以房养老"的产品，虽然由于种种原因失败，但这些实践为"幸福房来宝"提供了有益的借鉴（见表 1）。

（1）"南京汤山留园"。2005 年 5 月，南京市汤山温泉留园公寓最先推出面向 60 周岁以上且拥有南京住房的孤寡老人的房屋租赁换养业务。老年人自愿将住房抵押给老年公寓并进行公证后，可免费入住老年公寓，离世后所抵押房产归养老公寓所有。由于公寓的两位股东在产品推进中产生了矛盾，2007 年 12 月，南京汤山留园老年公寓宣布停业，以失败告终。

（2）上海"以房自助养老"。2007 年，上海市公积金管理中心面向在上海拥有住房的 65 周岁以上老人发起"以房自助养老"产品。具体操作为：老人先将住房出售给上海市公积金管理中心，再从公积金管理中心租回房屋。该产品由政府机构发起，具有较高的公信力，但这种方式使老年人失去了对房屋升值收益的分享，因申请数量少而终止。

（3）北京"养老房屋银行"。2007 年 10 月，北京寿山福海养老中心与中大恒基房地产经纪有限公司联合推出"养老房屋银行"业务。老人委托中介将原房屋出租，所得租金直接支付养老机构的费用。这是房地产公司在"以房养老"业务中的初次尝试，虽然房地产公司在房屋评估及处置方面有天然的优势，但民间机构无法保证服务质量，一旦产生纠纷，老年人的利益无法得到切实保障，最终，该业务因缺乏公信力而终止。

（4）杭州模式。2008 年，杭州湖滨街道针对"三无"及独居孤寡老人设计了四款产品：①租房增收养老：帮助老人出租房产，收入支付敬老院费用；②售房预支养老：帮助老人出售房产，所得支付敬老院费用；③退房补贴养老：帮助老人将住房退还给房管部门，用房管部门下发的补助款支付敬老院费用；④换房差价养老：帮助老人将自己的高价房产出租，再低价租入较为便宜的住房，收支差额作为收入来源。相比于其他模式，"杭州模式"探索出了更为多样化的产品服务，但"居家养老"深入人心，加之敬老院的生活质量无法得到保证，老人的参与度依旧不高。

（5）中信"信福年华"。2011 年 10 月，中信银行推出了"信福年华"卡，这是我国银行业首例住房反向抵押贷款。"信福年华"面向 55 岁以上或 18 岁以上具备法定赡养老人义务同时可抵押自有产权的群体，客户将房产进行抵押只能获得房屋价值 60% 的累计年金收入，且每次最多领取 2 万元。该产品购入门槛很苛刻，要求客户用两套房产作为担保，产品周期不能超过十年。

表1　　　　我国主要住房反向抵押贷款产品的实践经验总结表

模式	申请条件	开办机构	产品特点	存在问题
南京模式	有房孤寡老人	民营养老机构	免费入住老年公寓	缺乏公信力
上海模式	拥有上海住房、65周岁以上	公积金管理中心	政府机构发起	无法获得房产升值收益
北京模式	拥有住房	民营养老机构房地产公司	房地产公司加入	民营机构难以保证质量
杭州模式	"三无"、独居孤寡老人	社区街道	产品多样化	产品对象范围小

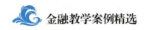

续表

模式	申请条件	开办机构	产品特点	存在问题
中信模式	拥有2套住房及以上	中信银行	金融机构拥有丰富房贷经验	申请条件严苛

资料来源：傅鸿源，孔利娟．"以房养老"模式的现状及分析［J］．城市问题，2008（9）：68－72．彭文祥．中国"以房养老"的问题研究［D］．北京：首都经济贸易大学，2013．刘颖，景亚平，李美双．"以房养老"现有模式利弊与完善策略分析［J］．河北金融，2015（3）：33－36．

作为一项补充养老模式，"以房养老"在美国的发展最为成熟，同时在英法等国也有较快的发展。

（1）美国模式。美国的"以房养老"业务主要为住房反向抵押贷款，对象主要为62周岁及以上的老年人，监管机构为美国住房和城市开发部，根据房产价值的高低分为三种模式，分别是低房价适用的房产价值转换抵押贷款计划（HECM，Home Equity Conversion Mortgage）、中等房价适用的住房持有者计划（Home Keeper）和高等房价适用的财务自由计划（Financial Freedom）（见表2）。

表2　　　　　　　　　　　　美国住房反向抵押贷款的比较

产品类别	房产价值转换抵押贷款计划（HECM）	住房持有者计划（Home Keeper）	财务自由计划（Financial Freedom）
主办机构	联邦住房管理局授权的金融机构	房利美（Fannie Mae）	私营机构
政府作用	政府主导，提供担保	政府参与，不提供担保	政府监管，不提供担保
适用对象	房屋价值较低的人群	房屋价值中等的人群	房屋价值较高的人群
给付方式	一次性领取、固定期或生命期内按月领取、信用额度内按需领取等	按月支付、信用额度或两者结合	贷款一次性支付给寿险公司，由寿险公司支付终身年金
二级市场	由房利美购买	由房利美购买	证券化

资料来源：张栋．中国"以房养老"：现实困境、国际经验与应对策略［J］．当代经济管理，2020，42（02）：70－77．

（2）英国模式。目前英国的"以房养老"分为两类，分别是终身抵押贷款（Lifetime Mortgage）和住房转换计划（Home Reversion Plan）（见表3）。

表3　　　　　　　　　　英国住房反向抵押贷款的比较

产品类别	终身抵押贷款（Lifetime Mortgage）	住房转换计划（Home Reversion Plan）
监管机构	金融行为监管局（FCA）	金融行为监管局（FCA）
适用对象	55周岁及以上的老人	60周岁及以上的老人
房屋产权	申请人将房屋的全部或部分抵押，仍保留房屋的产权和居住权	申请人将房屋的全部或部分出售给贷款机构，不保留房屋的产权，同时获得一份终身免费租房契约
给付方式	一次性领取或按月领取	一次性领取或定期领取
共同点	两类产品均提供"无追索权"保证，即如果出售的抵押房产金额不足以还本付息，贷款机构不得向借款人或其继承人追偿，而如果所售抵押房产金额还本付息后仍有盈余，盈余部分应归借款人或其继承人所有	

资料来源：张栋. 中国"以房养老"：现实困境、国际经验与应对策略［J］. 当代经济管理，2020，42（02）：70 – 77.

借鉴国内"以房养老"的案例可以发现，在设计"以房养老"方案中，要注重老年人的感受，尽管居住在养老院可以享受到医疗、娱乐等各方面的服务，但是离开了自己长期居住的房屋，会使老人感受不到家庭的温馨。因此要让老人可以选择在家里居住，家庭式的养老服务更容易被老人接受。另外，相比于"信福年华"产品，其贷款业务周期不超过10年，一旦产品结束，银行就会回收房产，老人很可能无家可归，这违背了丰富老年人的晚年生活、改善老人生活质量的初衷。因此"以房养老"产品要承担老人长寿风险，允许老人在房屋内长期居住，消除老人无家可归的担忧。

借鉴国外"以房养老"的案例可以发现，政府的参与和法律的保障是规范"以房养老"市场的关键。政府在"以房养老"的开发、运转和监督过程中起到了至关重要的作用。英、美等国家通过积极倡导、提供国家信用担保、采取税收优惠等政策支持其发展，既可以消除老人对私人机构不信任的顾虑，又可以鼓励金融机构不断创新出更符合老年人利益的"以房养老"产品。同时该产品周期长、回本慢，且涉及金融、房地产、房产评估、公证等诸多行业，法律制度盘根错节，所以老年人和金融机构都小心谨慎，而系统、完备的法律法规既是提高公信力的保障，又是金融机构有法可依的保证。英、美两国在"以房养老"方面取得的成功均离不开其完善的法律保障体系。

2.1.4　自我成长：幸福人寿转型升级的内在需要

根据保监会《保险公司经营评价指标体系（试行）》（2015年），从速度规模、效益质量、社会贡献三个方面对幸福人寿的经营状况进行分析，发现幸福人寿发展平稳，虽然处于微利状态，但有较大的上升空间。

图2是幸福人寿2012～2015年总资产及总资产增长率的变化情况，可以发现，幸福人寿总资产一直呈上升趋势，最高为2015年，达到58.27%。

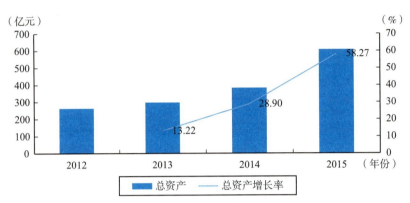

图2　2012～2015年幸福人寿总资产及总资产增长率变化情况

数据来源：中国保险行业协会。

图3反映了幸福人寿当年的保费收入变化和偿付能力充足率变化。可以发现幸福人寿的保费收入从2013年开始上涨，幅度较大，除2012年以外的其余年份，幸福人寿的偿付能力充足率均高于100%，2015年3月至2015年12月31日，幸福人寿开展"幸福房来宝"期间，其偿付能力充足率达到237.33%，发展势头良好，上升空间很大。

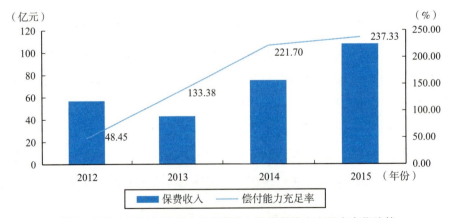

图3　2012～2015年幸福人寿保费收入及偿付能力充足率变化趋势

数据来源：保监会网站。

随着保险法律政策调整，寿险行业转型着陆压力增加。对中小型保险公司而言，想实现"弯道"超车，要面临大中型公司的集聚效应竞争、同类公司的同质化竞争以及新进主体的"挖角"竞争等三重压力。幸福人寿要想在保险业激烈的竞争中求得一席之地，必须主动求新求变，适应监管和市场环境的变化，找准自身定位，切实满足客户需求。幸福人寿正处于上升发展的瓶颈阶段，孟晓苏以其敏锐的职业嗅觉发现"以房养老"类产品将成为新的业务增长点和突破口，由此，"幸福房来宝"应运而生。

2.2 "幸福房来宝"的设计

2.2.1 参与主体

（1）保险人。"幸福房来宝"的保险人指幸福人寿。产品开展初期，参与试点的城市有北京、上海、广州和武汉。2016 年末至 2018 年，又逐渐加入杭州、南京、苏州和大连四个城市，目前共有 8 个试点城市。

（2）投保人与被保险人。"幸福房来宝"的投保人和被保险人为同一人，即符合"幸福房来宝"规定的拥有房屋完全独立产权的 60 周岁（含）至 85 周岁（含）老年人。

（3）保险受益人。为投保人，即老年人本人；在投保时，老人将指定身故保险金受益人，享有延期年金身故保险金请求权。

此外，参与主体还有房产评估机构、法律机构、公证机构等。值得注意的是，"幸福房来宝"合同约定的房产评估机构是具备国家一级资质的评估机构，且是由保险公司和投保人共同认定的。

2.2.2 产品定价

"幸福房来宝"的定价采用保险精算的方法，选取固定的贷款利率模式，养老金额是综合投保老人的年龄、性别、房产价值、地段、增贬值预期、银行利率等因素计算得到。该评估是一次性的，一旦确定将不再更改。

（1）死亡率的设定。"幸福房来宝"的死亡率设定以保监会发布的《中国人寿保险业 2000—2003 年生命经验表》为基础，结合死亡经验数据和一定风险边际评估，采用比较保守的老年人生存率，得到最终模型。

（2）费用率的设定。①保单管理费。产品规定被保险人每年支付 1000 元的保单管理费。②利息。采取固定利率，即保单年度累计利率为年复利 5.5%。③房屋评估、抵押、公证及律师费用。由幸福人寿和投保人平分。④延期年金保费。提供两种可供选择的支付模式：一种是延期年金无身故和退保利益，选择此模式的老年人每年交纳的延期年金保费相对较少，每月可领取的养老金金额相对较高，但是当被保险人（即老年人）提前解除合同或身故，幸福人寿不承担身故给付责任，相应的也不退还缴纳的延期年金；另一种是有身故和退保利益的延期年金，选择这种模式的老年人每年交纳的延期年金金额相比于上一种情况而言较多，每月可领取的养老金金额较少，但当被保险人去世，保险公司将承担身故给付责任，如果保险合同提前解除，幸福人寿将退还延期年金。⑤退保手续费。保险合同存续期间投保人想要退保，则需支付退保手续费，即一定比例的累积计息的养老保险相关费用，第一年为10%，以后逐年递减，第二年至第四年分别为8%、5%、3%，第五年是1%，第六年及以后为0。

2.2.3　产品报批

作为首家开发住房反向抵押养老产品的保险公司，幸福人寿始终保持审慎态度，公司成立了专门的领导机构，组织协调各方力量。以孟晓苏为组长的研究小组，充分吸收借鉴专家意见和研究成果，多次围绕"房屋价格波动及其风险""如何定义房屋完全产权并规避相关风险""是否有延期年金部分的身故责任和退保现金价值""如何保障合同效力"等问题展开调研。2013年12月3日，幸福人寿向保监会上报了《反向抵押养老保险业务的可行性研究报告》和《试点方案》，于2015年3月25日获得保监会审批通过，成为国内反向抵押养老保险试点的先行者。

"幸福房来宝"发行后，幸福人寿不断根据政策变化和地区特点对产品进行修改和调整，使产品不断完善。在2015年第十届中国保险创新大奖赛评选活动中，"幸福房来宝"荣获"最具创新力保险产品奖"。

2.3　"幸福房来宝"的推广

2.3.1　产品销售

由于"幸福房来宝"的主要目标群体为60～85周岁的老年人，因此在产品推广方面，幸福人寿选择以街道为单位进行宣传，并加强与养老机构的合作，同时在官方网站上公示产品的具体情况，试点城市的工作人员对目标客户打电话约谈或上门探访，推介产品，保监会网站也有相关信息供老年人参考。由于"幸福房来宝"是我国第一款住房反向抵押养老保险产品，引发了社会各界的关注，报纸上和网络上有很多关于"以房养老""幸福房来宝"的报道，无形中增加了产品的知名度和关注度。

在营销时，幸福人寿重点介绍"幸福房来宝"的以下几个特色：一是投保人依然享有抵押房产的产权、使用权、收益权及处分权;二是房屋预期增值收益归老年人;三是保险公司承担房价下跌和长寿给付风险;四是随时可以退保赎回;五是多种养老方式并存,可以租房养老,按照约定条件老人可选择将房屋出租,获取保险金和租金两份收入;六是可以"一房两保",夫妻二人分别领取养老金,一人去世不影响另一人养老金的领取。

2.3.2 产品售后

幸福人寿为老年人设计了多种多样的售后服务,如定期慰问和不定期回访、与老年大学举行联谊活动、帮助老人办理旅游等。对于年事较高的老人,积极为老人联系养老机构等,受到签约老人的普遍好评。

在售后服务的过程中,孟晓苏切身体会了一些老年人耄耋之年多病、生活无法自理的困境,深刻认识到老年人的问题不是单靠养老金就能解决的。因此幸福人寿也积极探索研究其他养老相关产品的开发,对养老产业链进行完善。目前幸福人寿在充分考虑现有条件和老年人实际需求的基础上,开始着手研发"幸福房来宝"配套升级产品、推出护理保险等一系列养老保险的开发和储备工作。

2.4 风险及难点

2.4.1 风险及防范措施

作为经营保险的机构,也同样面临潜在风险的威胁,幸福人寿认为自己承担了所有的风险,而投保的老人是利益的获得者,没有任何风险。幸福人寿主要有以下四个方面的风险:

(1)抵押物风险。即老年人抵押给幸福人寿的房产涉及房价波动风险和二手房代理风险。①房屋价值波动风险。主要指房价下降对幸福人寿造成的损失。合同到期时,如果房产价值跌破预期,幸福人寿出售房产所得低于合同履行期间为投保人支付的养老金总额。②二手房代理风险。产生于幸福人寿处置房产的过程中。幸福人寿本身不经营房产业务,当合同到期后,幸福人寿手中会留存较多房屋,不及时处置会付出巨大的机会成本。若想短时间内处置完大量房产,只得委托房产中介,而这难免会产生委托代理风险。

(2)借款人风险。指参与"幸福房来宝"的老年人潜在的长寿风险、信用风险和道德风险。①长寿风险。幸福人寿需要根据预测的老人寿命给付养老金,若老年人寿命高于预期,幸福人寿将超额支付养老金。②信用风险。指幸福人寿在预测老人寿命时,投保人故意隐瞒自身健康状况,导致预测寿命低于实际,而过短的寿命预期会加大养老金定期给付额。③道德风险。指签订合同后,老年人不再对房屋进行日常维护，甚至有意损毁房产，导致房产价值降低。当然还可能出现即便老年人想要维护，但由于身体健康原因，导致心有余而力不足。

（3）法律风险。"以房养老"属于近年来的创新型产品，国内尚未有明确的法律法规与之匹配，法律上的空白和法律条例的修订增加了该业务实际操作过程中的不确定性。

（4）其他风险。主要包括利率风险和操作风险。①利率风险。"幸福房来宝"采用固定利率，当市场利率高于该利率时，幸福人寿投资其他产品将获得更高收益，便产生了机会成本；当市场利率下降时，投保人可能会提前还款赎回房产，同样会给幸福人寿造成损失。②操作风险。体现在产品的相关业务操作上，我国目前没有与之配套的、较为完备的制度，国家也尚未构建好相应的资信档案数据；而房地产市场价格制约因素多种多样，价格易出现较大的波动，估值、预测等都有着极大的不稳定性。

针对这些潜在的风险，幸福人寿在设计"幸福房来宝"时着意进行了控制和规避。

（1）针对长寿风险，设置延期年金，将保险期间划分为延期年金保费缴纳期和给付期。保费缴纳的基本养老保险由产品主险提供保障，保障期以后的基本养老金由延期年金承担，通过与其他保险业务进行风险分摊，将"幸福房来宝"的长寿风险转移给终身年金保险。

（2）针对道德风险，也有相关约定，如果老年人在参与产品期间未尽保养和维修义务致使抵押房屋损坏，则由双方（老年人和幸福人寿）共同选择和委托的评估机构对抵押房屋进行评估并出具评估报告，根据抵押房屋损坏的程度进行相关的处理：若抵押房屋的评估价值低于同类房屋的评估价值10%（含）以内的，老年人应及时修复，逾期不维修的，幸福人寿代为维修，费用从老年人的养老保险金中直接扣除；若抵押房屋的评估价值低于同类房屋的评估价值10%以上的，则按照房屋毁损的约定处理。

（3）同时，"幸福房来宝"将犹豫期设置为30天，长于普通寿险的犹豫期（传统寿险为10~15天），让老年人在参与该产品前，做出充分的考虑，也是对可能出现的损失进行事前控制，降低损失的概率。另外，为了降低房屋价值波动风险，幸福人寿倾向于选择高房价地区、具有高潜质的房屋来反向抵押。

2.4.2 业务难点

幸福人寿认为"幸福房来宝"既不同于传统的保险类产品，也与普通的贷款产品有很大差别，因其业务周期长，涉及金融、房地产、中介机构等诸多行业，以及制度交易环境不成熟而存在诸多难点，具体表现在四个方面。

（1）制度交易环境不成熟，缺乏交易基础。一是与普通的抵押贷款相比，住房反向抵押贷款更为注重房产评估环节，但当前我国缺乏专业的、有公信力的房地产评估机构，导致"幸福房来宝"的交易基础受限。二是合同期满房产的处置问题。幸福人寿内部处置房产成本较高，不得不委托房产中介进行处置，这难免会产生委托代理风险。三是近年来由于部分公证机构管理缺位，出现了房产委托公证造假的情况，增加了房产委托公证的风险。

（2）业务办理时间长。一方面，由于此类业务复杂，每拓展一个新试点城市，都要与各政府部门、房地产企业、中介机构沟通协调，前期启动、筹备时间较长。另一方面，"幸福房来宝"不同于传统的贷款，每单业务从老人签订投保意向书到最终领取养老金，大都要耗费 2 ~ 3 个月时间，最多长达 9 个月。前期时间成本过高，且回款慢，增大了机会成本。

从图 4 可以看出，"幸福房来宝"的业务办理非常复杂，不仅涉及保险公司和老年人，还要涉及遗产继承、民政、财政、税收、住建部门、法院、房地产管理等多个部门。整个的业务流程从幸福人寿工作人员向目标客户介绍该产品开始，老人确定投保后，与幸福人寿共同选择房屋价值评估机构对抵押的房产进行评估并出具评估报告，保险公司确认房产价值后将与投保人签署意向书并再次确认老人是否投保，老人确认后签投保单，同时相应的法律机构进行尽职调查。无其他问题后保险

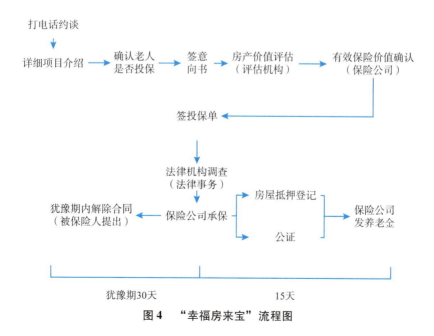

图 4 "幸福房来宝"流程图

公司承保，自投保人签收保险合同次日起享有 30 天的犹豫期。在此期间投保人需要认真阅读保险合同内容，如果认为该产品与自己的需求不相符，或其他原因不想继续投保，可以单方面提出解除合同。如果投保人确认投保，则进行房屋抵押登记和公证，在这个过程中，任务量和繁琐程度远超普通的贷款业务和传统的保险业务，大大增加了业务难度，耗时耗力。

（3）政策不落地，法律制度不完善，没有实施细则。"以房养老"是新生事物，很多地方政府部门都是第一次接触，无论是政策法规，还是体系机制，都需要重新梳理建立。法律环境、社会诚信体系、中介服务机构质量等方面的不尽完善，成为"幸福房来宝"业务顺利推进的阻碍。例如在反向抵押业务流程中，抵押和公证环节没有相关部委的文件支持，各省市的规定各不相同，沟通起来时间成本高，因此该业务在有些城市的效果并不理想。

（4）抵押确权处理起来复杂。根据投保条款，老人必须拥有房屋 100% 的完全产权，才可将房屋用于抵押，但在这个环节中易出现补领结婚证、房产证增名等情况。由于抵押确权处理十分复杂，处理不当时还可能被司法机关介入调查，带来麻烦和损失。

3　是成功还是失败？

自 2015 年 3 月"幸福房来宝"正式推出以来，引起了广泛的社会关注，幸福人寿声名大振。五年间共计 141 个家庭参与，承保了 207 单。其中北京、上海、广州三地的保单数占总数的 80%。从项目开展至今，累计承保单数情况如图 5 所示。

图 5　2015～2019 年"幸福房来宝"累计承保单数及户数

资料来源：根据幸福人寿提供数据自行整理。

现在提起北京市 72 岁的康先生和其 71 岁的太太，孟晓苏和业务经理们还津津乐道，他们是"幸福房来宝"的首单客户。康先生夫妇住在北京市西三旗某小区，他们唯一的女儿在 8 年前不幸去世。康先生是退休教工，夫妻俩一直关注、跟踪"以房养老"的消息。"幸福房来宝"推出后，夫妻俩在推介会上当场填表报名，成了"幸福房来宝"的第一批客户，2015 年 4 月 10 日与幸福人寿正式签约。根据房地产评估公司的评估报告，当时他们房屋的市场价格为 305 万元，实际保险价值约为 274.5 万元（产品初问世对房产价值按九折计算）。在参保前，康先生夫妇每月退休金加一起不到 7000 元，参保后每月领取的"以房养老"保险金为 9000 多元，养老金合计 16000 余元。投保后，他们更换了家用电器，经常出国旅游，生活得到明显的改善。康先生由衷感叹道："有了房来宝，工资翻了一倍还多，真是天上掉馅饼。"①

幸福人寿大连分公司的首单客户是家住大连青云街的刘先生和太太，他们是在 2018 年 8 月签约的。刘先生和太太都不是大连本地人，子女常年在国外，随着年龄增长，医疗费用增加，两人每月不到 10000 元的养老金虽然基本上可以覆盖日常消费和医疗开销，但紧巴巴地放不开手脚。2018 年春节，儿子出资五万元让老两口去海南体验了一次养老社区的高品质度假，回来以后两位老人计划把家里 160 平方米的大房子卖掉，换成小房子以提高生活质量，但又担心换了小房子逢年过节儿女回家没地方住。左右为难之际，了解到了"幸福房来宝"。儿子到幸福人寿大连分公司实地考察和了解后，非常赞成父母"以房养老"的想法。在儿女的大力支持下，两位老人顺利签约，每月能领 16000 多元的养老金，加上 10000 元左右的退休金，生活宽松有余。

然而并不是所有想要"以房养老"的人都能如愿以偿，家住大连市桃源小区的王先生就是一例。王先生对"幸福房来宝"很感兴趣，曾主动联系幸福人寿大连分公司，原本子女赞成、一切顺利，但在做尽职调查时出现了一个插曲：虽然王先生的妻子已去世多年，但彼时王先生的岳母尚在，王妻有四个姐姐，按继承法，这四个姐姐有部分继承权。如果王先生要投保"幸福房来宝"，不仅需要征得王先生本人及其子女同意，也必须征得四个姨姐的同意。然而四个姨姐中真就有一人始终不配合，老人最终未能如愿投保。

由于产品推出刚五年，投保的老人们都还健在，目前均处于按月领取养老金的

---

① 资料来源：以房养老两年试点到期 四大试点城市仅 60 户投保［EB/OL］．（2016 - 07 - 11）．http：// house．people．com．cn/n1/2016/0711/c164220 - 28541658．html．

阶段，没有进入到房产最终处置这一环节，尚无闭环案例。但可以肯定的是，"幸福房来宝"的推出并没有给幸福人寿带来可观的收入和利润（保本微利原则），相反地，需要长期不断地向投保的老年人支付养老金。截至 2018 年 10 月底，幸福人寿已经累计发放养老金 2312.47 万元。持续的现金流出而不是流入，对公司资本金是一个考验。未来的承保单数能否增加、公司的支付能力能否持续给予支撑，值得人们关注。①

4 最新进展

"以房养老"这片蓝海虽大，但"下海"不易。试点以来，并没有出现孟晓苏预想的各机构"群雄逐鹿"的场景，虽然 2016 年 10 月中国人保寿险推出了同质化产品——安居乐老年人住房反向抵押养老保险，但也没有带来巨大的行业竞争，目前"安居乐"的承保不足 10 单。可见在小众需求、住房政策多变以及人均寿命越来越长等不利因素面前，金融机构都持谨慎态度，不敢贸然跟进。

虽然"幸福房来宝"在推广过程中还有困难和阻碍，但幸福人寿认为，不能用常规寿险业务的标准来衡量"幸福房来宝"的成败，在外部环境存在诸多限制和障碍的情况下，如果能实现参保人数的逐年递增就是胜利。而这已经实现了！

幸福人寿决定将"幸福房来宝"这款"以房养老"产品继续推进下去。毕竟"幸福房来宝"实实在在地提高了老年人的生活质量，是老年人通往幸福养老之路的另一种选择。尽管推广这一养老方式长路漫漫，但随着政策支持路径的日益明晰以及人们对养老需求的不断增大、对"以房养老"接受度的不断提升，幸福人寿认为"幸福房来宝"的前景可期！

How Does "Happy House" Bring Happiness?
—The Growth Path of My Country's First Insurance Version of "Supporting the Elderly with Housing" Products

Abstract: "Happy House" is the first reverse housing mortgage insurance product for the elderly in Chinese mainland launched by Happy Life Insurance

---

① 资料来源：专稿：幸福人寿—"幸福房来宝"解决失独孤寡、空巢、低收入老人养老问题［EB/OL］.（2018－11－15）. http：//www. hebmoney. com/index. php？a＝news_x&m＝News&tt＝27518.

Co. Ltd. (hereinafter referred to as Happy Life) in March 2015. It aims to provide elderly people with private real estate Life insurance services of "House-for-Pension". This case analyzes the introduction background, contract design, product pricing, and promotion process of "Happy House", objectively evaluates the product, discusses the characteristics of the reverse mortgage housing pension method and the difficulties in the current environment, in order to let "Happy House" brings happiness to more elderly people.

Key words：Aging；House-for-Pension；Reverse mortgage

 案例使用说明

一、教学目的与用途

1. 适用课程：金融机构经营管理，金融机构风险管理，财富管理产品与服务流程创新设计，金融企业战略。

2. 适用对象：金融硕士（MF）、相关专业的专业硕士和金融学本科生，以及有一定工作经验的金融机构管理者。

3. 教学目的：随着我国老龄化程度不断加深，社会养老压力不断加大，老有所养问题日益凸显。本案例通过介绍我国第一款"以房养老"保险产品"幸福房来宝"推出的背景、产品的设计、销售情况，引导学生从幸福人寿和投保老人两个方面来审视"幸福房来宝"，理解在我国开展住房反向抵押业务的意义，知晓业务发展需要的条件，以及存在的风险、面临的阻碍。具体包括以下几个方面：（1）开展住房反向抵押的意义。（2）分析此业务的潜在风险，评价该案例中幸福人寿规避和降低风险的措施，分析投保老人是否真的没有风险（如幸福人寿所认为的）。（3）分析保险公司推出该产品面临哪些阻碍，体会宏观环境和政策法律对创新产品的影响。

二、启发思考题

1. 幸福人寿不能算是寿险行业第一梯队的成员，近年来盈利情况也不算乐观，

为什么幸福人寿要推出这款产品？并评价老人们对"幸福房来宝"的参与度。

2. 幸福人寿推出"幸福房来宝"自身面临哪些风险？采取了什么措施对这些风险进行管理？你还有进一步的建议吗？投保"幸福房来宝"的老人有风险吗？

3. 如果你是幸福人寿相关部门负责人，你会向政府提出什么建议？

4. "幸福房来宝"本身是否有改进的余地？

5. 你会支持父母投保"幸福房来宝"或参与类似的"以房养老"项目吗？你自己将来会参与吗？

三、分析思路

案例分析的基本思路是：首先，了解"幸福房来宝"推出时的外部环境和幸福人寿自身情况，分析幸福人寿的动机和意义所在；其次，根据"幸福房来宝"的设计，熟悉该产品的特点，分析幸福人寿面临的风险，以及幸福人寿已经采取的风险防范措施，并予评价；同时分析投保人的潜在风险。再次，通过成功和失败的实例，分析"幸福房来宝"五年仅销售 200 多单的原因，体会各种复杂因素的影响，尤其是法律、政策。最后，从幸福人寿的角度讨论哪些外在环境需要改善；从老人的角度讨论子女应持的态度。

四、理论依据与分析

（一）理论依据

1. 生命周期理论

生命周期理论认为，为了实现一生中所有的收入得到最佳的配置，理性消费者通常会对生命存续期间的消费与储蓄进行合理地分配，以达到效用最大化的目标。以往，根据生命周期理论进行统筹配置时往往只考虑金融资产而不考虑房产。而住房反向抵押贷款项目的实现，使房产资源得到了优化和利用，在奋斗期，人们可以选择按揭贷款的方式获得房产；在养老期，人们可以通过住房反向抵押贷款获得养老资金，实现生命周期的效用最大化。

2. 保险精算理论

保险精算理论主要包括收支相等原则和大数法则。收支相等原则是指在整个保险期内，总的保费收入的现金价值与总的支出保险金相等。由于寿险的保险期很长，所以在运用这一理论时需要考虑利率因素，主要有两种计算方法：①保险合同期末，保险机构保费收入的终值与支付保险金的终值相等；②在合同履行期间，保费收入的现值与支付保险金的现值相等。保险精算理论需要有大量的数据，大量的随机事件使偶然性相互抵消，所以大数定理是保险精算的前提。

幸福人寿开展的"幸福房来宝"是一种保险业务，投保的老年人是用住房所有权向幸福人寿公司购买养老保险。它的主要原理是通过市场运作，根据保险精算对项目进行定价，获取利润。对幸福人寿公司来讲，"幸福房来宝"项目的现金流与传统的人寿保险的现金流相反，传统人寿保险是保险公司先投资收取的保费，用保费的投资收益补偿发生损失的投资人，并实现保险公司的盈利；而"幸福房来宝"则先要幸福人寿事先向老年人提供养老金，利润要等到保险期结束以后（即老年人去世以后）幸福人寿取得抵押房产的全部产权并将其处置后才能得到。对于幸福人寿来讲，只有对老年人的信息充分了解，建立大量的、完备的数据库才可以合理规避"幸福房来宝"相应的风险。

3. 风险管理理论

如何对风险进行识别和估测，并运用相应的风险管理技术，对风险实施有效的控制，妥善处理风险所致的结果，以期以最小的成本达到最大的安全保障，不仅是作为保险人的幸福人寿要面对的，也是作为投保人的老年人要解决的。

（二）具体分析

1. 幸福人寿不能算是寿险行业第一梯队的成员，近年来盈利情况也不算乐观，为什么幸福人寿要推出和推进"幸福房来宝"？试评价老人们对"幸福房来宝"的参与度。

（1）幸福人寿的动机分析。前期参与保监会开展住房反向抵押研究的保险公司包括幸福人寿、合众人寿、泰康人寿、太平洋人寿、平安人寿、中美大都会人寿、中宏人寿等 7 家保险公司，但在 2014 年 6 月 23 日保监会发布了《关于开展老年人住房反向抵押养老保险试点的指导意见》后，只有幸福人寿站了出来，主要原因有三点：

第一，孟晓苏是中国住房反向抵押首倡者，他在 2003 年就向当时的国务院总理温家宝建议开展住房反向抵押。作为幸福人寿的创始人，他成立了研究小组并担任组长，大力促成了"幸福房来宝"的推出。

第二，保险公司是自负盈亏的追求利润的企业，因此在推出产品时通常以盈利为前提，开展住房反向抵押需要在前期持续向老人支付养老金，这对于保险公司来说是很大的负担。但作为中国信达资产管理股份有限公司旗下的保险公司，幸福人寿传承了信达资产公司的优良传统，勇于承担社会责任，体现了幸福人寿高度的社会责任感和使命感。

第三，"幸福房来宝"可以提高公司的知名度，树立良好的企业形象，有利于今后业务的拓展。

（2）参与度评析。"幸福房来宝"五年只承保了207单，其原因是多方面的，既有传统养老观念的影响，也有政策不够完善、支持不足的左右，还有法律不完善的阻碍。其实，住房反向抵押本身就是小众产品，即使在业务开展了30多年的美国，渗透率也仅为0.9%左右。[①] 在较长的时期内，我们不应对老年人住房反向抵押养老保险市场有过高的期望值。但作为养老保障制度的一个组成部分，住房反向抵押养老保险又具有不可替代性，对那些有意愿并符合条件参加住房反向抵押的老年群体，如果不开展这项业务，这个老年群体的潜在需求难以用其他养老保险工具予以满足。而且，住房反向抵押养老保险符合"居家养老"的传统习俗，所以银保监会将反向抵押推向全国是非常必要的。

以下几个因素会对"幸福房来宝"的参与度造成影响：

第一，传统观念，大部分老年人希望把房产留给子女。在我国传统观念中，"但存方寸地，留与子孙耕"，房子不仅仅具有居所的功能，更承载着家业的传承，不仅包含经济价值，还是亲情的纽带。此外，我国的养老模式多是家庭养老，养儿防老根深蒂固。这些传统的养老观念和遗产动机降低了"幸福房来宝"接受度。在幸福人寿已经承保的207单中，无子女的家庭占据了总数的一半。

第二，对产品存在顾虑，怕陷入房财两空、老无所依的境地。很多老年人"对保险和金融机构不放心""认为房价上涨太快，抵押不划算""没听说过，不接受""认为涉及机构太多，手续繁杂"……老年人对"幸福房来宝"不熟悉，难以辨别是否是正规的"以房养老"产品，加上一些打着"以房养老"的幌子骗取老年人房产的欺诈案频频曝光，让老年人对"幸福房来宝"产生了警惕的心理。

第三，法律制度不完善，保险公司风险大，动力不足。"以房养老"是新生事物，很多地方政府部门都是第一次接触，无论是政策法规，还是体系机制，都需要梳理建立。例如房屋性质，我国房改后，有的房子在补交土地出让金后成为可以自由上市交易的商品房，但有的房子由于单位性质（比如是保密性单位）等原因，只能在系统内部流转；再如产权性质，根据投保条款，投保老人拥有100%完全产权

---

① 资料来源：根据幸福人寿提供数据整理。

的房屋才可作抵押，因此补领结婚证、房产证增名等也是这个环节的常见问题。加之此类业务复杂，每拓展一个新试点城市，都要与各政府部门、房地产企业、中介机构沟通协调，前期启动、筹备时间较长。由于在反向抵押业务流程中，抵押和公证环节没有相关部委的文件支持，各省市的规定各不相同，沟通起来时间成本高。

第四，目标群体的局限。"以房养老"是个大的概念，具体包括三种模式：售房养老、租房养老、反向抵押。在目前条件下，前两种模式对反向抵押产生的影响是不可忽视的。拥有二套或以上住房的老人会理性地选择售房养老或租房养老，反向抵押的主要目标客户是拥有一处住所，且没有继承人或没有遗赠愿望的老年群体，他们既想居家养老，又想扩大收入来源，此时反向抵押才显示了其不可替代性的一面。

第五，"幸福房来宝"产品本身也有改进的余地（参见第4个问题）。

2. 幸福人寿推出"幸福房来宝"，自身面临哪些风险？已经采取了什么措施对这些风险进行管理？你还有进一步的建议吗？投保"幸福房来宝"的老人有风险吗？

（1）幸福人寿的潜在风险及采取的措施。

一是抵押物风险。即老年人抵押给幸福人寿的房产涉及房价波动风险和二手房代理风险。二是投保人风险。指参保"幸福房来宝"的老年人给幸福人寿带来的潜在的长寿风险和道德风险。三是法律风险。"以房养老"属于近年来的创新型产品，国内尚未有明确的法律法规与之匹配，法律上的空白和法律条例的修订增加了该业务实际操作过程中的不确定性。四是其他风险。主要包括利率风险和操作风险。

幸福人寿通过设置延期年金、维修监督、延长犹豫期等来防范风险。

（2）进一步可采取的管理风险措施。

第一，合理评估房价。我国房价十年来一直处于高增长状态，受经济、政策各方面的影响，难以准确预判未来房价走势。如果高估房价，会损害幸福人寿的利益，如果低估房价，不仅会损害老年人的利益，也会使老年人放弃参保，导致有行无市。幸福人寿要遵循谨慎性原则，尽量多预测可能的损失和费用，适当降低房价上行波动的预期（或增加下行波动的预期）。另外，可每五年对房产进行重新估值，调整保险金额。

第二，不同区域采取差异化措施。一二线城市由于教育、医疗、就业等优势，人口大量涌入，房价居高不下，这些城市的人观念比较新，更容易接受"以房养老"的观念。三四线城市由于观念原因更倾向于把房产留给子女，而且房价估值不太稳定，较难接受反向抵押的方式。因此建议幸福人寿在推广"幸福房来宝"产品时，更多关注一线城市和二线城市，等制度完善、法律完备、案例丰富时再向三四线城市推广。

第三，引入房地产保值机构。合理预估房价、规避房产贬值风险是"幸福房来宝"设计环节中最为核心的部分。合同期间，房价会受到土地购置价、人口流动、国家政策等因素的影响。引入第三方房价保值机构后，幸福人寿可以与其签订期权协议，届时，当房产的实际价格高于协定价格，期权作废，反之则生效。为应对房价的波动，还可以通过制定合理贷款比例以及掌握合适的房产出售时机，防止期限错配。

第四，与相关业务部门加强合作，提高效率。如与房地产机构合作，委托房产中介处置房产可能存在委托代理风险，因此建议幸福人寿与房地产机构建立长期合作机制。在房产价值评估和处置房产方面，房地产机构技术性和专业性较强，这样可以尽量避免二手房委托代理风险。

还可以与银行等金融机构合作。我国金融机构以分业经营为主，核心业务互不交叉，保险公司只能经营保险业务，所收保费是唯一的资金来源。然而，"以房养老"业务需要大量且长期地支付养老金，单独依靠保险公司很难完成项目运行。因此，拥有充足流动资金的银行的加入，有助于提高保险公司的支付能力。

第五，完善道德风险控制。在合同中写明针对道德风险的具体条款，比如发现被保险人恶意损毁房屋时，扣除养老金 5% ~ 10% 的比例用于房屋维修；或者在发放养老金之前扣除维修费用，建立维修基金，该维修基金由幸福人寿管理，并定期对房屋进行维护。

（3）投保人的风险。

投保人也有风险，这也能一定程度上解读老年人的顾虑所在。

首先，长寿风险。幸福人寿为了应对长寿风险，要求老人在 85 岁之前每年缴纳"延期年金"保费，如 60 岁的男性投保人缴费 2544 元/年，70 岁缴纳 5810 元/年。"延期年金"已在测算养老金的过程中扣除，无须额外缴纳，但也不会在老人身故后返还。2019 年我国人均寿命为 77.3 岁，如果老人活不到 85 岁，之前交的延期年金就都白交了，很难享受到延期年金的保险利益。因此长寿风险是老人需要承担的首要风险。

其次，房价波动风险。目前"幸福房来宝"业务在北京、上海、广州、武汉、杭州、南京、苏州、大连等 8 个城市进行试点，虽然这 8 个城市均为一线或新一线城市，但是房价波动幅度仍有较大差别。"幸福房来宝"采用统一的费率条款，无法体现房价增值或贬值的预期，一旦房价增值超出预期，老年人的利益就会受损。

最后，信用风险。由于"以房养老"业务金额大、周期长、回本慢，如果幸福人寿承保客户过多，万一现金流不足，资金断裂，甚至破产倒闭，投保人将面临保险金和房产双重受损的可能性。

3. 如果你是幸福人寿相关部门负责人，你会向政府提出什么建议？

首先，政府应当给予更大力度的支持。政府的支持和担保可以消除开办类似业务的金融机构和客户双方的担忧，提高借贷双方参与的积极性。其次，应完善相关的法律法规，出台相关的政策，为住房反向抵押业务的实际操作提供法律支撑。最后，要有实施细则出台，使政策能接地气。

可借鉴美国的做法，在美国"以房养老"市场初启阶段，市场暗淡，投保人屈指可数。为了促进其发展，1988 年美国政府通过一项法案，向贷款人（保险公司）和借款人（投保人）提供国家信用担保，并授权联邦住房管理局（FHA）对美国"以房养老"市场进行规范。由于承保人和投保人均可受到国家信用保障，参保人数呈倍数增长，住房反向抵押市场在美国迅速发展起来。

4. "幸福房来宝"本身是否有改进的余地？

作为首款保险版"以房养老"产品，不论从设计还是销售及售后，其创新性和示范性不言而喻，但从需求方——投保人的角度，在以下两个方面如果能加以改进，相信更多的老年人会走向"幸福"。

（1）用老年人可以接受的、更通俗的语言解释费率条款。调查发现，许多老年人认为"幸福房来宝"的费率过高、收取延期年金不合理。而保监会相关负责人表示，因为"幸福房来宝"属于创新产品，合同条款、费率都需接受监管部门的审批后方可推广。保监会以审慎负责的态度做过测算，该产品的费率符合规定，也不存在暴利问题。南开大学教授朱铭来指出，"幸福房来宝"的本质是长期寿险产品，60 ~ 85 岁之间缴纳延期年金，85 岁之后领取养老金，是合理的。问题就出在保险条款涉及复杂的保险精算，别说老年人看不懂，就连年轻人看完也是一头雾水。这就要求幸福人寿在设计条款时，应该提高条款费率的透明度，用通俗易懂的文字表述合同条款，让老年人尽可能多地了解合同内容。

（2）以差异化条款费率体现房产实际价值。房地产市场波动较大，而"幸福房来宝"合同达十几年甚至几十年，如何确保投保人的既得利益不受损，对幸福人寿的市场预判能力、精算能力和产品定价能力提出了更高的要求和挑战。从经济学角度看，"以房养老"产品的基本原则，是让投保人每活一天，都能享受其资产现有及未来增值价值的最大现金化。而"幸福房来宝"产品并没有体现最大现金化原则，没法让投保人时刻享受房产升值带来的收益。另外，不同城市之间的房价波动幅度不同，而条款费率相同，保险公司的费率是否也应该有所差别呢？这也成了潜在投保人较为关心的问题之一。虽然对保险公司来说，全国使用统一条款，可以在最大范围内平衡损益。但对于不同城市的老人来说，没有体现差异化，也就无法保证投保者权益最大化。因此幸福人寿应保证"房来宝"产品的条款费率差异化，根据不同城市的实际情况制定更有针对性的费率，使条款费率更好地体现房价增值或贬值的预期。

5. 你会支持父母投保"幸福房来宝"或参与类似的"以房养老"项目吗？你自己将来会参与吗？

启发学生思考。

五、背景信息①

1. 由于年龄原因，孟晓苏已退休多年，不再担任幸福人寿的任何职务，但其心系"幸福房来宝"，时刻关注着这个"宝宝"的成长。幸福人寿现任董事长为王慧轩（2020 年 9 月起）。

2. 2020 年 5 月 28 日，十三届全国人大三次会议表决通过了《中华人民共和国民法典》。民法典继承编对遗产、继承人、遗嘱等多方面内容进行了完善，使"幸福房来宝"又增加了潜在的风险。

（1）民法典扩展了代位继承的范围。被继承人的兄弟姐妹先于被继承人死亡的，由被继承人的兄弟姐妹的子女代位继承，即外甥子女、侄子女也能继承叔伯、叔、姑、舅、姨的遗产。如果老人想申请"幸福房来宝"，不光要征得自己子女的同意，还要征得外甥子女、侄子女的肯首。其中有任何一方不配合，老人的愿望都难达成。

（2）新增了宽宥制度。即继承人丧失继承权后，真心悔改并得到被继承人的原谅，便可恢复继承权。如果老人在继承人丧失继承权后办理了"幸福房来宝"业务，一旦继承人恢复继承权并要求终止合同，抢夺房产继承权，可能会对幸福人寿造成一定的损失。

（3）删除了公证遗嘱效力优先的规定。意味着继承人可以自由选择采用自书、代书、录音、录像或者口头遗嘱的形式来撤销或者变更公证遗嘱。如果老人投保

---

① 资料来源：根据幸福人寿官方网站信息整理。

"幸福房来宝"后又改了主意，通过录音、录像、口头遗嘱等方式撤销或变更公证遗嘱，难免令幸福人寿陷于被动。

3. 2020 年上半年，由于新冠疫情的影响，"幸福房来宝"业务处于谨慎推进状态，但困难是暂时的，风雨之后见彩虹！与其说"幸福房来宝"能给参保的老年人带来幸福，也何尝不是幸福人寿自身的幸福之路呢。

六、关键要点

1. 关键点：本案例分析了"幸福房来宝"推出的背景、产品的特点和目前面临的一些难题，目的在于让老师带领学生一起分析幸福人寿推出"幸福房来宝"的意义，分析具备哪些条件才能使"幸福房来宝"真正给参保的老年人带来晚年的幸福？产品潜在风险是什么以及如何管理风险，客观看待"幸福房来宝"的参与度，体会宏观环境和政策法律的影响。

2. 关键知识点：住房反向抵押、风险控制。

3. 能力点：综合分析案例的能力、批判性思维能力、将课本知识与实际操作相结合的能力、妥善解决问题的能力。

七、建议课堂计划

本案例可以作为专门的案例讨论课来进行，如下是按照时间进度提供的课堂计划建议，仅供参考。

整个案例的课堂时间控制在 80～90 分钟。

1. 课前计划：将所有同学分为 6 组，可自由组队。提出几个启发思考题，让学生在课前阅读完整篇案例并完成问题的初步思考。

2. 课中计划：

课堂发言：（3～5 分钟）简单扼要、明确主题。

分组讨论：小组成员之间分工合作，共同准备发言大纲。时间控制在 30 分钟内。

小组发言：每个小组推举出一名组员，配合 PPT 进行展示。每个小组发言时间为 5 分钟，时间控制在 30 分钟内。

由老师带领全班同学一起深入讨论研究，并进行归纳总结。时间控制在 20 分钟内。

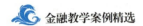

3. 课后计划：要求同学上网搜集相关资料，根据案例和课堂内容写一篇 1500～2000 字的案例分析报告。如对此案例有兴趣跟踪，建议联系案例作者或公司相关部门进行更深入的研究。

相关附件

附件 1：2013～2015 年我国中资人身保险公司保险保费收入情况

单位：万元

排名	2013 年排名	2013 年保险保费收入	2014 年排名	2014 年保险保费收入	2015 年排名	2015 年保险保费收入
1	国寿股份	3267.20	国寿股份	3312.42	国寿股份	3640.54
2	平安寿	1460.91	平安寿	1739.95	平安寿	2084.48
3	新华	1036.40	新华	1098.68	新华	1118.59
4	太保寿	951.01	太保寿	986.92	太保寿	1085.89
5	人保寿险	752.73	人保寿险	787.18	人保寿险	894.31
6	泰康	611.24	泰康	679.04	太平人寿	799.23
7	太平人寿	518.53	太平人寿	651.29	富德生命人寿	789.98
8	中邮人寿	230.37	安邦人寿	528.88	泰康	760.29
9	生命人寿	222.43	生命人寿	367.11	安邦人寿	545.27
10	阳光人寿	157.56	中邮人寿	219.53	阳光人寿	310.50
11	国寿存续	125.97	阳光人寿	174.94	和谐健康	308.06
12	民生人寿	76.75	建信人寿	158.89	中邮人寿	247.42
13	人保健康	76.40	人保健康	157.96	国华	236.67
14	农银人寿	72.31	国寿存续	119.90	建信人寿	205.27
15	建信人寿	70.12	合众人寿	117.76	天安人寿	191.29
16	平安养老	69.77	农银人寿	105.06	前海人寿	173.76
17	合众人寿	69.18	平安养老	88.61	人保健康	160.98
18	百年人寿	46.81	百年人寿	85.32	百年人寿	159.19
19	幸福人寿	41.15	民生人寿	79.76	农银人寿	144.30
20	中融人寿	38.22	幸福人寿	75.87	平安养老	130.86

续表

排名	2013 年排名	2013 年保险保费收入	2014 年排名	2014 年保险保费收入	2015 年排名	2015 年保险保费收入
21	华夏人寿	37.64	利安人寿	51.47	合众人寿	123.35
22	光大永明	30.19	中融人寿	47.58	国寿存续	113.52
23	信泰	28.62	国华	41.32	幸福人寿	107.48
24	长城	26.82	前海人寿	33.74	民生人寿	95.10
25	国华	23.24	正德人寿	32.37	利安人寿	67.29
26	天安人寿	20.31	华夏人寿	31.65	华夏人寿	52.24
27	利安人寿	16.12	太平养老	29.10	正德人寿	46.60
28	安邦人寿	13.68	天安人寿	28.00	上海人寿	44.01
29	太平养老	13.28	长城	24.29	中融人寿	34.50
30	英大人寿	11.23	光大永明	23.90	太平养老	33.00
31	弘康人寿	9.58	弘康人寿	23.42	光大永明	31.22
32	昆仑健康	4.16	信泰	17.91	长城	26.81
33	前海人寿	3.94	英大人寿	16.79	弘康人寿	21.91
34	东吴人寿	2.90	吉祥人寿	5.91	英大人寿	21.38
35	华汇人寿	2.55	华汇人寿	4.13	泰康养老	20.44
36	吉祥人寿	1.43	东吴人寿	3.85	信泰	13.65
37	和谐健康	1.32	泰康养老	2.80	吉祥人寿	13.28
38	正德人寿	1.17	和谐健康	1.59	东吴人寿	4.44
39	泰康养老	0.59	昆仑健康	0.90	渤海人寿	4.12
40	珠江人寿	0.24	珠江人寿	0.73	华汇人寿	4.02
41	国寿养老	0.00	国寿养老	0.00	昆仑健康	1.36
42	长江养老	0.00	长江养老	0.00	珠江人寿	1.19
43			安邦养老	0.00	国联人寿	0.22
44					太保安联健康	0.06
45					安邦养老	0.00
46					国寿养老	0.00
47					长江养老	0.00

资料来源：中国保险监督管理委员会原官方网站。

附件 2：中国人寿保险业经验生命表（节选）

年龄（岁）	非养老业务表		养老业务表	
	男（CL1）	女（CL2）	男（CL3）	女（CL4）
60	0.009313	0.005768	0.006989	0.004272
61	0.010490	0.006465	0.007867	0.004781
62	0.011747	0.007235	0.008725	0.005351
63	0.013091	0.008094	0.009677	0.005988
64	0.014542	0.009059	0.010731	0.006701
65	0.016134	0.010148	0.011900	0.007499
66	0.017905	0.011376	0.013229	0.008408
67	0.019886	0.012760	0.014705	0.009438
68	0.022103	0.014316	0.016344	0.010592
69	0.024571	0.016066	0.018164	0.011886
70	0.027309	0.018033	0.020184	0.013337
71	0.030340	0.020241	0.022425	0.014964
72	0.033684	0.022715	0.024911	0.016787
73	0.037371	0.025479	0.027668	0.018829
74	0.041430	0.028561	0.030647	0.021117
75	0.045902	0.031989	0.033939	0.023702
76	0.050829	0.035796	0.037577	0.026491
77	0.056262	0.040026	0.041594	0.029602
78	0.062257	0.044726	0.046028	0.033070
79	0.068871	0.049954	0.050920	0.036935
80	0.076187	0.055774	0.056312	0.041241
81	0.084224	0.062253	0.062253	0.046033
82	0.093071	0.069494	0.068791	0.051365
83	0.102800	0.077511	0.075983	0.057291
84	0.113489	0.086415	0.083883	0.063872
85	0.125221	0.096294	0.092554	0.071174

资料来源：节选自《中国人寿保险业 2000～2003 年经验生命表》。

附件3：延期年金无身故和退保利益的费率表

年龄（岁）	延期年金年交保费金额（元）		月度基本养老保险金额（元）		延期年金交费年度数（特定期限年度数）（年）	
	男	女	男	女	男	女
60	2544	1622	2514	2082	26	29
61	2850	1808	2624	2175	25	28
62	2587	2020	2646	2273	25	27
63	2911	2261	2766	2377	24	26
64	3285	2539	2894	2488	23	25
65	3719	2858	3031	2607	22	24
66	4226	2572	3177	2631	21	24
67	4822	2910	3334	2761	20	23
68	4384	3302	3372	2899	20	22
69	5034	3762	3546	3048	19	21
70	5810	4303	3734	3209	18	20
71	6740	4944	3938	3383	17	19
72	6128	5708	3990	3570	17	18
73	7173	5155	4219	3618	16	18
74	8453	5999	4470	3828	15	17
75	10036	7024	4744	4057	14	16
76	9145	8280	4821	4309	14	15
77	10992	7480	5135	4377	13	15
78	13343	8916	5484	4663	12	14
79	12168	10722	5584	4980	12	13
80	15009	9675	5989	5070	11	13
81	13651	11802	6105	5437	11	12
82	16204	13763	6216	5525	10	11
83	14707	12427	6344	5639	10	11
84	18672	15432	6795	6020	9	10
85	24667	13884	7463	6152	8	10

注：本表为按照初始房屋价值为100万元计算的费率表。例如：当延期年金无身故和退保利益时，以每100万有效保险价值计算（初始房屋价值为100万元计算），一名投保年龄为60岁的男性，延期年金交费年度数（特定期限年度数）为26年，延期年金年交保费2544元，扣除延期年金后投保人领到手的月度基本养老保险金额为2514元（未扣除相关费用）。

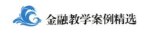

附件 4：延期年金有身故和退保利益的费率表

年龄（岁）	延期年金年交保费金额（元）		月度基本养老保险金额（元）		延期年金交费年度数（特定期限年度数）（年）	
	男	女	男	女	男	女
60	7107	4612	2124	1827	26	29
61	7830	5074	2199	1896	25	28
62	7616	5592	2217	1968	25	27
63	8409	6171	2296	2043	24	26
64	9302	6822	2380	2122	23	25
65	10312	7555	2468	2206	22	24
66	11457	7297	2560	2228	21	24
67	12761	8101	2656	2317	20	23
68	12412	9013	2686	2412	20	22
69	13891	10051	2790	2511	19	21
70	15595	11237	2898	2617	18	20
71	17572	12618	3013	2727	17	19
72	17088	14215	3054	2844	17	18
73	19348	13734	3180	2885	16	18
74	22006	15543	3312	3013	15	17
75	25159	17664	3453	3149	14	16
76	24472	20168	3512	3293	14	15
77	28174	19475	3668	3353	13	15
78	32660	22380	3834	3514	12	14
79	31754	25877	3911	3686	12	13
80	37155	24952	4098	3765	11	13
81	36064	29097	4191	3960	11	12
82	40298	32327	4158	3940	10	11
83	39042	31134	4266	4042	10	11
84	46245	36560	4441	4216	9	10
85	56710	35101	4727	4340	8	10

参考文献

［1］柴效武，孟晓苏．反向抵押贷款制度［M］．杭州：浙江大学出版社，2008．

［2］柴效武，胡平．美国反向抵押贷款发展历程及对我国的启迪［J］．经济与管理研究，2010（4）．

［3］范子文．中国住房反向抵押贷款研究［M］．北京：中国农业出版社，2011．

［4］韩再．住房反向抵押贷款运作机制［M］．北京：中国金融出版社，2014．

［5］陈秉正，秦鹏，邓颎璐．具有长期护理保障功能的住房反抵押产品研究［J］．保险研究，2014（5）：49－59．

［6］尹航．美国反向抵押贷款的制度评估及经验借鉴［J］．世界经济与政治论坛，2014（2）：163－172．

［7］姜学军，胡晨旭．影响我国住房反向抵押贷款需求的因素分析［J］．长春工业大学学报，2019，40（4）：409－416．

［8］董克用，姚余栋．中国养老金融发展报告（2017）［M］．北京：社会科学文献出版社，2017．

［9］中国家庭金融调查报告［R］．成都：西南财经大学中国家庭金融调查与研究中心，2017．

［10］应霞霖．制约我国反向抵押贷款的瓶颈分析［J］．上海保险，2017（4）：46－48．

［11］郑秉文．以房养老：另一种选择的背后［N］．中国证券报，2018－0－18（A07）．

［12］姜学军，宫思路．浅谈住房反向抵押养老保险的风险［J］．辽宁经济，2019（6）：52－53．

［13］张栋．中国"以房养老"：现实困境、国际经验与应对策略［J］．当代经济管理，2020，42（2）：70－77．

［14］Bardhan, Karapanda, Urosevic. Valuing Mortgage Insurance Contracts in Emerging Market Economies［J］. The Journal of Real Estate Finance and Economics, 2006（32）：9－20．

案例正文编号：**PDF-CASE2021112**

案例使用说明编号：**PDF-TN2021112**

入库时间：**2021** 年

作者：姜学军、曲珂豪

10 亿元债务如何压倒龙头车企[*]

摘要： 被誉为中国汽车工业"自主创新、自由技术、自主品牌"主力军的炎辰汽车集团控股有限公司（以下简称"炎辰集团"）于 2020 年 11 月正式进入破产重整程序，其导火索是不能到期兑付 10 亿元的私募债券（以下简称"17 炎汽 05"）。拥有近 2000 亿资产的龙头车企，怎么就会倒在一笔 10 亿元的债券之下？本案例通过介绍导致炎辰集团破产重整的"债券门"事件，分析其个中原委，以期对企业、证券中介机构、监管部门和投资者有所借鉴和启迪。

关键词： 炎辰集团　信用债　违约　破产重整

📊 **案例正文**

0 引 言

2020 年 6 月 5 日，炎辰中华（炎辰集团的子公司）的员工看到了一份放假通知（《关于公司工人放假轮休的通知》），与春节、五一和十一的放假通知不同，这次是放长假。虽然对公司经营困境有所预料，但事到临头，工人们还是不敢相信，待反应过来后，连忙相互印证。看到文件中"工资将按照沈阳的最低工资标准"的规定，屈指一算，扣掉五险一金后，全月轮休的员工实际到手的工资仅在千元上下（沈阳的最低工资标准是 1810 元/月）。一时间，恐惧紧张的氛围席卷了整个厂区，除了对自身和家庭生活的担忧，也对公司的前途感到惴惴不安。

不日，炎辰中华再次扩大放假的范围，除中层及以上领导外，其余员工将从 8 月份起放长假，轮流上班的状态或将持续到年底，员工们的心情再次跌入谷底。此消息被媒体曝出，社会反响亦非常强烈，人们对这家车企前景充满美好的期待，希望其成为中国自主品牌的领头羊，实在不愿意亲眼看见他倒下。

1 炎辰集团简介

炎辰集团，全称炎辰汽车集团控股有限公司，是一家隶属于某省国资委的重点国有企业，总部坐落于国家重点装备制造业基地，公司注册资本 80000 万元，某省国资委和社会保障基金理事会分别持股 80% 和 20%。

根据官网，炎辰集团的前身是一家国营汽车修造厂，成立于 1949 年。20 世纪 50 年代更名为某市汽车制造厂，由于试制成功了某品牌的载货汽车，由此揭开了生产制造汽车的新篇章。90 年代炎辰汽车赴美上市，后来又成功引入顶级汽车制造商，声名更加显赫。经过多年的发展，炎辰集团堪称龙头车企。它建有 6 家整车生产企业，2 家发动机生产企业和多家零部件生产企业，分布在辽宁、四川和重庆等省市；集团包含 4 家已经上市的企业，160 余家全资、控股和参股公司，在多个"一带一路"合作伙伴建立海外 KD① 工厂。截至 2020 年员工总数约 5 万人，资产总

---

① KD，即 Knocked Down，指散件组装，像汽车组装生产中，车身整体进口，安装车轮后出厂。

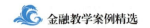

规模接近 2000 亿元。

炎辰集团有三个自主开发的品牌，还有两大合资品牌，覆盖乘用车、商用车等领域。

业务模块的规划上，炎辰集团以研发生产整车、动力总成、核心零部件和汽车售前售后市场业务为方向，并进入汽车金融、新能源（风电等可再生资源）等其他产业。集团拥有两大国家认定企业技术中心、国家认可实验室以及博士后流动工作站，具备整车概念设计、造型设计、工程开发和样车试制、试验的全流程正向开发能力，以及动力总成等核心汽车零部件的设计、开发能力。

2 眼看他起高楼

回顾过去三十年，炎辰集团经历了中国汽车发展史上诸多重要节点，辉煌一时，令很多车企望尘莫及。通过其官网介绍及百度百科介绍，我们可以清晰地看到炎辰集团的发展史。

20 世纪 80 年代，炎辰集团与日本丰田合作，通过引进产品技术和精益生产等理念，自身消化再创新，使得"锦杯"成为轻型客车的知名品牌。

20 世纪 90 年代，炎辰集团最早走出国门，远赴欧洲学习造车经验，打造了高起点开放式自主创新的品牌。

2006 年，炎辰集团引入欧洲先进的发动机技术，开发了国内第一款 1.8T 涡轮增压发动机；炎辰集团也是和国际高端品牌合作的第一家汽车企业，与宝马一直维持着良好的合作。

在"十一五"期间，炎辰汽车实现整车销售 165 万辆，销售收入 2333.2 亿元、税金总额 268.8 亿元，分别是"十一五"前 21 年总和的 160%、216% 和 280%。2011 年，炎辰集团凭借 6793178 万元的营业收入位列于中国企业 500 强第 117 位，且在中国机械 500 强中排名 12 位，成为汽车业的头部企业。

2016 年和 2017 年，进入"中国企业 500 强"中的百强，成为省属国有企业中唯一进入百强的企业。

2019 年至 2020 年，曾荣获全国模范劳动关系和谐企业和第十二届中国企业社会责任峰会杰出企业奖、名列 2020 中国品牌节年会 500 强榜单、入选由中国机械工业联合会、中国汽车工业协会发布的 2019 年中国汽车工业整车二十强名单。

经过多年潜心打造，炎辰集团已成为中国汽车产业的主力军之一，也是国有汽车工业龙头企业、省属销售额最大的千亿级企业集团，更被誉为国内自主品牌车企与国外车企开展合资合作的典范。其品牌先后获得"名牌产品""市长质量奖""省长质量奖金奖"等多项殊荣和称号。其国际销售网络已遍及非洲、拉美、东南亚、西亚等 34 个国家和地区，在伊朗、埃及、俄罗斯三个国家建立了海外生产基地。

3 眼看他楼塌了

高起点也是高调发展的炎辰集团，由于多种原因，没能实现自己和国人的预期，高楼渐渐倾斜，而 2020 年似乎是炎辰集团的一个"流年"。

3.1 10 亿元债券爆雷

企业的成长需要不断的融资支持，近年来，成本较低的短期债券融资方式十分热门。许多企业依靠不断滚动发行、以新还旧的方式，支持长期投资，炎辰集团也不例外。

炎辰集团在 2017 年 10 月 23 日发行了 10 亿规模的公司债券，即"17 炎汽 05"，票面利率 5.3%，期限 3 年（见表 1），募集的资金用于改善债务结构，偿还公司债务，兑付日为 2020 年 10 月 23 日。

根据《受托管理协议》以及相关业务规则的要求，炎辰集团应于 2020 年 10 月 21 日 16 时前将该期债券本金 10 亿元、利息 5300 万元以及相应手续费转至中国证券登记结算有限责任公司（以下简称"中证登"）上海分公司指定银行账户。到 2020 年 10 月 22 日 17 时，炎辰集团没有向中证登上海分公司转款。炎辰集团的说明是：公司在努力筹集资金，但是目前流动性紧张，资金面临较大困难，能否及时筹集到足额资金存在重大不确定性。这是炎辰集团首次对外表示债务可能出现偿还问题，而之前其债券评级一直是 AAA 级。

表 1   "17 炎汽 05"基本信息

债券名称	炎辰汽车集团控股有限公司 2017 年非公开发行公司债券		
债券简称	17 炎汽 05	债券代码	145860
发行额（亿元）	10.00	发行价（元）	100.00

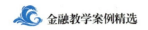

续表

发行方式	私募发行	期限（年）	3
发行票面利率（%）	5.30	上市场所	上交所固定收益平台
计息日	2017 - 10 - 23	到期日	2020 - 10 - 23
发行起始日	2017 - 10 - 20	发行截止日	2017 - 10 - 23
发行单位	炎辰汽车集团控股有限公司	还本付息方式	按年付息
到期收益率（%）	—	剩余年（年）	—
发行对象	在债券登记机构开立合格证券账户的合格投资者（有关法律法规禁止购买者除外）		

资料来源：炎辰汽车集团控股有限公司公司债券半年度报告（2020 年）。

信用债通常也称为产业债，是由企业纯粹依赖于信用发行的，属于无担保债券，也就是不以任何资产作为担保，因收益率较高，对投资者有一定的吸引力。"国企" +"信用债" + "AAA"，使炎辰集团的该类债券被市场视为无风险债券，市场走势平稳。截至 2020 年 6 月，炎辰集团续存的债券尚有 15 只，余额 175.73 亿元（见表 2）。

表 2 炎辰集团公司债券基本信息

债券名称	发行方式	到期日	票面利率（%）	余额（亿元）
17 炎汽 01	公开	2022 - 3 - 10	6.30	20
17 炎汽 03	非公开	2020 - 8 - 29	5.35	3.73
17 炎汽 05	非公开	2020 - 10 - 23	5.30	10
18 炎汽 01	公开	2023 - 9 - 14	5.40	15
18 炎汽 02	公开	2023 - 9 - 14	6.30	5
18 炎汽 03	公开	2023 - 11 - 5	5.80	20
19 炎汽 01	公开	2024 - 3 - 20	5.80	11
19 炎汽 02	公开	2024 - 6 - 17	5.80	10
19 炎辰 02	非公开	2022 - 1 - 22	6.50	10
19 炎辰 04	非公开	2022 - 3 - 13	6.50	20
19 炎辰 05	非公开	2022 - 4 - 18	6.50	8
19 炎辰 06	非公开	2022 - 6 - 3	6.50	12

债券名称	发行方式	到期日	票面利率（%）	余额（亿元）
19 炎集 01	公开	2022 - 9 - 18	6.20	10
20 炎集 01	公开	2023 - 1 - 15	5.95	7
20 炎辰 01	非公开	2023 - 3 - 5	6.10	14
合计：175.73 亿元				

资料来源：根据炎辰汽车集团控股有限公司公司债券半年度报告（2020年）整理。

拥有最高信用评级的"17 炎汽 05"违约，让市场信心顿失，炎辰集团旗下尚在存续期的多只债券在上交所固定收益综合电子平台的成交价再次暴跌。2020 年 10 月 28 日，"18 炎汽 03"成交价创出新低，进入个位数区间，当日最高 9.41 元/张，最低 6.11 元/张，成交金额共计 1557 万元。"18 炎汽 01"、"19 炎汽 02"成交价均在 10 元/张左右。炎辰集团子公司炎辰中国接连两日大跌，累计跌幅近 6%。

祸不单行，与炎辰集团相关的所有存续债券的信用评级也遭全线下调。2020 年 9 月 29 日，东方金诚将炎辰集团主体信用等级及"19 炎集 01"、"20 炎集 01"由 AAA 调至 AA +，评级展望为负面；10 月 16 日，再次调低至 AA -；10 月 26 日，主体信用评级下调至 BBB 级。

炎辰集团违约不仅仅牵连自身，其影响辐射到整个债券市场，附件 3 是 2020 年 11 月 10 ~ 16 日一周内其他企业取消发行债券的数据。

3.2 市场质疑

"17 炎汽 05"违约后，市场哗然的同时，质疑声四起。因为根据炎辰集团 2020 年的半年报（见附件 1），炎辰集团账上尚有 513 亿元的货币资金，账上这么多资金，为什么会被区区的 10 亿债务逼至违约。作为优质的国企，难道瞬间就走到了山穷水尽的地步？

炎辰集团 2020 年上半年主要会计数据和财务指标（见附件 2）显示，2020 年 6 月，炎辰集团总资产为 1933.25 亿元，总负债 1328.44 亿元，净资产 604.81 亿元，资产负债率 68.72%。流动负债有 1026.61 亿元，大多数为应付票据和应付账款，而一年内到期的短期债务有 219.15 亿元。

根据表 3，炎辰集团总资产中有受限资产共计 201.9 亿元，大多是受限货币资金，数额为 167.58 亿元。一个企业的受限资金是不可以使用的，主体部分是保证金、无法随取随用的存款（如定期存款）、在法律上被质押或者附有担保权利的货币资金。500 多亿货币资金，除去受限资金后的余额，可以勉强覆盖短期债务的偿还。那为什么要违约呢？

表 3　　　　　　　　　　　　资产受限情况　　　　　　　　　　　　单位：万元

受限资产	账面价值
货币资金	1675766.68
应收票据	9523.65
存货	89919.58
固定资产	135474.68
无形资产	54796.77
应收账款	9456.71
长期股权投资	44014.90
合计	2018952.97

资料来源：炎辰汽车集团控股有限公司公司债券 2020 年半年度报告。

3.3　冰冻三尺，非一日之寒

"17 炎汽 05" 爆雷之前，炎辰集团负面消息不断，"17 炎汽 05" 只不过是压死骆驼的 "最后一根稻草"。

2020 年 8 月×日上午，炎辰汽车集团旗下多只债券在二级交易市场大跌，一度触发盘中临时停牌。其实从 8 月初以来，以上债券价格就开始跌跌不休了，从近 90 元下跌至不到 60 元。对于债券价格的下跌，炎辰集团有关负责人当时回应称："存在部分债券持有者跟风现象，影响公司的债券价格。一方面，公司作为著名的国企，不会让它出事的，不用太过担心。另一方面，炎辰集团的财务正常运行。"

8 月×日，"18 炎汽 01"、"17 炎汽 01" 等多只债券发布公告称，自当天起债券交易方式进行调整，仅在上交所固定收益证券电子平台上采取报价、询价和协议交易方式进行交易，恢复竞价交易系统的时间将及时公告。调整交易方式的目的一般是为了限制散户交易，防止散户大量抛售而引起价格进一步下跌。运用该项措施并未打消市场的顾虑，8 月×日，上述债券再次出现下跌。

按照 2017 年 9 月炎辰集团与债权投资计划受托人太平资产管理有限公司签署的约定，炎辰集团应于 2020 年 9 月×日划拨季度应付利息。截至 2020 年 10 月×日，炎辰集团仍未将应付季度利息划拨至债权投资计划托管人账户。

截至 10 月 × 日，炎辰集团未能按时兑付集合资金信托计划的贷款本金 10.01 亿元、利息 2000 万元、罚息 668.38 万元，而这些资金原本应于 10 月 × 日兑付。

根据天眼查披露的信息，炎辰集团官司不断，先后被标的执行了 19 次，冻结款项上亿元，仅 2020 年 9 ~ 10 月就有 10 起立案，这从另一侧面印证了炎辰集团的艰难。

3.4　被供应商申请破产

2020 年 11 月 × 日，炎辰集团的债权人格至汽车科技股份有限公司（以下简称"格至汽车"），向辽宁省沈阳市中级人民法院申请对炎辰汽车集团控股有限公司破产重整。① 格至汽车是一家汽车冲压模具研产商，专业从事汽车冲压模具的设计、研发、制造及销售，主要为全球范围内的汽车整车厂及零部件制造商提供汽车冲压模具的定制化服务。此次申请破产的事由是因为炎辰集团于 2016 年 9 月与其签了 3400 万元的合同，格至汽车交付的汽车模具已由炎辰验收完毕，剩余 1000 多万元尾款，炎辰集团迟迟不付，格至汽车讨债无望，遂将炎辰集团告上法院，请求对炎辰集团破产重整。

2020 年 11 月 × 日，炎辰集团向法院提交《关于对债权人申请本公司重整无异议的函》，称对申请人格至汽车的重整申请无异议。

2020 年 11 月 × 日，沈阳市中级人民法院裁定受理债权人对炎辰汽车集团控股有限公司重整申请，标志着这家车企正式进入破产重整程序。法院的裁定称："炎辰集团存在资产不足以清偿全部债务的情形，具备企业破产法规定的破产原因。但同时集团具有挽救的价值和可能，具有重整的必要性和可行性。根据法律规定，沈阳市中级人民法院将指定炎辰集团管理人，全权负责企业破产重整期间各项工作，包括受理并认定债权人债权申报，编制重整计划草案并提交债权人会议表决等。债权人将根据法院最终批准的重整计划获得偿付。"

3.5　证监会出具警示函并立案调查

2020 年 11 月 × 日，证监会官网发布信息称，证监会对炎辰集团采取出具警示函的行政监管措施，并决定对其涉嫌信息披露违法违规立案调查；同时，证监会将对炎辰集团有关债券涉及的中介机构招商证券进行同步核查，严肃查处有关违法违

---

① 全国企业破产重整案件信息网发布编号为（2020）辽 01 破申 2 × 号的案件。

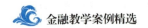

规行为。

同一时间，上交所向招商证券出具监管警示函。上交所查明，招商证券在担任炎辰集团"17炎汽05"受托管理人期间，存在未能及时履行受托管理人信息披露职责、未能有效履行受托管理人信用风险管理职责等违规行为。

2020年11月×日晚，锦杯汽车和深华控股双双发布公告称，炎辰集团收到中国证监会辽宁监管局送达的《关于对炎辰集团采取出具警示函措施的决定》，同时收到中国证监会《调查通知书》。

4　自救和他救

近几年我国经济增速放缓、需求不振以及新冠疫情的暴发，使得炎辰集团获取短期流动性的能力愈发下降，为解决流动性的困扰，炎辰集团采取了如下一系列措施：

（1）出售股份。2020年5月，炎辰集团向交通建设投资集团（以下简称"交投"）出售炎辰中国2亿股股权，相当于股本总数的3.96%；7月再次出售4亿股，由此获得32.8亿港币资金。

（2）调整班子和管理架构。2020年7月，炎辰集团董事会决定任命韩颂、齐楷为集团副总裁，原总裁刘鹏、原副总裁邢如、原董事长吴小离职。炎辰集团还进行了管理架构的调整，管理层从9级压缩至3级，总部从五六千人缩减至一百多人。

（3）员工放长假。

（4）成立债委会。2020年8月，在辽宁省银行业协会的组织下，债权银行组成债委会，由光大银行和兴业银行作为联合主席行。炎辰集团为此曾做出说明：成立的目的是不抽贷、不断贷，在适当必要的情况下给予一些新增授信，当企业发行新的融资工具的时候，帮助销售或者购买。

5　后　续

5.1　监管政策出台

为了使公司规范地披露信用类债券的相关信息，2020年年底，中国人民银行会同国家发展改革委、证监会联合发布《公司信用类债券信息披露管理办法》，自2021年5月1日施行。

《公司信用类债券信息披露管理办法》明确，债券信息披露应当遵循真实、准确、完整、及时、公平的原则，企业、中介机构及相关人员应当严格履行《公司信用类债券信息披露管理办法》规定的信息披露义务，不得有虚假记载、误导性陈述或重大遗漏。同时，为进一步提高信息披露质量，《公司信用类债券信息披露管理办法》还对债券募集说明书和定期报告的主要内容、结构框架、格式体例等提出了细化要求。

5.2　结果待续

目前，炎辰集团的破产重整仍在进行中，证监会的立案调查也未完结，对此案例我们将予以持续的关注。

How the 1 Billion Debt Crushed the
Leader of Automobile Enterprises

Abstract：Is known as China's auto industry "independent innovation, freedom, independent brand" mainstay of Yan Cheng auto group holdings co. LTD. (hereinafter referred to as the "Yan Cheng group") in November, 2020 formally entering bankruptcy reorganization process, the fuse is not due payment of 1 billion yuan of private debt (17 Yan auto 05). With nearly 200 billion in assets of a large car companies, How could it go bankrupt because of a bond? This case introduces the bond gate event leading to the bankruptcy reorganization of Yan Cheng Group, and analyzes its reasons, in order to provide some reference and inspiration for enterprises, regulatory authorities and agencies transferred to you.

Key words：Yan Cheng Group；Debt Default ；Bankruptcy Reorganization

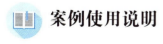 **案例使用说明**

一、教学目的与用途

1. 适用课程：公司金融、金融市场与金融机构、投资学、企业并购与破产重

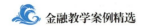

整、固定收益证券等。

2. 适用对象：金融硕士、相关专业的专业硕士和本科生，以及企业管理者。

3. 教学目的：2020 年以来，国企在债券市场上的违约达到了高潮。通过本案例有助于学生了解作为金融市场子市场之一的企业信用债市场的风云变幻，认识信用债的风险所在，思考信用评级机构在其中的功过，以及由此引发的连锁反应，让学生由此更关注国企的改革和命运。具体包括以下几个方面：（1）了解信用债的特点及 2020 年国内信用债市场的变化；（2）分析"17 炎汽 05"违约的深层次原因；（3）了解信用评级机构的性质和职责。

二、启发思考题

1. 什么是企业信用债？有什么特点？

2. 2020 年的信用债市场有什么变化？

3. 炎辰集团是否存在做假账行为？为何账上 500 亿货币资金无法偿还债务？

4. 评述炎辰集团的自救措施，炎辰集团走向破产重整的原因有哪些？

5. 信用评级机构是否存在失察之责？

三、分析思路

本案例分析的基本思路是：首先了解炎辰集团的发展历史，以强化其在债券违约后引发市场震荡的对比；其次，了解违约事件发生时的经济背景和公司的财务状况，掌握信用债的特征，为案例的进一步分析做铺垫；再次，分析违约的深层次原因，客观评价公司一系列自救和他救措施的可行性和有效性；最后，探讨信用评级机构的信用评级是否存在问题，其风险警示作用应该如何发挥。

四、理论依据与分析

（一）理论依据

1. 信息不对称理论

信息不对称理论是指在市场经济活动中，每个人获取的信息是不同的，获取较多信息的人，处在有利主动的地位，而信息贫乏的人员则相反。该理论认为，掌握信息较多的一方可以利用信息的不对称性获取更大的利益；拥有信息较少的一方会努力从另一方获取信息。

信息不对称是市场经济一直存在的问题，为减轻信息不对称给市场带来的伤害，政府应该在市场上发挥信息的传导作用。这一理论为很多市场现象如股市沉浮、就业与失业、信贷配给、商品促销、商品的市场占有等提供了解释，并成为现代信息经济学的核心，被广泛应用到从传统的农产品市场到现代金融市场等各个领域。

2. 财务困境理论

财务困境又称财务危机，指企业的资金流无法偿还到期债务。经营管理不善、经济不景气、行业处于衰退期以及资本结构不合理等都可能导致财务困境。根据不同企业的实际情况，大体有三种方法解决财务困境：一是资产重组，企业通过出售资产、企业合并、减少资本支出等方法来解决到期债务问题；二是破产清算，将法人资格取消掉，通过清算来解决所有的债权和股权问题；三是债务重组，企业与债权人在原有合同的基础上来商讨新的债务合同，包括债务展期、债务减免和债转股等。

3. 破窗效应

当环境中的不良现象没有被重视，会有更多人效仿，使不良现象更加严重。比如，一条人行道上少量的垃圾没有被清扫，不久后就会有更多垃圾，最后人们会随手将垃圾扔在路旁并认为这是理所当然。这个现象，就是犯罪心理学中的破窗效应。对应债券市场上就是，从 2014 年 "11 超日债" 首次发生债券实质性违约之后，债券不再是 "零" 违约，刚性兑付被打破，违约事件越来越多，规模也越来越大。

（二）具体分析

1. 什么是企业信用债？有什么特点？

信用债是企业凭借自己良好的信誉来发行的债券，不需要任何抵押。债券投资者借以依赖的是债券发行公司的资产性质、收益能力，以及信誉的好坏程度，因此只有那些信用等级高的企业才有可能发行信用债。不过信用债往往有限制发行人发行抵押债券的条款，未抵押资产越少，信用债的持有人受保护程度越小，风险越大。

根据《公司信用类债券信息披露管理办法》，信用债包括企业债券、公司债券、银行间债券市场非金融企业债务融资工具（如短期融资券 CP 等）。

信用债与政府债券相比最显著的差异就是存在信用风险，所以信用债比国债有着更高的收益，某些情况下收益率甚至高达百分之几十。国企发行的信用债更受投资人喜爱，因为政府是国企的出资人，国企容易得到政府的支持，尤其是对当地经济发展和就业产生重大影响的国企，政府可能会注入资金、提供税收优惠等支持手段，帮助企业渡过难关。因此，人们更偏向于国企债券，认为政府在背后提供了无形的担保。

炎辰集团的债务违约给投资人上了一堂很好的风险教育课。在分析国企偿债能力时，既要关注国企得到的政府的支持，又要审慎地去评判国企存在的信用风险。对国有企业存在的风险，同样要抱有敬畏之心。

2. 2020 年的信用债市场有什么变化？

信用债违约并非始于炎辰集团，早在 2004 年 3 月 "11 超日债" 因无力偿还 8980 万元债息，宣布违约，成为我国债市第一个违约案例，自此以后，每年都有大量信用债违约（见图 1）。

图 1　2014～2020 年债券违约情况（左轴：违约数量，右轴：违约金额）

数据来源：Wind 数据库。

2020 年出现的是第三次违约潮，呈现三个特点。

一是国企债券的违约数量大幅上升。以前的违约潮大多以民营企业为主，2020 年民营企业信用债违约余额为 1079 亿元，而国企债券违约余额由 2019 年的 129 亿元增至 2020 年的 518 亿元，增幅达 4 倍。

二是 AAA 评级债券的违约数量明显激增。根据 Wind 数据库统计，自 2014 年债券市场首例违约开始，6 年间超 70 只发行时主体评级为 AAA 的债券发生实质违约，其中 2020 年超过 50 只，占比超 70%。

三是分散在各个行业。债券违约逐渐扩散到各个行业，尤其是制造业、批发零售贸易、综合类、挖掘业、建筑业等（见图 2）。主要原因是 2020 年受疫情影响行业景气度较低，短期现金流创造力下降。

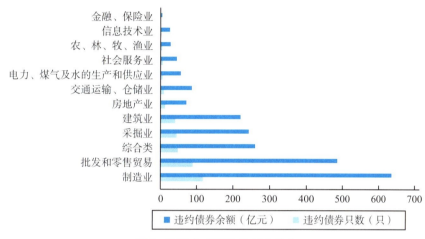

图 2　2020 年债券违约行业分布

数据来源：Wind 数据库。

3. 炎辰集团账上有 500 亿元货币资金，为什么无法偿还债务？

炎辰集团账上大量货币资金却无法偿还债务，主要由财务报表没有展示出来的风险造成。

炎辰的债务高达 1300 亿元，其总资产为 1933.25 亿元，总负债 1328.44 亿元，净资产 604.81 亿元，资产负债率 68.72%。截至 2020 年第二季度末，炎辰集团流动负债有 1026.61 亿元，主体为应付票据和应付账款，且一年内到期的短期债务有 219.15 亿元。炎辰集团受限资产 201.9 亿元，主要为受限货币资金 167.58 亿元。500 多亿货币资金，除去受限资金后的余额，仅可以勉强覆盖短期债务的偿还。

成立债务委员会后，对于公司所有债务一视同仁，按照同一标准兑付，在银行贷款、信托、保险资金债权计划均违约的情况下，炎辰很难单独兑付公司债券。所以账上有钱，不代表就能还投资人的钱。

4. 评述炎辰集团的自救措施，炎辰集团走向破产重整的原因有哪些？

炎辰集团内部应有先知先觉，所以一年来采取了一系列包括换班子、调机构、转股份、调整交易方式，甚至放假等措施，但最终仍未挽回败势。

（1）调整班子和管理架构。新班子如果能快速采取措施，也许不至于让这个老

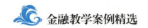

牌国企走向破产重整，调整管理架构的效果才能体现出来。在这个问题上，可以进一步启发学生，面对这种情况，政府和企业应该怎么做？

（2）转让股份。炎辰集团于2020年5月和7月两次将炎辰中国12%的股份转移给了交投。又于9月将持有的炎辰锦华剩下的股份无偿转移给了鑫瑞。但是靠卖家产的方式来获得资金，很难维持下去，不能解决集团自主研发能力的羸弱与核心技术的缺失之痛，也因此被指"逃废债"（是否有"逃废债"，可以继续关注监管机构方面的消息，因证监会已立案调查，目前尚未结案）。

（3）员工轮休或放假。此举无疑是为了节约企业的运营成本，以最大程度地减少支出。但也释放出另一负面信号：企业正在向最不好的结果一点点靠近。

（4）涉足出行服务。2020年6月29日，炎辰出行服务有限公司注册成立，该公司为集团的全资子公司，注册资本1亿元。经营范围包括预约出租汽车经营服务、巡游出租汽车经营服务、新能源汽车整车销售、新能源汽车换电设施销售、汽车新车销售、分布式交流充电桩销售和二手车经销等业务。出行服务是一个重资产，回报慢的业务，在1200亿的负债的重压下闯入出行市场，远水解不了近渴，很难靠其自救，推出炎辰的自主品牌才是必由之路。

炎辰集团走向破产重整的原因，既有外部的不利因素，也有内部的问题，具体原因如下：

（1）整体经济下行。近年我国经济增速放缓、需求端萎靡不振以及新冠疫情带来的各行各业的流动性紧缩压力，使得炎辰集团获取短期流动性的能力大幅下降。

（2）汽车行业竞争激烈，行业景气下降。2006年炎辰集团采用低价换销量的模式，短暂地使自主品牌销量上涨，但是也拉低了炎辰品牌的地位，让消费者对炎辰产生怀疑和低品质的定位，失去了长久发展的根基。炎辰集团除了炎辰宝马以外，其他品牌鲜有靓丽的表现，集团的效益逐年下降。

（3）对宝马的严重依赖。炎辰集团没有利用好手中的资源及时对技术进行吸收整合，反而是将自己变成了宝马的代工厂，从而不具备与其他品牌竞争的硬实力，技术匮乏终使之落后于市场。

5. 本案例中信用评级机构有否失察之责？

前一秒还是AAA级的优质债券，下一秒就变成垃圾债，这让人们对评信机构的权威性和公正性产生怀疑。

信用评级机构是金融市场中一个重要的服务中介机构，根据2015年证监会颁布的《上市公司证券发行管理办法》（第113号）第十九条，公开发行公司债券，应当委托具有从事证券服务业务资格的资信评级机构进行信用评级；第十八条中要求债券信用评级达到 AAA 级。

为炎辰集团评信的两家机构分别是大公国际资信评估有限公司（以下简称"大公"）和东方金诚国际信用评估有限公司（以下简称"东方金诚"），这两家评级机构在业内有着较高的地位和不错的市场信誉度。随着炎辰、永梅集团及紫广集团等 AAA 评级、具有国资背景的主体相继违约，投资人也逐渐对评级机构是否存在评级虚高等问题抱有质疑。

2020 年第三季度，证监会债券部、有关证监局、沪深交易所、中国证券业协会和中国银行间市场交易商协会对大公国际等 7 家评级机构开展了 2020 年联合现场检查工作，发现部分合规问题，包括评级规范、评级方法或模型、数据库系统有待完善，评级项目质量控制不足，评级所需材料不完整、归档资料不齐全等。

五、背景信息

1. 炎辰集团失去宝马的控制权

2018 年 4 月，中国政府宣布放宽中国汽车业外国投资者股比限制，于 2022 年开放中国乘用车市场。随后炎辰集团与宝马公司达成协议，以 36 亿欧元转让炎辰宝马 25% 拥有权给后者，同时延长合资企业经营期限到 2040 年。上述交易交割将于 2022 年条件允许后完成，交易完成后炎辰集团将丧失对炎辰宝马的控制权。

炎辰宝马是炎辰集团最为重要的财务支柱，其合作模式是，宝马出技术和工程师，炎辰负责代工生产、渠道和售后。伴随着中国经济的腾飞和消费水平的提高，炎辰顺势而为，取得不错的成绩，在过去的 16 年里，宝马贡献了 300 亿元净利润。特别在 2011～2018 年，炎辰宝马每年为集团贡献的净利润占比更是高达 120%，是整个炎辰集团的希望。

但是，炎辰汽车旗下的三大自主品牌却一直停步不前。2019 年，宝马的销量有 55 万辆，而炎辰自己生产的车款只贡献了不足 30% 的销量。在炎辰全年的 63 亿元利润中，炎辰宝马贡献了 76 亿元，如果没有宝马，炎辰集团会亏损 13 亿元。

2. 证监会取消证券评级业务行政许可改为备案管理

2020 年 3 月，《中华人民共和国证券法》取消了资信评级机构从事证券评级业务的行政许可，改为备案管理，证监会随即修订《信用评级业管理暂行办法》，并向社会公开征求意见。

2021 年 2 月 26 日起，施行新的《证券市场资信评级业务管理办法》（以下简称《管理办法》）。该《管理办法》取消了公开发行公司债券信用评级的强制性规定，不再把评级作为风险防范的一个指标，将选择的权利还原给市场。该办法明确规定，从事证券市场资信评级业务应当向中国证监会备案，鼓励优质机构开展证券评级业务，同时强调要完善评级业务规则；增加独立性要求并专章规定；明确了信息披露要求并专章规定；强化自律管理职能；增加破坏市场秩序行为的禁止性规定；提高违法违规成本。

对于投资者来说，《管理办法》实施以后，必须提高自身的风险识别能力，因为以后发行债券的信用级别可参考性降低了。

3. 上交所对招商证券出具监管警示函

证监会在决定对炎辰集团立案、对招商证券启动同步核查的同时，上交所也向招商证券出具了监管警示函。

根据该警示函，上交所查明，招商证券在"17 炎汽 05"的受托管理过程中，存在下述两项违规行为：一是未能及时履行受托管理人信息披露职责。炎辰集团于2020 年陆续发生受到上交所通报批评的自律监管措施、未能按时清偿到期债务、发生重大诉讼及有关资产被司法冻结、对重要子公司炎辰中国汽车控股有限公司进行股权转让等影响偿债能力的重大事项。招商证券作为本次债券的受托管理人，未能切实履行受托管理人职责，未能及时出具并披露临时受托管理事务报告。二是未能有效履行受托管理人信用风险管理职责。招商证券作为本期债券受托管理人，未能及时有效对炎辰集团的流动性风险和偿债能力重大不利变化进行持续跟踪监测、排查和预警，未能在"17 炎汽 05"出现重大偿债风险时及时调整债券风险分类。

上交所认为，招商证券的上述行为违反了《上海证券交易所非公开发行公司债券挂牌转让规则》和《上海证券交易所公司债券存续期信用风险管理指引》的相关规定，决定对招商证券予以书面警示。上交所要求招商证券引以为戒，严格按照规定和约定，加强公司债券受托管理工作，切实履行受托管理职责，及时履行信息披露义务，切实保障债券持有人合法权益，维护债券市场正常秩序。

4. 关于债委会

债委会即债权人委员会。2016 年 9 月银监会发布《关于做好银行业金融机构债权人委员会有关工作的通知》，明确了债委会的性质、职责和工作原则，并提出了实施企业金融债务重组的相关要求。

债委会是由债务规模较大的困难企业三家以上债权银行业金融机构发起成立的协商性、自律性、临时性组织。债委会依法维护银行业金融机构的合法权益，推动债权银行业金融机构精准发力、分类施策，有效保护金融债权，支持实体经济发展。

债委会要按照"一企一策"的方针集体研究增贷、稳贷、减贷、重组等措施，有序开展债务重组、资产保全等相关工作，确保银行业金融机构形成合力。债委会应当按照"市场化、法治化、公平公正"的原则开展工作。债委会实施债务重组的，应当采取多方支持、市场主导、保持稳定的措施，积极争取企业发展的有利条件，实现银企共赢。债委会的成立及成员组成可以由债权银行业金融机构自行发起成立。债务企业的所有债权银行业金融机构和银监会批准设立的其他金融机构原则上应当参加债委会。

六、关键要点

1. 关键点：本案例围绕炎辰集团的债券违约，将债券市场的风险展现出来，目的在于让老师带领学生一起分析炎辰集团债务违约的原因；了解炎辰集团财务报表背后的风险，以及中介机构的作用；国企发展和改革的命运。

2. 关键知识点：信用债、信用评级、债务管理。

3. 能力点：综合分析案例的能力、批判性思维能力、将课本知识与实际相结合的能力、妥善解决问题的能力。

七、建议课堂计划

本案例可以作为专门的案例讨论课来进行，如下是按照时间进度提供的课堂计划建议，仅供参考。

整个案例的课堂时间控制在 80 ~ 90 分钟。

1. 课前计划：所有同学分为若干组，可自由组队。让学生在课前阅读完整篇案例并完成问题的初步思考。

2. 课中计划：

课堂发言：简单扼要、明确主题，时间在 3 ~ 5 分钟。

分组讨论：小组成员之间分工合作，共同准备发言大纲。时间控制在 30 分钟内。

小组发言：每个小组推举出一名组员，配合 PPT 进行展示。每个小组发言时间为 5 分钟，时间控制在 30 分钟内。

由老师带领全班同学一起深入讨论研究，并进行归纳总结。时间控制在 20 分钟内。

3. 课后计划：要求同学上网搜集相关资料，根据案例和课堂内容写一篇 1500 ~

2000 字的案例分析报告。如对此案例有兴趣跟踪，建议联系案例作者或继续关注炎辰集团破产重组的后续消息。

 **相关附件**

附件 1：炎辰集团 2020 年上半年主要资产和负债情况及其变动

金额单位：万元

主要资产情况			
资产项目	本期末余额	上年末或募集说明书的报告期末余额	变动比例（%）
货币资金	5137640.58	5565719.73	−7.69
交易性金融资产	27370.36	12624.98	116.80
应收票据	563889.63	507107.86	11.20
应收账款	841360.10	775423.72	8.50
应收款项融资	452.91	332.62	36.17
预付款项	252725.10	246342.99	2.59
其他应收款	1178144.28	1051091.58	12.09
存货	2742052.79	2780708.06	−1.39
一年内到期非流动资产	1209.48	1039.06	16.40
其他流动资产	506744.80	507490.94	−0.15
长期应收款	7673.10	7948.10	−3.46
长期股权投资	1159449.31	1105223.14	4.91
其他权益工具投资	27066.64	77564.19	−65.10
其他非流动金融资产	174172.59	163268.96	6.68
投资性房地产	41575.34	43084.07	−3.50
固定资产	3632301.92	3750069.70	−3.14
在建工程	517712.50	522424.81	−0.90
使用权资产	8355.93	8102.00	3.13
无形资产	682580.77	639086.91	6.81
开发支出	645350.88	688346.33	−6.25
商誉	43555.68	43555.68	0.00
长期待摊费用	160055.46	158846.47	0.76
递延所得税资产	691017.81	751420.42	−8.04
其他非流动资产	288846.71	127999.17	125.66

续表

主要负债情况			
负债项目	本期末余额	上年末或募集说明书的报告期末余额	变动比例（%）
短期借款	1652095.58	1752998.27	−5.76
应付票据	2207204.67	2251334.96	−1.96
应付账款	3040822.93	3135120.05	−3.01
预收款项	106951.26	133875.10	−20.11
合同负债	383446.12	553876.03	−30.77
应付职工薪酬	61822.95	96264.50	−35.78
应交税费	199069.58	285269.37	−30.22
其他应付款	1864511.37	2278437.07	−18.17
一年内到期的非流动负债	539423.19	784395.32	−31.23
其他流动负债	210760.09	353568.81	−40.39
长期借款	603845.18	560215.32	7.79
应付债券	1415604.94	1205969.23	17.38
长期应付款	43611.68	42277.52	3.16
应付债券	1415604.94	1205969.23	17.38
长期应付款	43611.68	42277.52	3.16
预计负债	281146.09	441474.95	−36.32
递延收益	289865.13	270718.13	7.07
递延所得税负债	116828.44	94843.53	23.18
其他非流动负债	267352.55	237487.46	12.58

资料来源：炎辰汽车集团控股有限公司公司债券 2020 年半年度报告。

附件 2：炎辰集团 2020 年上半年主要会计数据和财务指标

金额单位：亿元

项目	本期末	上年末	变动比例（%）
总资产	1933.25	1953.48	−1.04
总负债	1328.44	1447.81	−8.24
净资产	604.81	505.67	19.61
归属母公司股东的净资产	48.77	49.92	−2.30
资产负债率（%）	68.72	74.11	−7.27
扣除商誉及无形资产后的资产负债率（%）	71.40	76.8	−7.03
流动比率	1.10	0.98	12.24

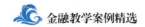

续表

项目	本期末	上年末	变动比例（%）
速动比率	0.83	0.75	10.67
期末现金及现金等价物余额	326.77	377.02	−13.33
营业收入	846.30	830.96	1.85
营业成本	596.39	602.6	−1.03
利润总额	93.23	79.11	17.85
净利润	63.12	54.5	15.82
扣除非经常性损益后净利润	49.50	54.56	−9.27
归属母公司股东的净利润	−1.96	0.7	−380.00
息税折旧摊销前利润（EBITDA）	132.42	115.96	14.19
经营活动产生的现金流净额	49.64	59.63	−16.75
投资活动产生的现金流净额	−46.00	−20.57	−123.63
筹资活动产生的现金流净额	−54.42	−52.68	−3.30
应收账款周转率	10.47	10.14	3.25
存货周转率	2.16	3.26	−33.74
EBITDA 全部债务比	0.21	0.18	16.67
利息保障倍数	10.03	9.59	4.59
现金利息保障倍数	7.73	9.15	−15.52
EBITDA 利息倍数	12.83	12.59	1.91
贷款偿还率（%）	96.34	100	−3.66
利息偿付率（%）	96.62	100	−3.38

资料来源：炎辰汽车集团控股有限公司公司债券 2020 年半年度报告。

附件3：债券取消发行一览表（2020 年 11 月 10～16 日）

债券名称	发生日期	公告日期	发行规模（亿元）	事件
20 漳泽电力 CP001	2020 – 11 – 16	2020 – 11 – 12	5.00	推迟发行
20 粤珠江 MTN003B	2020 – 11 – 16	2020 – 11 – 10	7.50	取消发行
20 豫交运 MTN007	2020 – 11 – 16	2020 – 11 – 12	18.00	取消发行
20 粤珠江 MTN003A	2020 – 11 – 16	2020 – 11 – 10	7.50	取消发行
20 天业 SCP011	2020 – 11 – 13	2020 – 11 – 10	1.50	取消发行
20 兖矿 MTN004	2020 – 11 – 13	2020 – 11 – 09	10.00	取消发行
20TCL 集 MTN002	2020 – 11 – 13	2020 – 11 – 09	10.00	取消发行

续表

债券名称	发生日期	公告日期	发行规模（亿元）	事件
20 攀国投 MTN001	2020 – 11 – 13	2020 – 11 – 10	5.00	取消发行
20 萍乡昌兴债	2020 – 11 – 13	2020 – 11 – 09	2.00	因市场波动有效申购量未达到规模，取消发行
20 开封城运 MTN001	2020 – 11 – 13	2020 – 11 – 10	3.00	取消发行
20 扬州经开 CP002	2020 – 11 – 13	2020 – 10 – 26	2.00	取消发行
20 兖矿 MTN004A	2020 – 11 – 13	2020 – 11 – 09	10.00	取消发行
20 幸福 EB	2020 – 11 – 13	2020 – 11 – 12	20.00	取消发行
20 张江二	2020 – 11 – 13	2020 – 11 – 12	4.00	取消发行
20 泉州城建 CP001	2020 – 11 – 13	2020 – 11 – 06	5.00	取消发行
20 晋能 MTN019	2020 – 11 – 13	2020 – 11 – 09	5.00	取消发行
20 连云港 SCP010	2020 – 11 – 12	2020 – 11 – 09	3.00	取消发行
20 山煤 CP005	2020 – 11 – 12	2020 – 11 – 06	8.00	取消发行
20 陕西发电 MTN001B	2020 – 11 – 11	2020 – 08 – 31	10.00	取消发行
20 阳煤 02	2020 – 11 – 11	2020 – 11 – 10	20.00	因市场波动较大，取消发行
20 阳泰实业 CP001	2020 – 11 – 11	2020 – 11 – 06	2.60	取消发行
20 沪世茂 MTN002	2020 – 11 – 11	2020 – 11 – 06	9.00	取消发行
20 商古 03	2020 – 11 – 11	2020 – 11 – 10	5.00	取消发行
20 文担 01	2020 – 11 – 11	2020 – 10 – 30	3.00	由于近期债券市场波动较大，取消发行
20 融德 G1	2020 – 11 – 11	2020 – 11 – 10	30.00	取消发行
20 山招 Y1	2020 – 11 – 10	2020 – 11 – 09	10.00	由于近期债券市场波动较大，取消发行
20 临汾 05	2020 – 11 – 10	2020 – 11 – 09	5.00	由于近期债券市场波动较大，取消发行
20 临汾 06	2020 – 11 – 10	2020 – 11 – 09	5.00	由于近期债券市场波动较大，取消发行

资料来源：Wind 数据库整理。

 参考文献

[1] 中国人民银行，国家发展改革委，证监会. 公司信用类债券信息披露管理办法. 2020 年第 22 号.

[2] 夏金彪. 华晨破产重整警示中国汽车业"打铁还需自身硬"［N］. 中国经

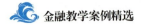

济时报, 2020 - 11 - 26.

[3] 证监会. 证券市场资信评级业务管理办法. 2021 年第 12 号.

[4] 卢先兵, 崔海花. 2020 债券违约启示录: 关注焦点从民企转国企, "信仰" 碎了一地 [N]. 21 世纪经济报道, 2021 - 1 - 15.

[5] 证监会. 公司债券发行与交易管理办法. 2021 年第 180 号.

案例正文编号：**PDF-CASE2021072**

案例使用说明编号：**PDF-TN2021072**

入库时间：**2021 年**

作者：范立夫、董剑啸、宋美贤

权力的游戏

——海亚公司控制权之争[*]

摘要： 2020 年 4～9 月，以杨子和京基金为代表的"资方联盟"与国资股东上演了一场沸沸扬扬的海亚公司控制权争夺战，其结果以"资方联盟"的大获全胜而告终，这样的结果不禁引起了投资者对此次控制权争夺战的广泛关注。本案例以海亚的公司控制权争夺战为主题，重点描述了"资方联盟"对公司董事会、监事会以及高级管理层进行"清洗"直至最后取得公司绝对控制权的全过程。通过案例学习，引导学生重点探讨公司的股权结构、三会一层的制衡关系、收购与反收购策略、上市公司信息披露合规性等知识点。

关键词： 公司控制权　股权结构　公司治理　收购　信息披露

---

* 本案例中公司名、人名均为化名。

🏛 案例正文

0 引 言

作为沪市一家上市公司，2020年以来，海亚旅游控股股份有限公司多次因为控制权之争而备受关注。2020年6月29日，海亚原董事长王双、副董事长刘德在2019年度股东大会上被罢免出局，在接下来两次召开的董事会上，杨子当选为新任董事长、毛威当选为副董事长，随后原总经理肖风、原董事会秘书丁夏陆续被罢免，2020年9月12日，原高级管理人员集体辞职。至此，公司董事会、监事会以及高级管理人员已被"资方联盟"全面"清洗"。

受疫情影响，海亚的经营本就举步维艰，再加上公司内部激烈的权力斗争，让公司本就不乐观的经营状况更是雪上加霜，内忧外患下的海亚如今已是危机重重。海亚是如何一步一步地走到今天这步田地的？让我们将时间拉回到两年前，重新回顾一下这场没有硝烟的公司控制权争夺战……

1 海亚的"隐疾"

海亚成立于1994年1月，2002年上市。自开业以来，建造了海底通道、开创了第三代海洋馆的先河，旗下更是拥有多个海洋主题公园。

二十余年，凭借领先的海洋领域饲养繁育技术、旅游文化产品及产业规划创意经验及专注文化旅游景区开发的运营管理优势、跨地域技术输出与管理输出的经验、将原创文化内容与旅游和娱乐产业融合的经验，正在从国内领先的海洋极地主题乐园建设运营商发展成为海洋文化全产业链打造者。2012年海亚战略升级，着力品牌原创IP系统的创建、应用与延伸。其上游为海洋主题原创儿童文学，中游为主题动漫、影视及衍生商品等，下游以"海洋文化＋复合业态"的协同模式，打造多元产业跨界联盟的全产业链多产品生态圈。

近年来，随着逐步实现从项目公司向控股公司的转型，海亚充分发挥资本市场优势扩大资产规模、增加资产收益、提升公司价值；充分运用公司现有优势，有效整合旅游资源、塑造强势旅游品牌、增强公司的核心竞争力和可持续发展能力。但在发展的同时，公司所面临的问题也逐渐浮出水面，然而此时的海亚并没有意识到，

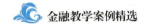

危险正在一步一步地向它靠近……

1.1 日益激烈的行业竞争

从主营业务来看，海亚的海洋世界、极地世界、极地馆三个主要经营项目均以门票收入为主。主营业务过于单一，抵抗不可控因素、市场竞争的能力较弱。此外，随着我国旅游业的不断发展和居民消费水平的提升，旅游类企业之间的行业竞争也日益激烈。海亚周边主要客源地均开设了水族馆项目，这也在一定程度上对公司的经营状况产生了负面影响。因此，公司只有不断完善其发展战略，才能在激烈的行业竞争中站稳脚跟，立足于不败之地。

1.2 过于分散的股权结构

海亚没有控股股东，公司第一大股东的持股比例仅 24.03%，其他股东持股比例更低。也就是说，海亚并没有我国传统国有控股企业中"一股独大"的现象，相对分散的股权结构虽能更好地均衡股东之间的利益，但与之相对的则是大股东对公司保持较弱控制权，并没有绝对控制董事会，这也是"资方联盟"选择海亚作为进攻对象的重要原因之一。

1.3 巨大的资金缺口①

伴随着原创品牌计划的开展，海亚启动了多个项目的扩张计划，在建工程从2017 年开始激增，截至 2020 年第一季度，海亚的在建工程约 10 亿元，占总资产比例达 44%，但公司自有资金无疑无法满足这些项目的资金需求。

2016 年 8 月 19 日，海亚发布非公开发行股票预案（第三次修订稿），拟通过非公开发行股票募集资金 7.89 亿元，募集资金将全部用于投入建设白鲨魔幻海洋世界项目。然而事与愿违，2017 年 7 月 12 日，海亚发布公告称，因再融资政策法规、资本市场环境、融资时机等发生了诸多变化因素，决定终止定增。这意味着海亚筹划了近一年的定增募资方案夭折。定增终止后，海亚不得不另寻出路，转而采取诸如短期借款、长期借款、股权质押等其他融资手段筹措资金。此外，回顾近三年来海亚的经营状况，公司每年的营业利润是无法支撑如此庞大的资金支出的。针对自身存在的问题，海亚在 2019 年半年报中写道，"公司面临的主要风险为现有经营场馆的营收已趋于稳定，自身增长空间不大，主营业务增长乏力，新项目仍处于投入

---

① 资料来源：海亚 2020 年半年度报告。

和建设阶段，具有不确定性。在建工程占用资金规模较大，公司营收增速大幅下跌，公司的财务情况已然不容乐观，且仍有相当规模的资金缺口"。

面对巨大的资金缺口，为了能将在建工程中的项目继续开展下去，如何筹集有效资金满足需求成为海亚的当务之急。

2 海亚和京基金的"初相识"①

京基金成立于 2015 年 1 月 × 日，注册资本 23000 万元人民币，主要从事股权投资管理、实业投资、投资咨询、企业管理咨询等业务。海亚是京基金成立后第一家公开露面的上市公司。在海亚定增终止后的仅仅五天，2017 年 7 月 × 日，海亚与京基金共同发起成立了海亚京投资合伙企业，启动"上市公司＋PE"模式，拟募集资金 30 亿元，开发与海亚主业相关的优质旅游资源、现代文化旅游服务项目。在此次投资中，京基金出资 5000 万元，创新发展资本出资 3000 万元，海亚出资 2500 万元，京基金担任基金管理人。这次合作旨在加快推动发展战略的实施，增强投资者对公司未来发展的信心。此外，在合作初期，海亚部分董、监、高及其关联方还曾集体购买了京基金的合计约 400 万元的理财产品，其中仅总经理肖风及配偶就购买了 280 万元。可见这时的海亚与京基金已在公司层面和个人层面展开了全方位的合作。

2017～2018 年，京基金为了增加对海亚的了解，以帮助海亚实现产业资源和资本市场的有机结合及良性互动，还曾就海亚及其所投资的鲅鱼圈海洋馆、极地馆二期、大白鲸水岸城等几个项目情况做过尽职调查。

3 公司章程修订与"三人组"登场

3.1 修订公司章程——杨子获得提名权

自 2017 年 6 月起，为了更好地贯彻《国务院办公厅关于进一步加强资本市场中小投资者合法权益保护工作的意见》，规范公司治理结构，切实地保护中小投资者的合法权益，中证中小投资者服务中心（以下简称"投服中心"）给很多上

---

① 资料来源：京基金管理（上海）有限公司天眼查企业信用报告，海亚于 2017 年 7 月 17 日在上海证券交易所网站公告的《关于发起设立海亚京基金的进展及对外投资公告》。

市公司发出《股东建议函》，指出上市公司不应在章程中不当设置反收购条款、不合理地限制股东权利或增加股东义务。其中给海亚的函中提到"相关法律法规赋予了单独或者合并持有公司 3% 以上股份的股东对董事、监事的提名权，并没有对相关股东的持股期限、相关股东的提案与提名数量做限制规定"，建议海亚修改公司章程。

2018 年 1 月 2 日，海亚召开第六届董事会第二十五次会议，根据投服中心《股东建议函》所提出的相关建议和要求，对公司章程有关条款进行修订。此次修订将《公司章程》第八十四条修改为"公司董事会及单独或合并持有公司发行股份 3% 以上的股东，可提出非独立董事候选人，但单个提名人所提名的非独立董事候选人的人数不得多于该次拟选非独立董事的人数；公司董事会、监事会、单独或者合并持有公司已发行股份 1% 以上的股东可以提出独立董事候选人，但单个提名人所提名独立董事候选人的人数不得多于该次拟选独立董事的人数。"

与原《公司章程》相比，修改后的条款删除了提名股东须持有 3% 及以上股份且必须连续 180 天以上的时间限制。若公司章程没有修改，杨子当时只持股刚刚超过 1%，尚未满足需持股 3% 的要求，而且持股期限不足 180 天，也无权提名董事候选人。公司章程修改后，持股 1% 的股东就可以提名独立董事候选人，持股超过 1% 的杨子正好满足提名的条件。于是杨子自己以股东身份被选为董事，再由其提名一位独立董事，这样就在董事会中顺利获得了两个董事席位，也为其以后逐步"清洗"董事会成员的行为做好提前预设。

本次修订在一定程度上维护了股东平等以及"同股同权"的原则，赋予了中小股东以及新股东在董事会中更多的权利，同时也使公司大股东的权利受到了相对的限制，从理论上来说，此次的修改有利于公司完善其治理结构，更好地保护了中小股东的利益。

3.2 持续增持——"三人组"登场

在投服中心给诸多上市公司发函修改公司章程的同时，由高建、卢立和杨渭组成的"三人组"表现活跃，对海亚持续增持。2018 年 3 月 × 日，海亚发布 2017 年年度报告，"三人组"首次进入公司前十大股东名单，分别位列第四、第五、第六（见图 1），三人合计持股占公司总股份的 11.68%，仅次于持股比例 24.03% 的第一大股东星海投资，并且超过了持股比例为 8.04% 的第二大股东麦克集团。

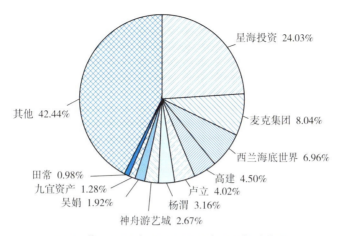

图1 截至2017年12月31日海亚股权结构图

资料来源：海亚2017年度报告。

4 小试牛刀——杨子正式登场

2018年4月18日召开的2017年度股东大会上，海亚完成了第七届董事会及监事会的换届。在此次换届中，第一大股东星海投资提名的董事第一次没有当选董事长，且其提名的董事宋明也以49.04%的得票比例与董事席位失之交臂，最后其所提名的董事仅在董事会中获得两个席位，其中一人为独立董事。第二大股东麦克集团提名的王双当选董事长，神舟游艺城提名的刘德、杨渭提名的陈荣当选副董事长。杨子不仅在卢立的提名下成功当选董事，其本人提名的刘志、吕世也分别成功当选独立董事和监事。

此外，在此次投票中，杨子、陈荣、刘志、吕世均以50.60%的微弱优势当选。由此可以看出，"资方联盟"已经蔚然成形，实力不可小觑。此役，杨子在盟友的簇拥下完成了第一次亮相，不仅以不到2%的持股比例在董事会中夺得了三个席位，且在监事会也占得了一席之地。

5 步步为营——京基金成为第二大股东

在杨子进入董事会后，尝到甜头的"资方联盟"开始了进一步的计划。京基金不再遮遮掩掩，开始走向台前。作为曾经的战略合作伙伴，京基金此时以一个全新的身份重新登场并非偶然。早在2016年，杨子和京基金就共同合作成立了庆城股权投资合伙企业。双方系合作伙伴关系。且杨子的老领导杨渭在2017年度股东大会上提名的陈荣也曾经是京基金的股东，直至 2018 年 3 月 27 日才从股东名单退出。

此时"资方联盟"士气正旺，京基金的加入使得"资方联盟"兵强马壮。刀已磨快，马已喂饱，只待吹响进攻的号角。

5.1 进击的京基金——首次举牌

2018 年 8 月，京基金以海亚京成立一年内没有任何实质性业务开展为由，退出合伙企业。

随后，2018 年 12 月董事于国辞职，2019 年 3 月董事陈荣、刘志也相继辞职，期间杨子默默地增持着自己的股份，并在 2019 年 4 月 27 日首次出现在前十大股东的名单里。在此期间，杨子所提名的屈哲也成功当选独立董事。

这看似风平浪静的一年其实暗流涌动，实际上"资方联盟"只是在为真正的战斗韬光养晦，积蓄力量。2019 年 4 月 × 日海亚召开董事会会议，再次对《公司章程》进行修订。在修改后的《公司章程》中，董事可在任期结束前由股东大会解除其职务，股东可以通过网络方式在股东大会上进行投票。这一系列的修订调整，实质性地放宽了罢免董事的条件、拓宽了中小投资者的投票渠道，提高了中小投资者参与公司治理的积极性。

在一切工作已经准备就绪后，一直潜伏的京基金终于公开露面，不再隐藏。根据公司 2018 年第三季度报告，京基金以 1.45% 的持股比例，首次出现在前十大股东的名单。随后，京基金于 2019 年第二季度加仓 188 万股，持股比例提升至 2.92%。2019 年 7 月 × 日，京基金增持海亚 107.05 万股。此次增持后，京基金持有海亚共计 669.6 万股，占公司总股本的 5.2%，完成了对海亚的首次举牌，增持计划进入快车道。

5.2 速战速决——成为第二大股东

京基金可谓是"不鸣则已，一鸣惊人"。在首次举牌的六天后，京基金及其一致行动人于 2019 年 7 月 × 日至 × 日，两天时间通过集中竞价方式继续增持海亚 627.38 万股，占公司总股本的 4.87%，持股总额超过 10%。但京基金及其一致行动人并未停下增持的脚步，于 7 月 × 日至 × 日约一周时间同样通过集中竞价方式增持 629.3 万股，占公司总股本的 4.93%。至此，京基金及其一致行动人的合计持股比例达 15%。仅用不到一个月的时间，京基金及其一致行动人便闪电式增持股份超过 10%。与其形成鲜明对比的是，在京基金不断增持的过程中，作为发起人股东的麦克集团和西兰海底世界在此期间竟持续减持，截至 2019 年 8 月，麦克集团与西兰海底世界仅分别持股 5.64% 与 4.01%。

由此持股 15% 的京基金及其一致行动人一举成为海亚第二大股东，颇有山雨欲来风满楼之势。

5.3 口是心非——表态无意染指公司控制权

2019 年 7 月 × 日，上交所出具问询函，要求海亚对京基金是否有意通过股份增持获得上市公司的实际控制权、京基金同公司其他股东之间是否存在一致行动关系以及京基金及其一致行动人的股份增持行为与麦克集团、西兰海底世界的股份减持是否存在关联等问题进行披露。

京基金一直以"看好海亚所从事行业的未来发展，认可海亚的长期投资价值"回应监管方对于其不断加码增持海亚缘由的问询。京基金还坚称"无意干预上市公司日常经营，无意获得上市公司实际控制权"。

至此，首先是"盟友"杨渭、高建和卢立的率先增持股份蓄力，接着通过"资方联盟"各方的通力合作，杨子成功在董事会站稳脚跟，接着京基金正式亮相，直至京基金及其一致行动人成为公司第二大股东，一切都按照计划有条不紊地进行着。"资方联盟"已准备就绪，控制权之战一触即发！

6 首战告捷——董事会席位争夺战

2020 年，一场突如其来的新冠疫情，给旅游类企业的发展带来了巨大的冲击。疫情当前，海亚所迎来的却不是公司上下团结一心的共克时艰，而是"资方联盟"率先对董事会发动的进攻，愈演愈烈的公司控制权争夺战使得海亚本就不乐观的情况雪上加霜。

6.1 杨子发难，京基金紧随其后[①]

2020 年 4 月 × 日召开的董事会会议上，麦克集团提名崔惠担任公司独立董事。此次会议出现了该届董事会成立以来的首次明确分歧，这也间接地反映了公司原股东之间并不是铁板一块。董事吴建认为星海投资身为第一大股东，在董事会独立董事中却只占有一个席位，无法发挥国有第一大股东在上市公司中的作用。董事杨子

---

① 资料来源：海亚于 2020 年 4 月 25 日在上海证券交易所网站（www.sse.com.cn）公告的《第七届十一次董事会会议决议公告》。

首次发表反对意见，理由是由已经在减持上市公司股票的股东继续提名并且担任独立董事不利于上市公司的发展，不符合常理。

出现分歧后仅仅两天，持股 3.78% 的董事杨子便率先发难，在 2020 年 4 月 × 日提请增加了一份"火药味"十足的 2019 年度股东大会临时提案。该提案提请罢免已在公司任职二十余年的董事长王双、副董事长刘德，指责其在任职期间未能清晰规划公司战略发展路径，未能良好管理公司，并提请补选杨齐、陈辰、孙燕为公司董事，郑雷为公司独立董事。京基金紧随其后，亦补交临时提案，提请补选毛威为非独立董事，王般为独立董事。双方彻底撕破脸皮，反目成仇。来势汹汹的"资方联盟"终于展开了第一次进攻，剑锋直指董事会控制权。

6.2　缓兵之计——星海投资祭出"拖字诀"①

面对骤然的猛烈进攻，以星海投资为代表的原股东成员们被打了个措手不及，在没有想好应对之法前祭出"拖字诀"，采取了缓兵之计，在 2020 年 5 月 × 日召开的董事会会议上，星海投资提议将原定的 2019 年度股东大会延期 15 天后举行。杨子则对此提议坚决反对，认为距原定的股东大会召开时间还很宽裕，足以让股东之间进行充分沟通。在其提议遭到拒绝后，杨子继续增持股份至 4%，为接下来的战斗进一步积蓄力量。

虽然"资方联盟"的计划早已是司马昭之心，但是国资股东依旧寄希望可以通过沟通来化解愈演愈烈的矛盾，达成一个令大家都满意的结果。为此，星海投资的副总经理杨美于 2020 年 5 月 × 日专程赴杭州，希望与杨子见面沟通协商，三天后又再次发微信给杨子表达沟通交流的意愿，但是，均未获得杨子的回复。此外，杨美分别于 5 月 4 日、5 月 5 日、5 月 15 日致电京基金董事长毛威，于 5 月 4 日、5 月 5 日微信联络毛威，并于 5 月 16 日通过短信与其进行联络，但毛威始终不接听电话、不回复微信和短信，也未做其他形式的任何回复。杨子、毛威二人的不合作态度，大大出乎星海投资的意料，沟通协商计划不得不搁浅，局势逐渐朝着不可控的方向发展……

在沟通协商未果后，国资股东不得不仓促展开自卫反击。2020 年 5 月 18 日，公司在回复上交所工作函中，由公司聘请的飞达律师事务所指出京基金与杨子共同投资成立了庆城投资，符合《上市公司收购管理办法》第八十三条中关于一致

---

① 资料来源：海亚于 2020 年 4 月 28 日在上海证券交易所网站（www.sse.com.cn）公告的《关于 2019 年年度股东大会增加临时提案的公告》。海亚于 2020 年 5 月 25 日在上海证券交易所网站（www.sse.com.cn）公告的《第七届十三次董事会决议公告》。

行动人认定的情形。因二者关于此事回复均未向公司说明并提供二者共同投资不构成《上市公司收购管理办法》第八十三条一致行动的相反证据，因而不能排除京基金和杨子不存在一致行动人关系。除此之外，国资董事吴建、监事杨美在回复函中提出京基金法人毛威和王般在道投资咨询有限公司、卓投资有限公司、首投资有限公司均有过共同投资合作记录，因此，王般作为独立董事的独立性值得商榷。

为了争取更多的时间，制定阻止"资方联盟"的作战计划，星海投资只得将年度股东大会召开的时间一拖再拖。2020 年 5 月 2× 日，海亚召开董事会。星海投资作为公司的第一大国资股东在会上明确表态，为了保证上市公司经营管理稳定，坚决反对小股东大规模更选董事会。因此星海投资提交了增加候选公司董事会非独立董事和独立董事的议案。随后，星海投资以作为全资国有企业，提交候选董事预案须履行上报审批流程为由，直接将 2019 年度股东大会延期至6 月底。

2020 年 6 月 1× 日，星海投资补充提交 2019 年度股东大会临时提案，提请补选朱昆为非独立董事、任建为独立董事。"资方联盟"则提交临时议案提请罢免董事长王双、副董事长刘德，提请补选杨齐、陈辰、孙燕、毛威为公司董事，郑雷、王般为公司独立董事。面对如此针锋相对的提案，"资方联盟"和国资股东到底谁能占据控制权高地，一切尚未可知！

6.3 短兵相接——"资方联盟"获得战略性大胜

2020 年 6 月底，延期近一个半月的年度股东大会终于如期举行，此次大会实到股东代表多达 110 人，出席会议的股东所持有表决权股份数占公司有表决权股份总数比例的 83.57%。

令人意外的是，本以为稳操胜券的国资股东竟在"资方联盟"的攻击之下毫无还手之力，一败涂地，其提案均未通过。原董事长王双、副董事长刘德最终以 56.56% 的同意票数惨遭罢免。而"资方联盟"杨子提名的董事杨齐、陈辰、孙燕和独立董事郑雷悉数当选，京基金实际控制人毛威也成功当选为公司董事。

在 2019 年度股东大会结束后，海亚随后就召开了董事会会议，杨子当选为海亚董事长。至此，仅持有 4% 股权的小股东杨子在强大的"资方联盟"支持下不仅在董事会中独占四个席位，而且还顺利成为了董事会的当家人，"资方联盟"合计占据董事会 6 个席位，首战告捷，牢牢地把握住了董事会的控制权，国资股东在董事

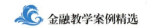

会上再无法与其有效制衡。

7　解聘总经理和董事会秘书

7.1　解聘总经理肖风[①]

2020年6月底召开的股东大会所引起的波澜尚未平息，"资方联盟"便马不停蹄再次发起进攻以巩固战果。

股东大会召开次日，海亚再次召开董事会会议。原定本次会议是选举副董事长以及董事会相关专门委员会成员，但是，京基金在会议召开前，于现场提交临时提案，提请罢免公司总经理肖风，"资方联盟"开始正式向高级管理层发起进攻。

尽管总经理肖风以及董事吴建和独立董事梁双在董事会上据理力争，质疑杨子以及毛威等人召开紧急董事会的程序问题，但双拳难敌四手，最终总经理肖风被罢免，毛威成功当选副董事长。

2020年7月×日，杨子主持召开董事会，会议通过了审计公司在建工程的议案。8月1×日，海亚召开董事会，审议通过了重新制定公司董事会议事规则、修订公司章程的议案。杨子等人希望通过修改《公司章程》《董事会议事规则》的方式来使罢免总经理肖风的程序更加合理。

7.2　解聘董事会秘书丁夏[②]

自2020年6月底公司董事会人员大比例更迭后，虽然杨子等人已经在董事会中占据绝对多数，但是其对高管的罢免，仍然遭到公司高管及部分股东的抵制，并未完全实现对公司的控制，董事会与管理层的矛盾愈演愈烈。杨子等人为了进一步实现对公司的控制，将目标转向了公司的信息披露权以及公章的控制权，意图通过对信息披露通道和公章的控制来实现对公司的掌控。

2020年7月×日，杨子等人在丁夏拒不合作的情况下，以紧急事务为由召开公

---

① 资料来源：中国证券监督管理委员会某市监管局行政监管措施决定书《关于对杨子、毛威采取出具警示函措施的决定》。海亚于2020年7月16日在上海证券交易所网站（www.sse.com.cn）公告的《第七届十七次董事会决议公告》。海亚于2020年8月20日在上海证券交易所网站（www.sse.com.cn）公告的《第七届二十一次董事会会议决议公告》。

② 资料来源：海亚于2020年7月30日在上海证券交易所网站（www.sse.com.cn）公告的《第七届二十次董事会会议决议公告》。

司董事会。在会上杨子指出"公司董秘丁夏违反公司法、公司章程等规定，屡次违反董秘职责，擅自信披"，并向董事会提交了《关于解聘公司高级管理人员的议案》。

此次董事会会议极其草率。董事会从召开到结束，会议时长竟不超过二十分钟，且会议期间没有任何唱票和监票。无论是从会议的召集程序还是公然取消唱票和监票都严重违反了上市公司章程相关规定，但是《关于解聘公司高级管理人员的议案》却在董事会上通过了。在成功罢免董事会秘书后，杨子等人加紧了夺取公章和EK密码的脚步。2020年8月1×日，杨子主持召开董事会，审议通过四项议案，分别是《关于重新制定公司董事会议事规则的议案》《关于修订公司章程的议案》《关于购买董监高责任险的议案》《关于同意公司重新获取印章证照的议案》。

值得注意的是，此次董事会第四项决议专项授权杨子处理重新获取印章证照的相关事宜，并确认在重新取得公司印章证照之前，杨子的签字具有代替公司印章的对外效力。这也是杨子欲夺取公司公章控制权的又一尝试。

8 屡屡呛声——监事会"在劫难逃"

监事会是股东大会领导下的公司的常设监察机构，执行监督职能。监事会与董事会并立，独立地行使对董事会、总经理、高级管理人员及整个公司管理的监督权。自杨子等人对董事会进行大规模重组后，监事会一直作为国资股东向外发出声音的通道。

8.1 监事会初次发声

2020年7月×日，监事会加入了对抗"资方联盟"的斗争中。监事会坚决表明第七届董事会第十六次会议上京基金提出罢免总经理肖风先生的议案不属于临时董事会会议的紧急情况。同时，监事会还明确指出董事毛威在2019年10月因涉嫌实施操纵证券市场违法行为被中国证监会上海证券监管专员办事处立案调查，并在2020年3月被上海证券交易所予以通报批评并记入上市公司诚信档案。但是，京基金在提名毛威为董事候选人的临时提案中，并未如实告知相关内容。因此，监事会质疑京基金信息披露内容的完整性和真实性。监事会和董事会的正面交锋正式开始。

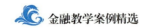

8.2 董事会、监事会两会再交锋

在海亚第七届董事会第二十次会议通过了罢免董事会秘书丁夏的议案后，2020年8月，监事会发函回复上交所关于公司罢免董秘的意见。监事会认为第七届董事会第二十次会议解聘董秘的理由不成立，会议的召开缺乏必要性和紧急性，且召集召开程序不符合相关规定。监事会又一次站在了董事会的对立面，董事会和监事会的意见越发针锋相对。

2020年8月1×日，公司监事会收到关于涉及公司印章证照被违规把持、董事长要求重新获取印章证照并保管、使用等紧急事项的董事会会议通知。时任监事长王利提议召开监事会临时紧急会议，会议审议通过了《关于〈采取必要措施防止公司因董事杨子等人的不当行为而造成重大损害〉的议案》。

公司监事会明确表态，公司公章、证照一直按照公司印章管理制度的规定，处于妥善保管的状态，且不存在任何人违反规定擅自使用或盗用的情形。而对于杨子提议修改公司章程、董事会议事规则以及由其保管使用印章证照、董事会拟授权杨子的签字具有代替公司印章的对外效力等内容，公司监事会认为其旨在肆意扩大董事长职权，为干预、操控上市公司经营管理预留空间，有违上市公司治理准则及内控制度的基本要求。

基于以上情况，一方面，公司监事会向公司董事会、董事长杨子正式发出函件，要求其将提出的不当议案进行修改；另一方面，公司监事会就公司第七届董事会改组后的非正常运行情况、杨子等董事的一系列不当行为，报告证监局以及上海证券交易所。

8.3 董事会、监事会矛盾再升级

监事会与董事会的纷争并没有停止。2020年8月，时任监事长王利主持召开第七届监事会第十一次议，此次会议针对公司半年报提出的"公司目前面临的主要风险为被解聘总经理等人干扰新任董事会"和"公司实际控制人未发生变更，仍为星海投资"的表述提出异议。监事会认为，公司股东星海投资已不再对公司享有控制权，公司控制权发生变更已经成为事实。根据公司聘请的高问律师事务所出具的法律意见书，不排除杨子和京基金互为一致行动人的可能，不排除杨子与公司其他股东之间存在尚未披露的一致行动或其他利益安排。此外，监事会对半年报中所提及的公司核心竞争力、可能面对的风险、股东变动情况、实际控制人等内容也有不同意见。

监事会连续不断地与董事会发出不同声音，彻底惹恼了"资方联盟"，也让杨子等人认识到了掌控监事会的重要性，于是"资方联盟"决定向监事会开刀。2020年8月×日，京基金提出临时议案，提请罢免公司监事王利、杨美、张洪，并提名增补王玉、孟灵、周莹为公司第七届监事会监事候选人。

公司权力的争夺日趋白热化，终局之战，即将到来！

9 终局之战，大局已定

9.1 一败再败——国有股东彻底被清洗出局

在杨子成功改组董事会，获得董事会控制权后，大股东星海投资怎能甘心将公司控制权拱手让人，于是在 2020 年 7 月提请召开 2020 年第一次临时股东大会，提请罢免董事陈辰、独立董事郑雷，并提请增补朱昆为公司董事、任建为独立董事，向杨子等人展开反击。

"资方联盟"也不甘示弱，有条不紊地筹划最终的进攻，于 2020 年 7 月提请增加 2020 年第一次临时股东大会临时议案，提请罢免国资董事吴建、独立董事梁双，并请国资另行委派合格董事。随后在 8 月×日，杨子提请增加 2020 年第一次临时股东大会《关于重新制定公司董事会议事规则的议案》《关于修订公司章程的议案》《关于购买董监高责任险的议案》的临时议案。紧接着 8 月 28 日，杨子提请补选李双作为独立董事人选，京基金提请罢免监事王利、杨美和张洪，并提请增补王玉、孟灵和周莹为公司第七届监事会监事人选。

一切准备就绪，万事俱备，只欠东风。

2020 年 9 月×日，海亚如期召开 2020 年第一次临时股东大会，杨子提名的非独立董事陈辰、独立董事郑雷安然无恙，且"资方联盟"所提名的王玉、孟灵、周莹均成功当选监事。而国资董事吴建、独立董事梁双、监事长王利、监事杨美、监事张洪均惨遭罢免。此外，此次会议还成功通过了关于重新修订公司章程、董事会议事规则、印章相关规定的议案。没有想象中的逆风翻盘，国资股东再次一败涂地，完全被清洗出局。至此，杨子、毛威等为代表的"资方联盟"彻底控制了董事会、监事会。对于这个结果，无论是被解聘的原国资股东，还是在任的公司人员，都只能感叹惋惜却束手无策。

9.2 "宫斗大戏"落幕——高管联袂辞职

据海亚公告，2020 年 9 月×日公司收到联名书面辞职报告，四位副总经理均因

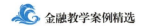

个人原因辞去在公司担任的副总经理和其他一切职务。辞职后，上述人员均不在公司担任任何职务。

至此，公司原国资股东成员被彻底清洗出局，标志着继董事会和监事会之后，"资方联盟"对高级管理人员的"清洗"也顺利完成。

10　未了局①

海亚公司控制权争夺战暂时告一段落，但仍有许多问题尚未得到解决。

10.1　提请诉讼

2020年7月×日，市人民法院受理原告麦克集团、神舟游艺城、肖风诉公司决议撤销纠纷（关于罢免肖风的决议）一案。

2020年8月×日，原告麦克集团、神舟游艺城、肖风提交《增加诉讼请求申请书》。原告申请增加诉讼请求，请求撤销公司第七届董事会第二十次会议于2020年7月×日作出的《关于解聘公司高级管理人员的议案》的会议决议。

2020年9月×日，市人民法院受理原告本公司股东星海投资请求撤销2020年8月×日第七届董事会第二十一次会议作出《关于同意公司重新获取印章证照的议案》的决议。

目前这些诉讼的结果尚未可知，若是诉讼出现转机，国资股东仍存有逆风翻盘的希望。

10.2　双方律所各为其主

2020年9月×日，海亚2020年第一次临时股东大会在当天下午如期举行。令人意外的是，当天竟有两家律师事务所人员在场。其中一家是由公司聘请的并已为公司服务多年的飞达律师事务所，另一家是由新任董事会最新聘请的添义律师事务所。

在会议开始前，两家律所针对座位问题发生了一些小摩擦。对于此次股东大会，除了现场的争执，两家律所最终给出的法律意见也不尽相同，甚至一些基础数据也大相径庭。如对于出席此次股东大会现场会议的股东及股东委托代理人一项，添义

---

① 资料来源：海亚分别于2020年7月9日在上海证券交易所网站（www.sse.com.cn）公告的《关于公司涉及诉讼的公告》、2020年8月15日公告的《关于公司涉及诉讼的进展公告》、2020年9月4日公告的《关于公司涉及诉讼的公告》。

的统计数据是 13 人，而飞达的统计数据是 79 人。这已经不是第一次出现两家律所法律意见"打架"的情况了。

自杨子等人重组董事会开始，在罢免肖风、丁夏及修改公司章程、董事会议事规则、回复上交所的问询以及对监事会重组的认定等事项上，杨子与公司双方分别聘请了不同的律师事务所为各自辩护，分别出具了各自的法律意见书。然而每一次双方律所意见书的内容都截然不同、各执一词。这无疑会给投资者带来很大的困扰，孰是孰非，孰黑孰白，还要交给时间来给出答案。

10.3 悬念尚存——大股东能否东山再起

虽然在 2020 年 9 月×日召开的海亚 2020 年第一次临时股东大会上，星海投资被彻底清洗出局，失去了对海亚的控制权，但是作为大股东，星海投资仍拥有表决权、提案权等各种权利。此前，星海投资在回复上交所《问询函》中关于星海投资是否有巩固控制权的计划时，明确表态不放弃上市公司控制权，具体巩固控制权的计划还在制定。

2021 年 2 月×日，在海亚召开的 2021 年第一次临时股东大会上，大股东星海投资提名的独立董事任建和非独立董事吴建均成功当选，而由杨子提出的《关于公司 2021 年度对外担保计划及授权的议案》却首次未能通过，2021 年 4 月×日，在海亚召开的 2021 年第二次临时股东大会上，该议案再次遭到否决。

11 结 语

海亚 2002 年就已上市，经过第一大股东变更，多次项目投资重大决策的变动，能有今天的成绩，都是一路披荆斩棘乘风破浪拼出来的，更是凝聚了无数人的心血与汗水。

从 2020 年 4 月份开始截止到 2020 年 9 月×日，海亚的控制权之争持续了近半年，当敌意、指责、冲突成为主旋律，围观者也不禁感慨何至于此？同业者或在养精蓄锐，或正筹谋长远，而海亚被贴上了"混乱"的标签，影响了其在资本市场的形象，公司能否快速恢复元气亦令人担忧。

股东大会、董事会、监事会成了新老股东之间内斗的角斗场，经营改善方案却迟迟未落地。接下来，不论是哪一方获得最终胜利，都要回归到上市公司经营上来，都要回归到维护股东的利益上来。

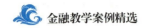

Case Study of Hai Ya's Fight for Control Power

Abstract: From April to September in 2020, state shareholders and "Funding Association", represented by Zi Yang and Jing Fund, had a huge conflict towards the control power of Hai Ya, which resulted in an overwhelming success of "Funding Association" and aroused great attention from the public and general investors. This case is centered on the control power conflict over Hai Ya and is detailed in discussing how the "Funding Association" conducted a thorough management cleaning to the board of directors, the board of supervisors and senior managers of the target company, namely Hai Ya, to get hold of the majority control power. This case study is also aimed at guiding students to further discuss academic knowledge from various perspectives, including the ownership structure within firms, the balanced relationships between shareholder meetings, board of directors, board of supervisors and senior managers, takeover and antitakeover tactics, as well as the validity of financial information disclosure within listed firms.

Key words: Corporate Control; Ownership Structure; Corporate Governance; Merger and Acquisition; Information Disclosure

 案例使用说明

一、教学目的与用途

1. 适用课程：公司治理、公司金融、公司资本运营、公司并购与重组。

2. 适用对象：金融专业硕士、MBA 和 EMBA 的学生，具有一定工作经验的企业管理人员及经济类、工商管理类相关专业本科学生。

3. 教学目的：通过回顾由杨子与京基金为代表的"资方联盟"与国资股东之间关于海亚公司控制权的争夺战，引导学生思考我国公司治理存在的问题，以及股权相对分散的上市公司应如何应对收购的问题。案例重点阐述"资方联盟"如何一步一步清洗董事会、监事会以及高级管理人员，描述了"资方联盟"中小股东是如何不断增持股份并成功提名董事、国有股东是如何逐渐失去控制权，以及在这一过程中律师事务所、监事会、董事、总经理分别扮演了什么角色。最后展示了海亚公司控制权之争的现状与其未来所要面对的不确定性，目的是引导同学们对该事件的进一步关注与思考。

二、启发思考题

以下几个思考题可以预先布置给学生，让学生可以在阅读案例中进行思考：

1. 公司治理的关键在于"制衡"，思考正常状态下董事会、监事会、股东大会以及高级管理层之间如何实现有效制衡，并分析海亚在公司控制权争夺的整个过程中"三会一层"的制衡关系发生了怎样的变化？

2. 结合案例试判断"二股东"京基金及其一致行动人的增持行为是否构成敌意收购？若是敌意收购，海亚原有股东可以采取哪些反收购策略？

3. 《公司章程》作为公司的"宪法"，其对于公司的重要性不言而喻，那么对《公司章程》修改需要满足哪些条件、履行哪些程序？结合海亚2020年第一次临时股东大会对《公司章程》进行的修改，试分析此次修改的合规性。

4. 在海亚公司控制权争夺的过程中，公司和新任董事分别聘任了不同的律师事务所并多次出具意见相左的法律意见书，请结合案例，分析并思考上市公司是否可以聘任两家律师事务所？律所又应如何扮演好自己的角色？

5. 2020年8月27日，在海亚第七届董事会第二十二次会议上，董事毛威表示"2020年8月24日公司已经解除肖风的劳动合同，其和公司已经不存在劳动关系，其没有资格再继续担任职工代表董事。"值得注意的是，肖风于9月16日才向公司辞去董事职务，并在此之前仍分别参加了8月27日和9月7日的董事会。请结合案例和有关规定试判断公司对职工董事肖风解除劳动合同的决定是否有效？如若有效，肖风是否有资格参加后续的董事会会议？

三、分析思路

教师可以根据教学目标灵活使用本案例，本分析思路仅供参考。具体思路如下：

1. 透过控制权之争全过程分析公司"三会一层"的制衡关系的变动。

2. 分析京基金及其一致行动人的增持行为是否构成了收购行为，若为恶意收购，海亚应该采取何种反收购策略，并对在使用时可能带来的利益得失进行探讨。

3. 结合《公司法》、《公司章程》等相关规定判断《公司章程》修改的合规性。

4. 通过两家律师事务所出具意见相左的法律意见书这一现象来思考我国资本市场信息披露上存在的问题以及相应的改进措施。

5. 多角度分析"海亚控制权争夺战"所带来的启示与借鉴。

四、理论依据与分析

1. 公司治理的关键在于"制衡"，思考正常状态下董事会、监事会、股东大会以及高级管理层之间如何实现有效制衡，并分析海亚在公司控制权争夺的整个过程中"三会一层"的制衡关系发生了怎样的变化？

（1）"三会一层"的制衡关系。

①董事会。公司治理最重要的部分就是董事会治理，董事会掌握着整个公司的控制权，是公司各项决策的中心，是公司各方利益进行角逐的场所。董事会有权选聘和激励主要经理人员；对全体股东负责和向股东报告公司的经营状况，以确保公司的管理行为符合国家法规；进行战略决策，制定政策和制度并履行监督职责。

②监事会。监事会是股东大会领导下的公司的常设监察机构，执行监督职能。监事会与董事会并立，独立地行使对董事会、总经理、高级职员及整个公司管理的监督权。为保证监事会和监事的独立性，监事不得兼任董事和经理。监事会对股东大会负责，对公司的经营管理进行全面的监督，包括调查和审查公司的业务状况、检查各种财务情况并向股东大会或董事会提供报告、对公司各级干部的行为实行监督并对领导干部的任免提出建议、列席董事会并对公司的计划、决策及其实施进行监督等，必要时，可根据法规和公司章程，召集股东大会。

③股东大会。股东大会是股份公司的最高权力机关，它由全体股东组成，对公司重大事项进行决策，有权选任和解除董事，并对公司的经营管理有广泛的决定权。股东大会的权力是终极的和绝对的：作为公司的最高权力机构，它有权对公司的一切重要事务作出决议，董事会成员和监事会成员均由股东大会选举产生，董事会和监事会均需对股东大会负责。

如图1所示，股东大会作为公司的最高决策机关和权力机关；董事会是公司的执行机关，对股东大会负责，遵守股东大会的决议，指导公司业务的执行；监事会是公司的监督机关，对股东大会负责，对董事长、董事会和经理层执行公司管理事务和会计事务实行监察。监事会作为与董事会平行、对等的机构，都直接对股东大会负责；监事会与董事会相互独立，互不隶属。这种治理结构是政治上三权分立思想在公司机关构造上的具体体现，理论上讲是最完美的模式，但实际效果如何呢？让我们结合此次海亚控制权之争过程中制衡关系的变化进行思考。

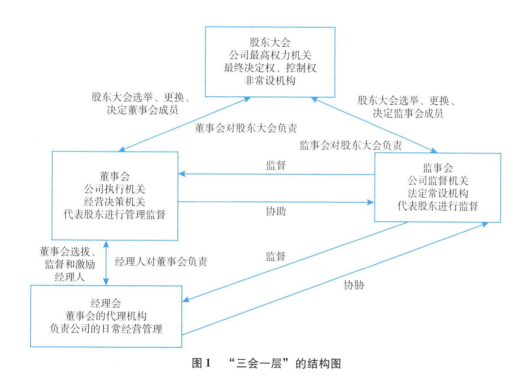

图1 "三会一层"的结构图

（2）"资方联盟"入局后"三会一层"制衡关系的变化过程。

杨子刚进入董事会就占据了董事会三个席位，而星海投资和麦克集团分别占据两个席位，总经理兼任职工代表董事的肖风充当着粘合剂，兼顾各方面利益，此时董事会的内部制衡作用依然存在。

自2019年年度股东大会后，杨子及其提名董事人占据了董事会大多数席位，成功夺取了董事会的控制权。作为第一大股东的星海投资仅占两个席位，尽管其仍是持股第一的大股东，但其在董事会中已经左右不了大局，董事会彻底变成了"资方联盟"的一言堂，内部制衡机制已经开始失效。

对于新任董事会解聘总经理、董事会秘书，修改《公司章程》等决议，监事会持续发出不一样的声音，对董事会的决议提出质疑。这体现了监事会作为监督管理机构对董事会的监督制衡作用，也凸显出监事会在公司治理中的重要性。

在意识到监事会的重要性后，"资方联盟"便展开了对监事会的人员"清洗"。2020年第一次临时股东大会后，监事会也彻底落入"资方联盟"的掌控。至此，公

司"三会一层"之间的制衡机制彻底失效。

2. 结合案例试判断"第二大股东"京基金及其一致行动人的增持行为是否构成敌意收购？若是敌意收购，海亚原有股东可以采取哪些反收购策略？

（1）何为敌意收购？

收购是公司的一种资本运作手段，收购可以分为善意收购和敌意收购。善意收购指的是潜在收购者同目标公司协商，经目标公司同意之后，直接收购该公司。敌意收购指的是不与目标公司协商，不管目标公司是否同意，直接采取的收购活动。潜在的收购者在敌意收购之后，基本上都会改组董事会或更换管理层。因此，对于目标公司的董事会和管理层来说，敌意收购就是敌意接管。一般来说，协议收购属于善意收购，而集中竞价收购和要约收购属于敌意收购。

在资本市场上，一般不会直接采用敌意收购，而是首先会以善意收购开始。当潜在的收购者决定对目标公司进行收购时，一般会首先与目标公司的董事会或管理层进行沟通，提出收购建议。如果目标公司的董事会或管理层同意这个收购建议，双方就会进一步详细讨论收购交易的细节，从而完成协议收购。而如果目标公司董事会或管理层拒绝了并购建议，则潜在的收购者就有可能发动敌意收购，达到敌意接管的目的。

（2）《上市公司收购管理办法》规定的收购预警制度。

要想判断京基金及其一致行动人的增持行为是否构成敌意收购，先看一下我国《上市公司收购管理办法》规定的收购预警制度（见表 1）。

表 1　　　　　　　　　　收购预警制度相关指标规定

预警界限	完成动作	表决权限制
初次持股 5%	通过证券交易所的证券交易，投资者持有或者通过协议、其他安排与他人共同持有一个上市公司已发行的有表决权股份达 5% 时，应当在该事实发生之日起三日内予以公告	违反前述规定买入上市公司有表决权股份的，在买入后的 36 个月内，对该超过规定比例部分的股权不得行使表决权
增/减幅度达 5%	投资者持有或者通过协议、其他安排与他人共同持有一个上市公司已发行的有表决权股份达 5% 后，其所持有该上市公司已发行的有表决权股份比例每增加或者减少 5%，应在该事实发生之日起三日内予以公告	
增/减幅度达 1%	投资者持有或者通过协议、其他安排与他人共同持有一个上市公司已发行的有表决权股份达 5% 后，其所持有该上市公司已发行的有表决权股份比例每增加或者减少 1%，应当在该事实发生的次日通知该上市公司，并予公告	—

根据表1，我们再来看一下京基金及其一致行动人的增持过程：

第一次增持：2019年7月×日增持股份至5.2%，次日公司发布简式权益变动报告书；第二次增持：2019年7月1×日增持股份至10.11%，三日后公司发布简式权益变动报告书；第三次增持：2019年7月2×日增持股份至15.00%，次日公司发布简式权益变动报告书。

京基金及其一致行动人在增持过程中虽不断达到收购的预警界限，但其在增持后相应的完成动作即相关公告的发布始终符合《上市公司收购管理办法》的相关规定，但这并不等于说京基金在短时间内的大量增持行为具有合理性，这无疑对持股仅24.03%的第一大股东星海构成了潜在的压力，面对"资方联盟"的不断增持，公司原有股东又该采取何种反收购策略呢？

（3）反收购策略介绍。

①"毒丸计划"。正式名称为"股权摊薄反收购措施"，在中国实施时只能采用定向增发的方式。当一个公司一旦遇到敌意并购时，尤其是当收购方占有的股份已经达到10%～20%的时候，公司为了保住自己的控股权，就会大量低价增发新股。目的就是让收购方手中的股票占比下降，也就是摊薄股权，同时也增大了收购成本，目的就是让收购方无法达到控股的目标。对于公司而言，可以进行大规模的定向增发，摊薄竞争对手的股权，使自己的盟友持有更多的股份。但是根据公司章程规定，增发股份属于股东大会特别决议类型，必须经由出席股东大会的股东所持表决权的三分之二以上通过，若"资方联盟"成员在股东大会投出反对票，则"毒丸计划"很难施行。

②"白衣骑士"。在敌意收购发生时，目标公司的友好公司作为第三方出面来解救目标公司、驱逐敌意收购者。目标公司与"白衣骑士"签订锁定协议，主要是股份锁定、资产锁定和非售协议。公司面对潜在的收购风险，可以通过定向增发，引入新的投资者，并与其成为一致行动人。

③"焦土计划"。目标公司大量出售公司资产，或者破坏公司的特性，以挫败敌意收购人的收购意图。出售"皇冠之珠"常常是"焦土计划"的一部分。此法可谓"不得已而为之"，因为要除掉企业中最有价值的部分，以使公司原有价值和吸引力不复存在，进而打消并购者的兴趣。公司可以通过大量举债、高价购买不必要资产等这种"自残"做法来拉低股价，股价持续暴跌时，京基金的高杠杆资产有可能被强制平仓。但是这种"杀敌一万、自损八千"的做法不符合公司众多中小股东的利益，在这种关键时刻，更需要的是团结中小股东。此外，做低股价并不一定会逼退来势汹汹的"资方联盟"，反而"资方联盟"有可能会因为成本降低而增持的可能性升高。

④"驱鲨剂条款"。"驱鲨剂条款"就是在公司章程中针对恶意并购和敌意接管

在控制权方面做出相应安排，使得潜在的收购者即使收购了看起来足够多的股票，但也难以获得对公司的控制权。"驱鲨剂"作为一种日常管理措施，由于具有成本低、灵活性大的优点，往往能起到事半功倍的效果。具体来说，主要有轮换董事制度、超级多数决议条款、股东持股时间条款、董事资格限制条款、股东在提名董事人数方面的限制条款等。但此项条款主要是起到预防作用，就目前公司情况来看，"资方联盟"已逐步取得公司控制权，若公司可以在更早阶段采取"驱鲨剂条款"，也许会在一定程度上对"资方联盟"的控制权起到限制作用。

3. 《公司章程》作为公司的"宪法"，其对于公司的重要性不言而喻，那么对《公司章程》修改需要满足哪些条件、履行哪些程序？结合海亚2020年第一次临时股东大会对《公司章程》进行的修改，试分析此次修改的合规性。

《公司章程》是公司设立的最基本条件和最重要的法律文件，无论在哪一个国家注册公司，首先都需要订立章程。《公司章程》规定了公司组织和活动的原则和细则，是公司内外活动的基本准则。由此可见，《公司章程》是公司最重要的法律文件，相当于企业的"宪法"。符合《公司章程》的行为受国家法律保护，违反章程的行为，就要受到干预和制裁。《公司章程》对于整个公司的股东、董事、监事以及高级管理层人员都具有约束作用。所以，关于《公司章程》的修改一定要严谨合规，才能有利于公司健康稳定地发展。

（1）上市公司在什么情况下可以修改《公司章程》？根据《关于修改〈上市公司章程指引〉的决定》第一百八十八条的相关规定，有下列情形之一的，公司应当修改章程：《公司法》或有关法律、行政法规修改后，章程规定的事项与修改后的法律、行政法规的规定相抵触；公司的情况发生变化，与章程记载的事项不一致；股东大会决定修改章程。

（2）公司章程的修订程序。根据我国《公司法》的规定，公司章程的修改应该按照以下程序修改：①由公司董事会根据修改公司章程的决议提出章程修改草案。②股东会对章程修改条款进行表决。有限责任公司修改公司章程，须经代表三分之二以上表决权的股东通过；股份有限公司修改章程，须经出席股东大会的股东所持表决权的三分之二以上通过。

（3）公司在2020年第一次临时股东大会关于《公司章程》的修改。将《公司章程》第一百一十九条董事长的职权范围增加了"本章程、公司《董事会议事规则》、公司其他内部制度规定授予的其他职权"，但《董事会议事规则》、公司其他内部制度均不得在《公司章程》以外对董事长授予职权。

本次《公司章程》的修订是否违反《上市公司章程指引》第一百一十二条"董

事会应谨慎授予董事长职权，例行或长期授权须在章程中明确规定"以及《上市公司治理准则》第三十三条"董事会授权董事长在董事会闭会期间行使董事会部分职权的，上市公司应当在公司章程中明确规定授权的原则和具体内容。上市公司重大事项应当由董事会集体决策，不得将法定由董事会行使的职权授予董事长、总经理等行使"的规定仍有待商榷。

此次《公司章程》的修改，为杨子扩大其董事长职权提供了制度性的支持，进一步提高了其对海亚的控制。

4. 在海亚公司控制权争夺的过程中，公司和新任董事分别聘任了不同的律师事务所并多次出具意见相左的法律意见书，请结合案例，分析并思考上市公司是否可以聘任两家律师事务所？律所又应如何扮演好自己的角色？

（1）首先，我们来回顾一下公司历次出现的律师事务所意见相左的具体事件（见表2）。

表2 　　　　　　　　　　　　意见相左事件明细

项目	新任董事聘用律师事务所	公司聘用律师事务所
2020年6月底召开的董事会会议		
意见相左的问题	德行律师事务所	高问律师事务所
焦点问题一：公司召开紧急会议是否符合相关规定及理由？	根据本次董事会会议的相关会议资料，各董事已就本次董事会会议审议事项予以表决，且6名董事投票赞成本次会议的审议议案，该6名董事（超过全体董事的半数）已以其投票行为认可本次会议召集符合《公司章程》及《董事会议事规则》有关"情况紧急"的规定。本次会议的召集、召开、表决程序合法有效，董事会审议事项属于董事会职权范围，本次董事会的决议合法有效，符合《公司法》《公司章程》及《董事会议事规则》的有关规定	本次董事会会议由代表1/10以上表决权的股东提议召开，尽管属于《董事会议事规则》规定的应当召开临时会议的情况，但是在审议事项不构成紧急情况并且有董事对此提出异议的情况下，应严格按照《公司章程》和《董事会议事规则》的有关规定，提前5日发出书面会议通知，提交全体董事和监事。因此，本次董事会会议的召集程序违反《公司章程》和《董事会议事规则》的有关规定
焦点问题二：股东杨子和京基金是否存在一致行动关系？	根据杨子及京基金出具的说明与承诺并经本所律师核查，京基金及其实际控制人毛威与杨子不存在关联关系	杨子与京基金共同出资设立合伙企业，属于《上市公司收购管理办法（2020修正）》第八十三条第（六）款规定的"互为一致行动人"的情形。结合杨子和京基金作为公司股东在2019年度股东大会的投票情况、杨子作为董事和京基金提名的董事毛威在公司最近三次董事会会议的表决情况，在杨子和京基金不能提供相反证据的情况下，现有证据资料不能排除杨子与京基金互为一致行动人

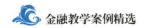

续表

项目	新任董事聘用律师事务所	公司聘用律师事务所
	2020 年 7 月底召开的董事会会议	
意见相左的问题	添义律师事务所	飞达律师事务所
焦点问题一：本次紧急召集召开董事会的具体事由和必要性。	公司认为原董事会秘书违反《公司法》以及《上市公司信息披露管理办法》相关规定，已严重损害上市公司利益，不适宜继续担任董事会秘书。鉴此，本律所认为，本次董事会会议的审议关于解聘原董事会秘书的必要性成立	根据本所律师向公司了解情况并检索公开信息，董事会秘书丁夏不存在不得担任上市公司董事会秘书或应被上市公司解聘的下列情形，本次紧急召集召开董事会没有必要性
焦点问题二：本次董事会召集召开程序是否合规？	本律所认为，本次董事会会议的召集、召开、表决程序合法有效，董事会审议事项属于董事会职权范围，本次董事会的决议合法有效，符合《公司法》《公司章程》及《董事会会议规则》的有关规定	本律所认为，本次会议通知未给董事预留足够的时间，未就拟审议事项提供足够资料，无法保障董事对于拟审议事项内容的充分了解，无法保障董事的正常履职，违反了《上市公司治理准则》等法律、法规、规范性文件以及《公司章程》《董事会议事规则》的规定
焦点问题三：重新制定的《董事会议事规则》是否具有法律效力？	本所律师认为：本次股东大会的议案以及表决程序、表决结果，均符合《公司法》《证券法》等法律法规、规章、规范性文件以及《公司章程》的有关规定，本次股东大会通过的决议合法有效	本律所认为：表决结果中，第 7 项议案《关于重新制定公司董事会议事规则的议案》违反了《公司章程》的规定，不发生法律效力

资料来源：根据海亚公开资料整理。

从表 2 可以看出，两家律所各为其主的现象伴随着"资方联盟"的每一次进攻而出现。在 2020 年 7 月底召开的董事会中，关于解聘董秘丁夏所召集的紧急会议的合理性，添义和飞达律师事务所分别发表不同意见；2020 年度第一次临时股东大会，添义和飞达在关于《董事会议事规则》的修改问题上仍持有相反意见。

（2）一家公司是否可以同时聘用两家律师事务所？答案是可以。我国法律没有规定禁止一家公司或者企业聘用两家律师事务所作为法律顾问。尤其是现在很多业务量比较大的公司，通常聘请两家甚至两家以上的律师事务所担任法律顾问。其中比较典型的是国有大型企业、保险公司，等等。因为很多律师事务所的业务侧重点有所不同，比如有的律所是重点审查合同，有的则是针对企业上市，有的是针对对外诉讼业务，有的是针对公司内部劳动合同，等等，同时聘用不同的律师事务所作为法律顾问，明确分工，相互配合，有利于公司更加健康稳定的发展。

（3）律所扮演的角色。律师事务所作为第三方提供专业服务的中介机构，对发行人、上市公司信息披露的内容具有重要影响。律师根据专业知识对信息进行调查和审核，并提出公正、客观的专家意见，保证所披露信息真实、准确、充分、完整，其审核调查后认可的信息和出具的专家意见是投资者进行投资决策的重要依据。因此，律师事务所的诚信就成为证券市场最重要的防线之一。它们可以监督和规范上市公司的活动，从而使投资者少受虚假、错误信息的诱导，使其利益得到保护。特别是负有独立、客观、公正、审慎查验受托事项义务的律师，其职责即在于为受托事项的合法性出具法律意见，保护投资者和公众利益，证券律师的专业人士身份决定了他们应当对公众负有职责。换一个角度观察，监管机构实际是通过要求各中介机构参与及担负相应的法律责任，来加强对发行人、上市公司以及整个证券市场的监管。

（4）律所的两难。律师在扮演投资者利益保护者角色的同时，尚有一个更为根本的身份——委托人的忠实代理人，他们接受了委托人的委托和报酬，就必须为后者的利益服务。当委托人利益与公众利益发生冲突时，负有双重身份的律师就会面临如何平衡两者的困难。一方面，律师必须公正、客观、独立地进行执业操作，履行职业责任；另一方面，律师所从事的是营利性的商业活动，在不违反有关制度和职业操守的前提下，律师必须尽量维护其委托人的利益。正因为这种两难存在，部分律师事务所为了自己的商业利益不能忠实履职，海亚控制权争夺战中才会出现不同律所各为其主的现象，给投资者带来极大的困扰，无从判断孰是孰非。

（5）关于注册制改革下我国上市公司信息披露制度的探讨。2020 年 3 月，经十三届全国人大常委会第十五次会议审议通过的新修订的《中华人民共和国证券法》正式开始实施，标志着我国证券发行制度由"核准制"迈入"注册制"时代。注册制改革是一项系统性工程，需要与之匹配的新型信息披露制度的支撑。

如今我国资本市场信息披露领域仍有很多问题需要改善，其中最突出的便是资本市场各主体之间的信息不对称问题，如何在保证信息披露质量的情况下，疏解存在于各主体之间的信息不对称，从而促进资本市场良性发展，是现阶段我国资本市场高质量发展的一个重要难题。

借鉴境外经验和做法，应继续完善我国信息披露制度。其一，应当对信息披露的内容和方式进行简明化、有效化改革。其二，应当树立"投资者导向"的披露机制基本逻辑，注意发挥多元主体在信息披露机制中的合力。其三，加大行政稽查力度，改革会计行业监管，鼓励市场机构参与披露监管，引导完善民事诉讼制度。综上所述，基本思路是在注册制下继续深化观念和逻辑的转换，通过信息披露系统内的优化与系统外的辅助，打破"信息堆积""披露低效"的局面，形成多方博弈协作的良性循环，提升上市公司质量，加强投资者保护。

总的来说，从上市公司的角度来看，信息披露的目的就是为了尽量减少股东和董事会之间、董事会和经理人以及其他利益相关者之间的信息不对称问题，从而使得信息使用者能够了解更多的有关公司的真实信息，作出正确的投资决策。良好的信息披露制度，对保护广大投资者的合法权益具有重要意义。

5. 2020 年 8 月 2×日，在海亚董事会会议上，董事毛威表示"2020 年 8 月 2×日公司已经解除肖风的劳动合同，其和公司已经不存在劳动关系，其没有资格再继续担任职工代表董事。"值得注意的是，肖风于 9 月 1×日才向公司辞去董事职务，并在此之前仍分别参加了 8 月 2×日和 9 月×日的董事会。请结合案例和有关规定试判断公司对职工董事肖风解除劳动合同的决定是否有效？如若有效，肖风是否有资格参加后续的董事会会议？

（1）职工董事。

职工董事是由职工代表大会或工会会员大会民主选举产生，依照法律程序进入董事会代表职工行使决策的职工代表。职工董事不仅为董事会收集和反映来自广大职工群众的意见、呼声、愿望和要求，而且在参与决策和监督的过程中，能把董事会的工作情况向群众作出说明，起到重要的纽带作用，不仅有利于董事会决策的科学化，还有助于维护广大职工的合法权益。

根据《中华全国总工会关于加强公司制企业职工董事制度、职工监事制度建设的意见》规定，职工董事、职工监事候选人应符合以下基本条件：与公司存在劳动关系；职工董事、职工监事在任职期间，除法定情形外，公司不得与其解除劳动合同。

根据《中华全国总工会关于进一步推行职工董事、职工监事制度的意见》规定：职工代表大会有权罢免职工董事。职工代表大会每年对职工董事、职工监事履行职责情况进行民主评议，对民主评议不称职的予以罢免。罢免职工董事、职工监事，须由三分之一以上的职工代表联名提出罢免议案。

（2）解聘是否等于解除劳动合同？

要解决这个问题，应首先明确一个概念，即公司解聘总经理时不等于公司同时与总经理解除了双方之间的劳动关系，因为总经理在公司内具有双重身份，既与普通劳动者一样均接受公司管理，从事有报酬的劳动，但又区别于普通劳动者。

公司总经理由董事会聘任，在董事会授权的范围内，对公司进行经营管理。总经理不因被董事会聘任而必然与公司建立劳动关系。但总经理与公司建立了劳动关系的情况下，无论其主动辞任职务还是被董事会解聘职务，均不是公司与总经理解除劳动关系的法定理由，即双方的劳动关系并不因此而解除。

综上所述，解聘等同于解除高管职务，即解除劳动者和原任工作岗位之间的关系，并非解除双方劳动关系。公司欲与高管解除劳动关系或者说公司欲在解聘高管职务时同时解除双方间的劳动关系，那么此类解除必须符合《劳动法》的规定，即解除高管劳动关系的依据须合法、事由须合法、解除通知的告知流程须合法，否则公司就涉嫌违法解除劳动合同关系，须承担支付经济赔偿金的法律责任。

综上所述，肖风作为职工董事，只有职工代表大会可以罢免其董事职务，董事会只能解聘其总经理职务，无权干预其职工董事任职，更无权解除其劳动合同。因此，肖风仍可作为职工董事参与董事会会议并投票，直到9月1×日肖风主动提交辞职报告，与公司的劳动关系才正式宣告结束。

五、关键要点

1. 关键点：通过"海亚公司控制权争夺战"引导学生深入理解公司治理中"三会一层"的制衡问题，了解敌意收购与反收购策略。立足于实际案例，加强学生对相关理论知识的掌握，引发学员对如何优化公司股权结构及如何有效促进市场良性发展的思考。

2. 关键知识点：三会一层制衡关系、敌意收购与反收购、信息披露。

3. 能力点：分析与综合能力、逻辑思维能力、创新能力、提炼关键问题的能力以及解决问题的实际能力。

六、建议课堂计划

本案例可用于专门的案例讨论课，授课教师可参考本案例使用说明，做好案例教学计划安排，具体如表3所示。案例课堂教学时间建议控制在80～90分钟。

若授课教师拟将本案例用于课程中的教学辅助案例，建议要求学员提前熟悉案例内容、做好分组研讨，节约课堂时间，课堂上的案例讨论与分析主要围绕3～4个启发思考题展开。

表3 教学计划安排

案例教学计划	教学活动及内容	辅助手段	时间安排
课前计划	提前发放案例正文、启发思考题和背景资料，要求学员们在课前完成阅读和初步思考。同时将学员分组，小组规模在5～6人为宜，要求以小组为单位进行案例阅读、相关资料查询与课前讨论		提前1～2周

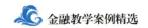

续表

案例教学计划	教学活动及内容	辅助手段	时间安排
课中计划	案例教学导入：老师简单扼要地介绍案例的内容与主题，说明案例讨论的教学目的、要求和安排等	PPT 投影	5 分钟
	案例回顾：带领学生简要回顾案例正文		5 分钟
	分组辩论：按照原先的分组，以小组为单位分别扮演案例中的双方律所、董监两会，对案例中重点争议从相关法规角度进行辩论		20 分钟
	讨论成果分享：从所有小组中任意抽取一组，派出代表来展示自己小组的分析成果，内容包括：案例重点内容总结、回答启发思考题，以及小组成员对该案例的启示		20 分钟
	其他小组补充：从剩余的所有小组里抽取一位代表，对刚刚汇报的小组内容进行点评和补充	PPT 投影＋白板	25 分钟
	教师进行总结：教师对于案例讨论进行归纳总结，并进一步鼓励学生对于案例中的一些知识点进行发散性思考和分析		10 分钟
课后计划	请学员们结合课堂讨论情况，进一步完善自己的观点，并形成最终的分析报告，重点分析"海亚控制权争夺战"所带来的启示		

 # 相关附件

附件 1：主要财务指标

指标		2020 年 9 月 30 日	2020 年 6 月 30 日	2020 年 3 月 31 日	2019 年 3 月 31 日
主要指标	基本每股收益（元）	− 0.50	− 0.41	− 0.19	0.32
	净利润增长率（%）	− 187.51	− 800.61	0.00	− 27.57
	营业总收入增长率（%）	− 82.02	− 82.52	− 74.93	− 8.32
偿债能力指标	流动比率	0.38	0.36	0.42	0.48
	速动比率	0.38	0.36	0.42	0.48
	资产负债比率（%）	65.32	63.68	60.40	60.67
营运能力指标	应收账款周转率（次）	6.63	3.25	1.58	55.63
	存货周转率（次）	34.38	21.85	10.90	61.08

续表

指标		2020 年 9 月 30 日	2020 年 6 月 30 日	2020 年 3 月 31 日	2019 年 3 月 31 日
盈利能力指标	营业利润率（％）	−129.62	−226.05	−225.10	19.08
	净利润率（％）	−128.93	−232.74	−215.79	13.10
发展能力指标	营业收入增长率（％）	−82.02	−82.52	−74.93	−8.32
	总资产增长率（％）	5.31	1.80	−3.57	21.68
	营业利润增长率（％）	−164.96	−576.00	0.00	−34.88

资料来源：海亚 2020 年第三季度报告、2020 年半年度报告、2020 年第一季度报告、2019 年第一季度报告。

附件 2：各次股东大会出席人数及占表决权的比例

股东大会	现场会议出席人数（人）	占有表决权总股份数比例（％）
2019 年第一次临时股东大会	14	53.59
2018 年度股东大会	14	49.14
2018 年第四次临时股东大会	8	49.15
2019 年度股东大会	110	83.57

资料来源：海亚 2018 年年度股东大会决议公告（2019 - 022）、2018 年第四次临时股东大会决议公告（2018 - 061）、2019 年第一次临时股东大会决议公告（2019 - 012）、2019 年年度股东大会决议公告（2020 - 033）。

 参考文献

［1］张璇. 论上市公司收购中一致行动人的认定［D］. 上海：华东政法学院，2006.

［2］田冠军. 董事会、监事会和经理层功能定位：综述、问题和建议［C］. 中国商业会计学会 2007 年学术年会暨第十二届现代会计理论与实务研讨会，2007.

［3］邵和平，杨凯. 浅析《上市公司收购管理办法》之管理层收购制度［J］. 产业与科技论坛，2007（5）.

［4］金爱华. 关于上市公司控制权争夺的经济后果的研究——百大集团控制权争夺案例分析［J］. 消费导刊，2008（23）.

［5］李勇军. 解读公司累积投票制效用之假设——基于对我国《公司法》第 106 条的分析［J］. 东方法学，2009（6）.

[6]《上市公司收购管理办法》第七十四条有关通过集中竞价交易方式增持上市公司股份的收购完成时点认定的适用意见——证券期货法律适用意见第9号. 中华人民共和国国务院公报，2011年，第20号.

[7] 李承华. 浅议加强公司监事会的监督职权——由一起监事会否决董事会临时会议决议效力案说起 [J]. 北京工业职业技术学院学报，2012（4）.

[8] 杨狄. 股东会与董事会职权分野的管制与自治——以公司章程在公司分权中的地位和作用为视角 [J]. 财经理论与实践，2013（6）.

[9] 吴明清. 国有上市公司治理结构完善探讨 [J]. 现代商贸工业，2013（10）.

[10] 刘相伯. 公司治理中的中小股东权益保护问题 [J]. 合作经济与科技，2015（5）.

[11] 李傲远. 注册制背景下上市公司信息披露与监管制度研究 [D]. 重庆：重庆大学，2016.

[12] 刘伟坤，马子建，黄静怡. 注册制下上市公司信息披露的监管制度研究 [J]. 中国商论，2016（23）.

[13] 周佳慧. 我国上市公司敌意收购与并购防御研究——基于浙民投收购ST生化的案例分析 [J]. 现代商贸工业，2018（28）.

[14] 陈婷. 现代公司治理结构与中小股东权益保护研究 [D]. 扬州：扬州大学，2019.

[15] 于志超.《公司法》修订视野下我国公司治理模式的选择 [D]. 兰州：兰州大学，2021.

[16] 罗肖依，周建. 利益相关者参与控制权争夺的动因研究——宝万控制权之争的案例分析 [J]. 管理案例研究与评论，2021（5）.

案例正文编号：**PDF-CASE2021099**

案例使用说明编号：**PDF-TN2021099**

入库时间：**2021 年**

作者：丁宁、胡祥宇、陈小虎

蜂向科技精准定位数字化供应链金融

摘要： 2021 年政府工作报告首次提到"创新供应链金融服务模式"，将供应链金融的发展上升到国家战略高度。供应链金融迎来前所未有的"高光时刻"。金融科技（Fintech）新贵北京蜂向科技有限公司（以下简称"蜂向科技"），先从供应链金融本质出发，解决数据积累和转化问题，然后从整体出发，通过整合全产业链打造全产业链信用体系，最后基于此开展数字化供应链金融。其中，智慧"企信"是蜂向科技开展数字化供应链金融的关键。它不仅实现了企业信用在实体经济产业链中的可拆、可流转和可变现，真正做到服务实体经济，而且还实现了对现有供应链金融体系的数字化升级。本案例重点描述并分析了蜂向科技数字化供应链金融的谋篇布局。

关键词： 北京蜂向科技有限公司　数字化供应链金融　金融科技　全产业链

 **案例正文**

0 引 言①

2018 年 5 月 30 日，中国供应链金融产业生态联盟向蜂向科技发出一封贺信，对其正式成为联盟副理事长单位表示祝贺。从 2015 年正式成立到被任命为联盟副理事长单位，蜂向科技在 3 年的时间里不仅敲开了供应链金融行业的大门，而且还打造了自己的一片天地。

2015 年，蜂向科技总经理李鹏惜别了工作多年的工商银行，与一群志同道合的朋友创办了北京蜂向科技有限公司。当时，供应链金融方兴未艾，许多科技公司看到其巨大的发展潜力纷纷置身其中，以期分得一杯羹，与此同时，金融科技的加持使得供应链金融逐渐趋向数字化。如何在千军万马中突出重围呢？李总开始和创业团队探讨公司第一个产品的构想。作为一名曾在银行业工作多年的资深金融人士，李总深刻体会到中小企业融资难融资贵的问题，即中国信用体系的缺失。李总和创业团队试图以此作为突破口开启数字化供应链金融征程。

金融科技（Fintech）是运用新兴技术给金融领域带来创新的技术和公司，其涵盖数字支付、P2P 借贷、小型网络借贷、纯网络保险和银行、云计算数据、大数据征信等多方面领域。李总认为"Fintech"是解决信用体系缺失问题的关键。在经过一轮又一轮的市场调研和产品设计讨论后，蜂向科技团队最终决定利用区块链的分布式记账技术设计一种智慧"企信"的标准化产品，进而完善供应链信用体系，由此来升级数字化供应链金融，缓解中小企业融资难问题。

1 瞄准方向——选择数字化供应链金融

2015 年是特殊的一年，国家开启供给侧结构性改革，供应链金融随之蓬勃发展，但成效却不尽如人意，同时，现代数字技术被越来越多的银行和大型企业所青睐，由此，供应链金融与数字技术出现了融合的新机遇。在此背景下，作为金融科

---

① 资料来源：蜂向科技应邀担任中国供应链金融产业生态联盟副理事长单位 ［EB/OL］.（2018 - 06 - 13）. http：//www.cctime.com/h5/_html_2018 - 6 - 13_1389541. htm.

技新贵的蜂向科技瞄准了数字化供应链金融领域。

1.1 数字化供应链金融市场的发展背景

蜂向科技深耕的供应链金融并非新兴事物，其最早出现在 19 世纪，是在供应链中找出核心企业，以此为出发点，为供应链条上的关联企业提供信用担保，从而使关联企业更容易获得包括商业银行在内的金融机构资金支持，详见图 1。一方面，将资金有效注入处于相对弱势的上下游配套中小企业，解决中小企业融资难和供应链失衡的问题；另一方面，将核心企业信用融入上下游企业的购销行为，增强其商业信用，促进中小企业与核心企业建立长期战略协同关系，提升供应链的竞争能力。

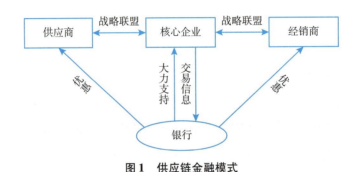

图 1　供应链金融模式

资料来源：根据文献解读整理。

2015 年，蜂向科技成立时，正处于"三去一降一补"和促进中小微企业融资双重政策导向的发展阶段，虽然前期依赖于中国改革开放三十年中制造业的快速发展，我国成为大量跨国企业供应链的汇集点，供应链金融也因此得到快速发展，但并未真正发挥为实体经济提供金融支持的功能。一方面，供应链上的信息基础难以为金融机构提供有效的授信支持数据，往往只解决了离核心企业较近的一级供应商融资问题，而无法将这种授信传递到二级、三级甚至离核心企业更远的供应商；另一方面，供应链金融业务的多样性和复杂程度增加了风险控制难度。这些都为供应链金融体系的改进提出了新要求。

与此同时，随着数字技术的发展，Fintech 越来越受到重视。一方面，Fintech 关注度不断提高。2015 年以来，Fintech 一直作为关键词雄踞各大网站，如火箭般地腾空而起。如图 2 所示，根据谷歌（Google）搜索热度数据显示，2010 年 5 月至 2019 年 5 月，Fintech 的关注度从 0 到近乎 100%。另一方面，Fintech 公司数量增加。谷歌数据显示，2015 年亚洲大约有 2500 家 Fintech 初创公司，英美大约有 4000 家 Fintech 初创公司。并且，Fintech 吸引的投资多达 220 亿美元，较 2014 年增长了 66%。

在此背景下，很多科技公司开始将现代数字技术与供应链金融结合，试图通过云计算、区块链、大数据等现代化数字技术实现对传统供应链金融的数字化升级，但大多数科技公司的数字化供应链金融要么停留在技术层面，仅为客户提供一个技术系统便作罢，要么没有深耕金融业务，只是打包一些过于空洞或套路化的咨询和策划服务，无法形成配套服务，为用户提供实际操作需求，数字化供应链金融发展尚未成熟。

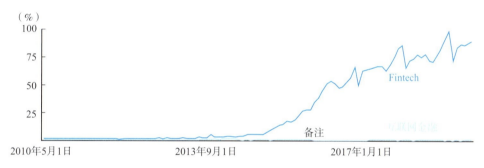

图 2　2010 年 5 月至 2019 年 5 月 Fintech 和互联网金融热搜度对比图

资料来源：Google Trends。

1.2　蜂向科技的创立①

2015 年 5 月 18 日，蜂向科技董事长刘源和执行总裁祁富雷、总经理李鹏等人创立了蜂向科技。在此之前，董事长刘源在外资银行和一些企业从事与贸易相关的业务，也做过银行与企业之间的对公对私业务，拥有丰富的金融从业经验；执行总裁祁富雷曾在阿里巴巴工作，与中小企业接触较多，对中小企业现状了解颇深；总经理李鹏拥有丰富的银行从业经验。他们都发现银行没有更多的针对中小微企业的金融服务，而中小微企业缺乏长期优质的信用积累，很难从银行拿到低成本资金。基于这一共识，蜂向团队认为完善的信用体系是解决这一问题的关键。作为金融科技新贵的蜂向科技同许多科技公司一样，置身于能够解决中小企业融资难问题的数字化供应链金融热潮之中。

---

① 资料来源：【贸易金融专访】蜂向：将金融科技实现"全"产业链触达［EB/OL］.（2018 - 9 - 27）. https：//mp. weixin. qq. com/s/fQ8NN0HC9t1QBwLyvmsKrw.

1.3 蜂向科技的谋篇布局①

蜂向科技祁总曾表示，蜂向科技开展数字化供应链金融不是为了解决企业间某一端或者某一段供应链的业务，也不是为了简单解决银行大规模获客的痛点，而是真正通过全产业链的穿透，实现多个企业主体间供应链金融管理的闭环以及银行风险把控的闭环。蜂向科技主要从数据积累和转化、构建全产业链信用生态体系以及保证企业所关心的信息安全三个方面部署数字化供应链金融。

2 夯实基础——回归供应链金融本质

万丈高楼平地起，蜂向科技深知夯实基础的重要性，而夯实基础意味着从本质入手。蜂向科技刘总认为供应链金融的本质就是信用，不论是传统供应链金融，还是数字化供应链金融，都需要牢牢把握供应链中的信息，因为供应链中的信息就是信用。

2.1 获取供应链场景数据

数据是信息的原材料，企业间交易往来形成的订单、运单等线下贸易数据如何转化为线上信息？根据蜂向科技的谋篇布局，供应链场景数据从产业链数据应用平台中获取。蜂向科技通过现代数字技术将线下贸易场景转到线上，获取供应链场景数据。一方面，打通所服务的大型国企、央企真实贸易背景的订单系统、ERP数据；另一方面，对接银行的账户系统和信贷系统。在这个过程中，贸易数据形成了真实、诚信的交互场景，中小企业的贸易合同也变成资产，被企业灵活运用。供应商可以在蜂向科技的供应链金融平台上登录，上传发票、订单以及相关票据，可以基于真实贸易的订单信息提交融资申请；核心企业的财务负责人可以在平台上登录，对包括贸易合同的金额、订单、发票等信息进行确权；金融机构可以在平台上登录，基于真实的贸易背景给企业完成授信并提供低成本资金。其中，平台直接连接银行的信贷系统，小微企业首次登录平台时，会自动显示相关的银行账号、融资信息、企业法人等基础资料。

为更直观地体现流程，以蜂向科技为中国交通建设集团有限公司（以下简称

---

① 资料来源：【贸易金融专访】蜂向：将金融科技实现"全"产业链触达［EB/OL］．（2018－9－27）．https：//mp. weixin. qq. com/s/fQ8NN0HC9t1QBwLyvmsKrw.

"中交建"）提供的产业链金融平台的应用系统为例进行描述。中交建是全球领先的特大型基础设施综合服务商，主要从事交通基础设施的投资建设运营、装备制造、房地产及城市综合开发等。同时它还是世界最大港口设计建设、公路与桥梁设计建设、疏浚、集装箱起重机制造、海上石油钻井平台设计公司，中国最大的国际工程承包公司，拥有中国最大的民用船队。中交建在香港、上海两地上市，公司盈利能力和价值创造能力在全球同行中处于领先地位，其业务类型和行业地位决定了该集团处于巨大供应链的核心环节。

而蜂向科技在为中交建构建产业链数据应用平台系统时，主要是通过将线下贸易场景线上可视化。如图3所示，一方面打通产业链上企业的采购管理系统、招投标系统、财务共享系统，实现从中交建作为核心企业到上下游企业的全流程系统化管理；另一方面连接金融机构，将以中交建作为核心企业的产业链运转展现在金融机构的视野内，方便金融机构获取原本需要深入产业链调研才能得到的行业信息。

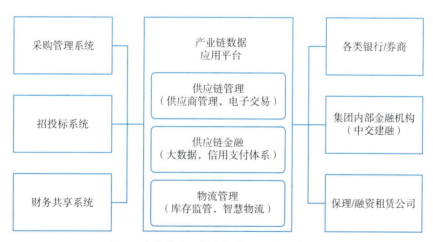

图3　中交建产业链数据应用平台系统架构

资料来源：根据北京蜂向科技有限公司内部资料整理。

2.2　数据转化为信用

为真正穿透企业的核心信用，发挥数据的信用价值，蜂向团队创新研发出在企业间流转的电子付款承诺函——智慧"企信"。李总凭借多年的银行从业经验，从商业票据的设计思路联想到了产品雏形。商业票据的签发缓解了买方的资金压力，同时卖方拥有商业票据，既拥有对于签发方的票据金额索取权，也可向金融机构用作质押，获得流动性。它成功地解决了供应链上企业的融资问题，标准化企业信用的目的正是如此。经过创业团队的多次讨论，将该产品确定为智慧"企信"。

2015年末，智慧"企信"正式上线，它是基于区块链技术的分布式记账，把政府/国企未被充分挖掘的信用标准化、产品化、发挥价值，实现政府/国企的信用在实体经济供应链中可拆、可流转和可变现的电子付款承诺。其中区块链技术是Fintech的一种重要技术，基于区块链技术的分布式记账能够保证交易的真实性，解决信息不对称问题。样例详见图4。

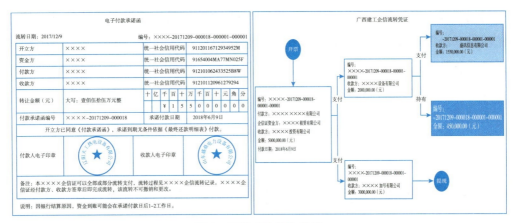

图4　智慧"企信"样例

资料来源：根据北京蜂向科技有限公司内部资料整理。

与商业票据要求交易双方签订真实合法的商品或劳务交易合同原件不同，智慧"企信"的数据收集范围更为广泛。图5揭示了智慧"企信"所采集的不同数据来源以及所支持的业务场景。智慧"企信"数据采集系统对项目实施过程进行全程监控。从招投标开始到项目结算的所有信息都被录入智慧"企信"数据采集系统，随后系统会将信息进行不同的组合得到特定的智慧"企信"产品。通常会有三种组合方式：（1）合同与发票以及应付账款再结合特定指令，这种类似传统的保理业务/资产证券化（ABS）加票据贴现融资，是蜂向科技的初代产品，也是团队完全根据票据融资思想设计实现的；（2）物流/进销存货以及库存商品再结合特定指令，这种产品类似物流金融与仓单融资模式；（3）合同订单和预付账款再结合特定指令而设计的，产品等同于订单融资和融资租赁的结合。

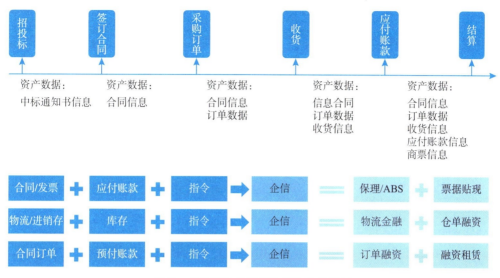

图5 "企信"的数据来源和业务场景

资料来源：根据北京蜂向科技有限公司内部资料整理。

3 着眼全局——构建全产业链信用生态体系

供应链金融的本质就是信用，蜂向科技基于这一认知，通过全产业链的整合形成信用生态体系，以此布局数字化供应链金融。蜂向科技的全产业链信用体系包含供应链金融平台、交易银行平台、智慧物流平台三大全栈式体系。

3.1 核心企业端——供应链金融平台

如图6所示，作为核心企业端的供应链金融平台，通过产业链信用体系实现企业现有业务系统、财务系统、金融机构信贷系统等核心数据的对接，将上下游生产系统交易数据进行智能化整合，并通过智慧"企信"充分挖掘信用资产价值，通过金融服务贯穿至供应商网络终端，实现普惠金融，助力产业转型升级。具体而言，通过四个步骤完成整个平台的搭建：第一，咨询。通过了解试点单位的采购情况、供应商现状、财务状况、ERP数据、物流及仓储数据情况，分析行业优劣势，挖掘企业业务需求。第二，融资。针对业务短板结合行业刚需给出合理的定制化金融解决方案，并结合解决方案搭建产业链数据应用平台，为企业提供最适合的融资方案和产品，降低产业链交易成本，帮助项目获得更高回款效率。第三，系统。与核心企业共建一站式产业链金融平台，将线下业务全转到线上，并无缝对接银行端供应链融资系统，通过核心企业信用背书使银行端资金融通管理服务渗透至多级供应商，解决多级供应商融资难题，加强整体链属企业粘性。第四，运营。利用信用体系产品与核心企业共同营销产业链上下游企业，并提供售前平台培训，为资金供给与需求端建立"产业互联网场景"衔接，加强客户体验，实现普惠金融。

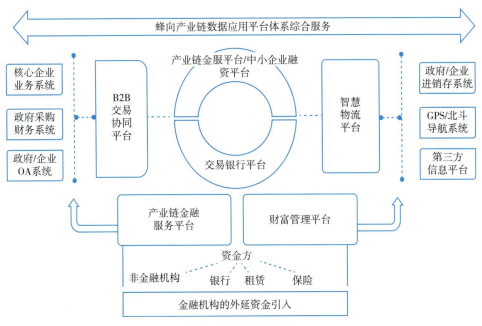

图6　供应链金融平台

资料来源：根据北京蜂向科技有限公司内部资料整理。

其中，智慧"企信"助力金融服务贯穿至供应商网络终端的具体操作流程如下：首先，供应链上所有企业在供应链信息体系中完成注册，通过基于区块链技术的分布式记账来完成各个单位的信息记录与保存；其次，供应商依据接收到的采购、发货、立账等信息可以向核心企业发起融资需求，核心企业收货或者下单后受理供应商的融资需求，开立智慧"企信"。获取核心企业开立智慧"企信"的供应商有两种方式来处理拥有的智慧"企信"，第一，将智慧"企信"拆分和流转，供其上游多层级供应商进行融资；第二，利用智慧"企信"向金融机构发送贴现申请获得融资。同样，上游多层级供应商也能够利用上述两种方式处理其拥有的智慧"企信"。最后，核心企业会在智慧"企信"到期时按各方持有的份额完成付款清分，详见图7。

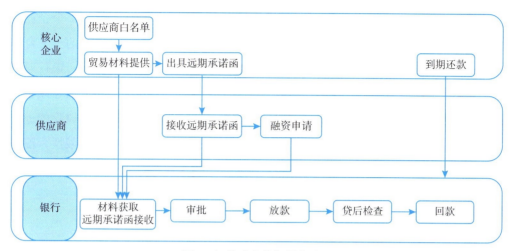

图7 智慧"企信"操作流程

资料来源：根据北京蜂向科技有限公司内部资料整理。

3.2 金融服务端——交易银行平台

如图8所示，作为银行等金融机构端的交易银行平台通过供应链金融平台汇集供应链各端的资产，并根据银行等机构的需求实现资产的规范化输出。银行等机构在获得丰富的产业链金融场景以及优质资产的同时，还可以获得一站式、综合化的企业财富平台。蜂向科技提供的创新型、多样化的金融产品及解决方案，为传统金融机构定向释放金融活力，与实体经济全面融合实现互利共赢。

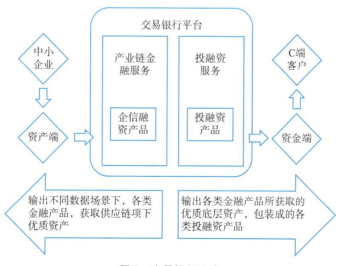

图8 交易银行平台

资料来源：根据北京蜂向科技有限公司内部资料整理。

交易银行平台通过构建一站式、综合化交易银行服务平台体系接入多个企业端供应链金融平台，并获得创新型金融产品及数字化解决方案。而且不同的子平台和金融产品亦可独立运营，银行可根据自身业务需求进行自由组合。同时，银行通过金融服务可直接获得产业互联网下的 B 端与 C 端的联动，利用 C 端客户资金增加 B 端融资规模，利用 B 端优质信用增强 C 端客户粘性，两端联动实现资金风险的进一步降低和银行收益最大化，使用互联网方式达成相关业务，突破网银局限性，覆盖更多客户。在接入交易银行平台后，银行等金融机构无需再投入开发资源支持系统升级，极大降低了金融机构的数字化投入。

3.3 物流服务端——智慧物流平台

智慧物流平台基于对物流及车辆数据（承运商及物资信息，车辆信息，车辆动态轨迹、历史承运信息等）的采集与分析，以"物流＋互联网＋增值服务"为核心模式，专注于为物流行业的中小微物流企业、运输车队、个体车主提供个性化、一站式的车、货和资金管理解决方案。并通过整个物流产业自上而下进行模块化、可视化以及透明化管理，提高物流系统分析决策和智能执行的能力，通过信息流与物质流快速高效而通畅地运转，节约社会成本，提高生产效率。

蜂向智慧物流产品通过对车辆精准的定位及数据算法，将物资配送信息进行分析，与符合条件的承运人进行车货匹配，以提高车辆运行效率和增加承运人利润。基于北斗卫星导航定位技术，对监控对象进行实时监控、调度、发布服务信息、受理各种类型的报警信息等。

根据蜂向智慧物流平台上的承运和货物轨迹等物流数据，核心企业将货物的入库单（磅单）数据作为放款指令，通过提高放款效率，解决物流公司对实际承运车辆的运费支付问题以及司机的资金占压问题，详见图9。

4 提供保障——信息安全不松懈

如何让信息数据变得更安全是蜂向科技合作伙伴比较关心的问题，尤其是在金融科技运作模式之下。蜂向科技作为一个数字化供应链金融服务商，最终的目的是通过金融科技服务其客户群体，因此，必须始终保障供应链金融平台信息安全，为客户提供足够的安全感。

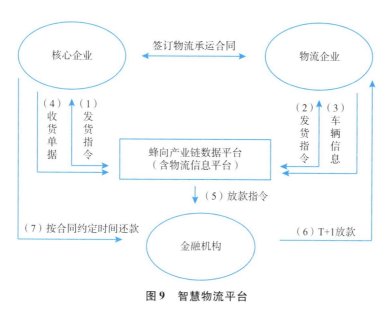

图 9 智慧物流平台

资料来源：根据北京蜂向科技有限公司内部资料整理。

4.1 尽职信息服务不越界

蜂向科技祁总在接受采访时说："蜂向科技是一个供应链金融科技服务商而非使用方"。事实上，蜂向科技也的确做到了这一点。蜂向科技在部署数字化供应链金融时创新研发的智慧"企信"是以区块链技术为依据。在区块链架构下，分布式记账加密记录各参与方交易记录，且记录不会丢失、无法篡改，极大保证了供应链全链条信息的透明和安全。

4.2 安全等级保护资质认证

蜂向科技对信息安全的保护也得到了专业的认可。2018 年蜂向科技产业链数据应用平台与交易银行平台荣获国家信息系统安全等级保护三级资质，而在金融科技领域，信息系统安全等级保护三级资质不仅是平台合规的必要条件，更重要的是其在认证难度、公信力以及效力方面，均是重量级别的认证。一般而言，这一认证通常是四大国有银行的一、二级分行才拥有的。这意味着蜂向科技两大平台体系通过了由国家信息安全监督部门对信息保护、安全审计、通信保密等在内的近 300 项测试，技术安全和控制层面均已达到国家标准，其在金融科技领域的数据安全保护能力得到了官方和专业机构的认可。

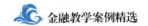

5　展望未来

蜂向科技通过贯穿全产业链，实现多个企业主体间数字化供应链金融管理的闭环以及银行风险控制的闭环。在一定程度上，有效解决了银行和企业的信用和资金流转问题，从而达到参与方多赢的目的。蜂向科技成立至今，业务领域没有局限于某个单一产业，而是通过金融科技、跨产业地把资金体系和资产体系进行匹配。目前，公司的服务领域主要涉及基建、医药、能源、化工、农业等五大板块，这些既是国家重点支持大型国有企业密集投入的产业，更是供应链上下游涵盖巨大金融需求的领域。在未来的数字化供应链金融的发展中，蜂向科技始终保持服务的心态，以帮助客户解决问题为根本，这样才能在行业立足，做得久远。

Beijing Fengunion Technology Well-positions Digital Supply Chain Finance

Abstract：The Government Work Report of 2021 mentioned for the first time "innovating supply chain finance service mode", which raised the development of supply chain finance to the height of the country. Supply chain finance ushered in an unprecedented moment of high light. Beijing Fengunion technology Co. Ltd ("Fengunion Technology") starts from the nature of supply chain finance, solves the problem of data accumulation and transformation, and then focuses on the whole, builds the credit system of the whole industry chain by integrating the whole industry chain, and finally carries out digital supply chain finance based on this. And the smart "Business Credit" is the key to the development of digital supply chain finance. It can realize the splitting, circulating and cashing through the whole industry chain after the current supply chain finance is digitized. Our case mainly focuses on how Fengunion Technology completes the digital upgrade of supply chain finance with the help of Fintech.

Key words：Beijing Fengunion Technology Co. Ltd; Digital Supply Chain Finance; Fintech; The whole industrial chain

案例使用说明

一、教学目的与用途

1. 适用课程：商业银行经营管理案例、金融机构管理。

2. 适用对象：金融专业硕士、金融学学术硕士和高年级金融本科学生等。

3. 教学目的：（1）了解数字化供应链金融市场的发展情况；（2）了解金融科技的发展现状；（3）掌握供应链金融的本质；（4）掌握智慧"企信"在数字化供应链金融的运作原理和运作方式；（5）掌握全产业链信用生态体系的基本结构；（6）掌握信息安全在数字化供应链金融中的重要性；（7）探讨数字化供应链金融发展前景。

二、启发思考题

1. 与传统供应链金融相比，数字化供应链金融在哪些方面实现了突破？

2. 与商业票据相比，智慧"企信"都有哪些发展？

3. 试分析智慧"企信"在供应链金融平台中流转时存在的风险点，并给出相应的处理对策。

4. 结合案例与相关金融学理论，谈谈信息安全对发展数字化供应链金融的重要性。

三、分析思路

数字化供应链金融涉及的内容比较广泛，教师可以根据自己的教学目标来确定分析思路，图1仅供参考。

图1　案例分析思路图

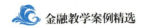

具体分析思路如下：

1. 搜集供应链金融发展历史；

2. 总结传统信用工具的种类和特点；

3. 阅读数字化供应链金融相关资料，总结数字化供应链金融理论要点，比较其与其他融资的区别；

4. 阅读案例并搜集类似案例做比较，结合相关理论分析项目流程；

5. 讨论案例相关思考题，对案例进行拓展分析；

6. 总结相关理论，延伸课外内容。

四、理论依据与分析

（一）理论依据

1. 商业票据概述

（1）商业票据基本概念。商业票据是指由金融公司或某些信用较高的企业开出的无担保短期票据。商业票据应用过程主要涉及以下概念：

持票人：指除出票人以外的持有票据的人，也就是票据的收款人。

出票人（签发人）：指开立票据并将其交付给他人的法人、其他组织或者个人。

付款人：指出票人或者在汇票上记载的委托其支付票据金额的人，是票据的主债务人。

收款人：指收取票据款项的人，是票据的主债权人。

承兑人：指承诺在汇票到期日向持票人支付汇票金额的法人、其他组织或者个人。

背书人：指收款人或者持票人在接受票据后，经过背书，再将票据转让给他人的法人、其他组织或者个人。

票据承兑：指汇票的付款人明确表示愿意支付汇票金额的附属票据行为。

（2）商业票据的分类。1995 年 5 月 10 日第八届全国人民代表大会通过《中华人民共和国票据法》（以下简称《票据法》），这是我国第一部规范票据法律关系的根本法律制度。《票据法》明确表示，票据是指汇票、本票（也称银行本票）和支票。票据体系（见图 2）在汇票、本票和支票上可以继续细分：汇票又分为银行汇票和商业汇票，本票可分为银行本票和一般本票，支票又可以分为现金支票和转账支票。由于本票和支票在银行直接兑现，目前市场上交易的票据仅限于商业汇票，包括银行承兑汇票和商业承兑汇票两种，其中银行承兑汇票占了绝大部分。

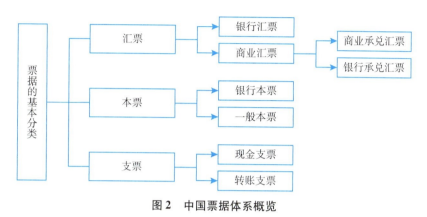

图2　中国票据体系概览

资料来源：根据文献整理。

汇票是票据体系的重要组成部分。作为既可以背书转让，也可以承兑和贴现的商业票据主要分为四大类：①按出票人不同分为银行汇票和商业汇票。②按承兑人不同分为商业承兑汇票和银行承兑汇票。③按付款时间不同分为即期汇票和远期汇票。④按有无附属单据分为光票和跟单汇票。

其中最常见的是根据出票人的不同，可以将汇票分为商业汇票和银行汇票。银行汇票是签发人为银行，付款人为其他银行的汇票。商业汇票是签发人为商号或者个人，付款人为其他商号、个人或银行的汇票，签发人不同是区别两者的关键。值得注意的是，商业汇票是基于合法的商品交易而产出的票据，它是购销人之间根据约期付款的购销合同和商品交易，开具的反映债权债务关系并约期清偿的一种票据，换言之，商业汇票必须要有真实的贸易背景。

商业汇票是在商业信用基础上发展起来的。商业汇票是企业根据约定付款的商业交易和购销合同开具的反映债权债务关系并约定期限清偿的票据。商业汇票有三个当事人——付款人、收款人和承兑人。汇票签发人既可以是收款人也可以是付款人，承兑人对汇票的清偿作出承诺。承兑是商业汇票业务中最关键的环节，具体承兑流程见图3。由于票据具有了远期和即期概念，承兑概念自然也出现了，承兑概念通俗理解为"承诺到期兑付"，因此，银行承兑汇票就是银行承诺到期兑付的汇票，商业承兑汇票就是由企业承诺到期兑付的汇票。承兑决定了商业汇票债权债务关系中的主债务人，赋予商业汇票保障，使得商业汇票具有效力。商业汇票根据承兑人的不同分为商业承兑汇票和银行承兑汇票。

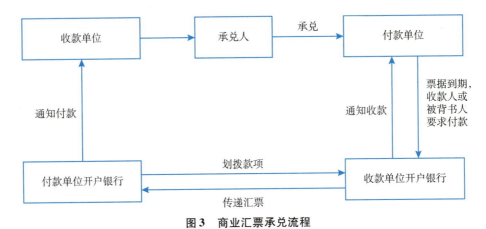

图3　商业汇票承兑流程

资料来源：根据华泰证券资料整理。

2. 供应链金融理论基础

（1）传统供应链金融与数字化供应链金融。传统供应链金融（见图4）是指围绕核心企业，以核心企业信用为依托，以真实交易为背景，为产业链上下游企业提供的金融服务。在整个供应链金融体系中，商业银行、核心企业、上下游企业、物流公司是主要参与主体。

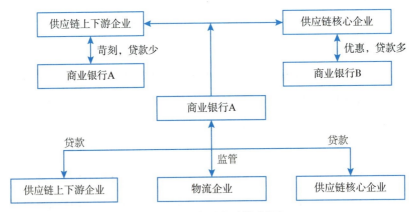

图4　传统供应链金融模式框架

资料来源：根据百度百科整理。

不同参与者在供应链金融扮演的角色各不相同（见图5）。供应链核心企业希望通过供应链金融对信息流进行归集、整合、打包和利用，实现对资金的可得性和成本的系统性优化。银行通过审查整条供应链，基于对供应链管理程度和核心企业信用实力的把握，对其核心企业和上下游多个企业提供灵活运用的金融产品和服务，完善服务实体经济的角色。电子交易平台服务商则是通过实时提供供应链活动中能够触发融资的信息按钮，比如订单的签发、按进度的阶段性付款、供应商管理库存的入库、存货变动等，推进供应链成本流程优化方案的产生速度。

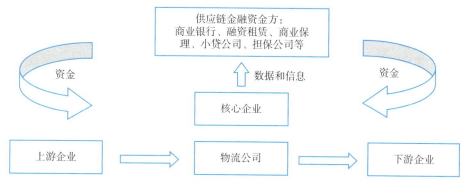

图5　数字化供应链金融模式框架

资料来源：根据百度百科整理。

当下数字化技术发展得如火如荼，区块链、大数据和物联网等核心数字化技术的身影不断出现在供应链金融上，数字化供应链金融成为当下政府、金融机构和企业"追捧"的对象。数字化供应链金融的特点主要表现在以下方面：

①信息数据准确化。通过数字化技术对交易信息、交易数据进行实时处理，将现实世界的交易转化为数据信息。

②金融供给多元化。除了商业银行，金融科技公司或是互联网巨头通过数字化技术开始在垂直细分领域占领市场。

③金融服务智能化。数字化供应链金融基于大数据等数字化技术，更加精准地挖掘客户需求。

究其根本，不论是传统供应链金融，还是数字化供应链金融，他们都是基于现实需求，而发展和壮大又得益于其理论基础。供应链金融业务，首先为中小企业融资的理念和技术瓶颈提供了解决方案，中小企业信贷市场不再可望而不可即；它提供了一个切入和稳定高端客户的新渠道，供应链金融借助"团购"式的开发模式和风险控制手段的创新，使供应链条上的中小企业、商业银行及第三方中介企业的收益与成本比得以改善，并表现出明显的规模经济。供应链金融的产生是基于信息不对称理论、信贷配给理论、交易成本理论及委托代理理论四大理论基石。

（2）信息不对称理论。所谓非对称信息，是指信息在相互对应的经济个体之间呈不均匀、不对称的分布状态，即有些人对关于某些事情的信息比另外一些人掌握得多一些。通常将信息占优方，在博弈中拥有私人信息的一方称为代理人，而将信息居劣方，在博弈中不拥有私人信息的一方称为委托人。非对称信息理论正是研究这种处于信息不对称环境中的交易双方由于存在信息差别而达成的社会契约，即双方如何均衡的问题。

其主要表现形式有逆向选择和道德风险。逆向选择，市场交易的一方如果能够利用多于另一方的信息使自己受益而对方受损时，信息劣势的一方便难以顺利地做出买卖决策，于是价格便随之扭曲，并失去了平衡供求、促成交易的作用，进而导致市场效率的降低；而道德风险是指交易双方在签订交易合约后，信息占优势的一方为了最大化自己的收益而损害另一方的利益，同时也不承担后果，从而使处于信息劣势的一方受到损失，破坏市场原有平衡，导致资源配置的低效率。

由于信号传递不通畅造成的信息不对称是供应链条上的中小企业融资难问题的根本原因和理论渊源。而供应链金融的较大发展，正是得益于其可以有效地减少商业银行和中小企业间的不对称信息，其对缓解商业银行与中小企业间由于信息不对称所造成的借贷矛盾具有积极作用，尤其是数字化供应链金融，它将供应链金融当中的信息数字化、可信化、可视化和智能化，有力地打破了由于信息不对称带来的问题和风险。

（3）信贷配给理论。信贷配给是指在固定利率条件下，面对超额的资金需求，银行因无法或不愿提高利率，而采取一些非利率的贷款条件，使部分资金需求者退出银行借款市场，以消除超额需求而达到平衡。

信息不对称理论中的逆向选择和道德风险均对信贷配给产生影响。一方面，当小企业在信贷市场上存在超额资金需求时，商业银行为了避免逆向选择，不会用提高利率的办法来出清市场，而是在一个低于均衡利率水平上对贷款申请者实行信贷配给。其主要原因是利率具有正向效应和逆向选择效应。正向效应是指银行的收益是利率的增函数，随着利率的提高银行的收益逐渐增加，是利率对银行收益的直接影响；而逆向选择效应是由于在对中小企业信贷活动中由于逆向选择行为，在利率超过某个临界点后，随着利率的提高银行的收益反而会减少，银行收益变为利率的减函数，逆向选择效应对潜在借款人的筛选，是利率对银行收益的间接影响。

另一方面，中小企业信贷市场上的道德风险通常有两种：一种是中小企业在有能力偿还贷款的情况下的恶意违约，中小企业通过比较偿还贷款和不偿还贷款情况下的收益和机会成本，若中小企业在不偿还贷款的收益大于违约成本，那么中小企业会策略性地选择不偿还贷款的行为，从而产生道德风险；另一种是中小企业为获得高收益而进行的高风险投资所造成的道德风险，借款人在获得信贷后将资金投放于成功概率小，但一旦成功将获得巨大收益的投资项目，高风险投资一旦失败，则无力偿还银行贷款，形成了善意道德风险。

（4）交易成本理论。交易成本亦称交易费用，以交易成本理论为代表的新制度经济学发端于1937年，如今新制度经济学已经成为经济学中一个重要的派别，新制度经济学试图从制度、产权、交易成本、信息等方面对经济现象做出合理化解释，提出制度层面的经济、金融改革建议。新制度经济学认为经济社会的制度设计直接决定了经济组织的交易成本，从而最终决定了经济效率。供应链金融作为一种融资模式创新，通过供应链条上相关企业之间的相互协调和优化设计，大大降低了交易成本，从而提高了整个供应链条的经济效率。传统的融资方式中，企业向银行申请贷款时手续繁琐，而且审批时间相当长，不仅加重了中小企业资金周转的负担，而且不利于其余物流的有效匹配，从而影响整个供应链的效益。在供应链金融融资模式下，大大简化了融资审批手续，优化了融资程序，在保证信贷过程安全的情况下，不仅缩短了企业到账的时间，加快了企业的资金流动，而且减少了参与双方的交易成本。

（5）委托代理理论。委托代理理论是解决信息不对称的基础理论。供应链金融服务模式实现了多赢状态，然而该模式下参与方主体会签订规范化合同协议，存在着合作关系，因此不可避免就会产生委托代理关系。

委托代理理论主要研究在非对称信息条件下，市场经济活动主体之间的经济关系以及激励约束机制问题。委托代理关系是随着生产力发展和规模化大生产的出现而产生的，它是一种在经济领域与社会领域广泛存在的契约关系。委托代理关系与信息不对称有关，涉及两个独立的主体，实际上就是指在信息不对称的交易中，处于信息优势与处于信息劣势的市场参与者之间的一种相互关系。从某种程度上来说，只要存在着不同利益主体间的合作或竞争关系，市场参与者双方所掌握的信息就不对称，就存在着委托代理关系。其中，在交易中处于信息优势（掌握较多信息）的市场参与者称为代理人，在交易中处于信息劣势（掌握较少信息）的市场参与者称为委托人。在委托代理关系中，由于交易中存在两个相互独立的个体（委托人和代理人），双方都在各自的约束条件下追求效用最大化，而且委托人与代理人的效用函数不同，这必然会导致两者的利益冲突。在缺乏有效的制度安排下，处于信息优势的代理人的行为很可能最终损害委托人的利益。

（二）具体分析

1. 与传统供应链金融相比，数字化供应链金融在哪些方面实现了突破？

（1）比较分析传统供应链金融的概念、参与主体以及模式框架；

（2）数字化供应链金融具有区块链、大数据和物联网等核心数字化技术，更具有信息数据准确化、金融供给多元化、金融服务智能化的优势。

2. 与商业票据相比，智慧"企信"都有哪些发展？

（1）先掌握传统信用工具商业票据的特点；

（2）了解智慧"企信"的流转模式和特点。智慧"企信"是基于区块链技术的分布式记账将信用标准化、产品化、发挥价值，数据收集范围更为广泛。智慧"企信"数据采集系统对项目实施过程进行全程监控，信息录入后系统会将信息进行不同的组合得到特定的智慧"企信"产品。智慧"企信"搭建了完整的全产业链信用生态体系，将线下业务转到全线上，将上下游企业以及资金提供方紧密结合，加速了资金的流转，解决了中小企业融资困难的问题。

3. 试分析智慧"企信"在供应链金融平台中流转时存在的风险点，并给出相应的处理对策。

通过基于区块链技术完成各个单位的信息记录与保存，供应链金融平台信息安全可能存在风险。对策：提供平台方进一步加密数据，保证了供应链全链条信息的透明与安全。

4. 结合案例与相关金融学理论，谈谈信息安全对发展数字化供应链金融的重要性。

（1）从案例的智慧"企信"流转过程理解；

（2）从数字化供应链金融能解决交易信用不足的角度理解，而这种信任的加强正是基于数据的真实可靠，因此信息安全对于数字化供应链金融是重中之重。

五、关键要点

1. 数字化供应链金融的定义与发展。

2. 传统供应链金融与数字化供应链金融的区别。

3. 银行实施供应链金融与金融科技公司实施供应链金融的差异。

4. 供应链金融相对于其他融资方式的优势与劣势。

5. 数字化供应链金融中智慧"企信"的实施流程及管理。

6. 智慧"企信"发展存在的障碍。

六、建议课堂计划

1. 课前计划

（1）学生详细阅读案例全文，并收集相关资料和文献，总结要点与问题；

（2）学生以小组为单位讨论问题，准备汇报材料与 PPT。

2. 课堂计划（案例分析课堂时间为 100 分钟）

（1）教师做背景介绍与案例引入（10 分钟）；

（2）各小组以 PPT 形式讲解所负责的案例部分并进行答疑互动（80 分钟）；

（3）教师归纳总结并延伸拓展（10 分钟）。

 **相关附件**

趣味"区块链"

用一个形象的故事来介绍该技术：从前有个山村，村里有个老村长。平时村民都背着一袋子金条出去交换货品，但是这个法子特别不方便。后来有一天，老村长突然宣布，所有金条都要放到村委会的金库里，然后由他帮大家记账，目的是方便大家去交换货品。作为回报，自己可以从交易中抽取交易费用与日常管理费。打比方，如果张三要用 4 根金条换李四的一头牛，老村长就得先看看张三是否有 4 根金条，确认有的话，就在账本上把金条转到李四的名下，然后让李四把牛给张三。起初大家都觉得很方便，但是慢慢地各种问题开始暴露出来。随着交易量增多，老村长一个人忙不过来，有时候老眼昏花，还把账记错了；每天看着库里的那些金条，老村长心里也痒痒的，偶尔会把村民的账目归到自己的名下，一次两次村民也就忍了，但是老村长不知收敛，终于东窗事发。再有一天，村长的孙子调皮玩火，账本的一部分被火烧了，村民的账目全都乱套了。以上是"土豪村"内部的问题，期间还有一个问题：虽然村民很想和隔壁村村民把交易记到一个账上，但隔壁村的人表示，"我们村的钱可以记到你们的账本上，但前提是我们凭什么相信你们村长不会有问题"？就在大家为这些问题头疼的时候，一个叫中本聪的人从时光隧道穿越而来提出了一个叫"账本链"的办法。金条还是先放在村委会那里，初始的账目还是转换为账上的记录，而且大家都知道这个账本的每一笔记录。在第一次交易时，张三要用4根金条换李四的牛，于是大家就开始翻账本抢着算账。王五第一个算出总账上"张三确实有4根金条并与李四进行了交易"（公共财库上会拿出一点钱赏给第一个算出账的人），王五就可以凭此获得奖励，但他同时需要通过广播告诉全村人这项交易，然后大家都用"001"的账本页记录这笔交易，放到账本中；当李六要用3根金条换陈七的猪时，大家又开始翻账本和"001"账本页算账，张八第一个算出"李六确实有3根金条并与陈七交换了猪"，张八就获得奖励并同时通过广播告诉全村人这项交易，然后大家都用"002"的账本页记录这笔交易，并在上面写上"上一次交易请看001"，然后连着"001"账本页放到账本中；整个过程就是悬赏算账，记录交易并广播交易。以此类推，账本上就构成了一条账本链。这就同时解决了上述的几个问题：根据账本链上的顺序，就可以确定任何一位村民的资产以及交易情况，就算烧了一本账本也没关系，因为每个人手里都有一本，而且是一模一样的；由于账本和算法是公开广播的、有顺序的，这就杜绝了任何作假、重复交易的问题；同样的，由于是公开算账，隔壁村都可以过来交易；最后，还可以杜绝村长滥收费的现象。

参考文献

［1］闫俊宏，许祥秦. 基于供应链金融的中小企业融资模式分析［J］. 上海金融，2007（2）：14－16.

［2］胡跃飞，黄少卿. 供应链金融：背景、创新与概念界定［J］. 金融研究，2009（8）：194－206.

［3］夏泰凤. 基于中小企业融资视角的供应链金融研究［D］. 杭州：浙江大学，2011.

［4］谢世清，何彬. 国际供应链金融三种典型模式分析［J］. 经济理论与经济管理，2013（4）：80－86.

［5］王春梅. M银行线上供应链金融创新模式研究［D］. 哈尔滨：哈尔滨工业大学，2017.

［6］毕红. 线上供应链金融模式及风险管控—以JD为例［D］. 上海：华东理工大学，2018.

［7］顾成卉. 中信银行HK分行供应链金融创新发展研究［D］. 海口：海南大

学，2018.

［8］巩长青. 区块链技术下供应链金融发展研究［D］. 济南：山东大学，2018.

［9］李典. 我国供应链金融现状与发展前景分析［J］. 商业会计，2018（14）：89－90.

［10］谭舟洋. 商业银行供应链金融风险管理创新模式研究——以中国民生银行为例［D］. 杭州：浙江大学，2018.

［11］康翠玉. 线上供应链金融的信用风险管理［J］. 科教文汇（中旬刊），2019（8）：188－189.

［12］杨星. 新常态下我国中小企业融资困境及金融支持建议［J］. 中国商论，2019（5）：42－43.

［13］周延礼. 要鼓励商业银行设立供应链金融专营机构［N］. 人民政协报，2019－04－23（5）.

［14］Barsky N P, Catanach A H. Evaluating business risks in the commercial lending decision［J］. Commercial Lending Review，2005，20（3）：3－10.

［15］Berger A N, Udell G F. A More Complete Conceptual Framework for SME Finance［J］. Journal of Banking and Finance，2006，30（11）：2945－2966.

案例正文编号：PDF-CASE2022003

案例使用说明编号：PDF-TN2022003

入库时间：2022 年

作者：范立夫、刘艺、陆翌晨、刘姝含

"妖镍"肆起，清山历劫[*]

摘要： 2022 年全球期货市场的开年大戏，莫过于伦敦金属交易所（LME）镍金属价格史无前例的"过山车"式波动。国际投机资本合理利用交易所交易规则，逼仓手握大量镍期货空单的清山控股。清山控股虽杀出重围、渡劫成功，却也伤痕累累。本案例以神秘多头"逼空"清山控股事件为主线，重点描述了清山控股与国际投机资本在国际期货市场上围绕镍期货合约激烈博弈的全过程。通过案例学习，旨在引导学生重点探讨期货合约交易制度、保证金制度、套期保值与投机等知识点。

关键词： "妖镍" 期货交易 清山控股 LME

---

* 本案例中人名、公司名均为化名。

 **案例正文**

0 引 言

2022 年 3 月 ×日，低调的温州富豪项光和与他同样低调的世界 500 强公司——清山控股集团（以下简称清山控股），因为金属"镍"价格不合常理的疯狂上涨，迅速被推上了热搜。北京时间 9 点伦敦金属交易所（以下简称 LME）亚洲交易开盘之后，6 万美元、7 万美元、8 万美元、9 万美元、10 万美元，不到一小时，镍价连续突破了 5 大整数关口，价格最高达到 101365 美元/吨，镍价的疯狂上涨让很多人目瞪口呆。仅仅两天，伦镍价格暴涨了 248%。毫无疑问，这是 LME 有史以来镍价交易的顶点，而清山控股正持有大量镍的空头头寸。生死存亡之际，LME 按下"暂停键"，看似平静的交易市场内暗流涌动。

1 "镍王"成长记[①]

20 世纪 80 年代，清山控股诞生于温州的小渔村，最初只是钢铁产业链下游中一个不起眼的门窗供应商，90 年代初开始涉足不锈钢行业，2014 年成为世界最大的不锈钢生产商，2018 年成为世界最大原生镍生产商，2019 年首次跻身全球 500 强，成为名副其实的"镍王"。短短 30 年时间，清山控股是如何完成从小型门窗供应商到世界 500 强的蜕变？如何在遍地荆棘的国内不锈钢产业中杀出一条血路？"镍王"如何加冕？让我们一起回顾清山控股的成长历程。

1.1 小渔村里初起步，钢铁产业寻新路

清山控股诞生于浙江温州，公司取名"清山"，一是厂址在清山村，二是取义于"咬定青山不放松，无限风光在险峰"为内涵的企业文化精神，象征坚韧、永恒。

1988 年，浙江温州人项光下海与张积一起创建了浙江欧海汽车门窗制造公司，主要为一汽等知名车企提供车窗配套服务。随着业务量的不断增长，项光发现虽然

---

① 资料来源：清山控股官方网站.

市场上存在许多车窗制造商，但没有一家大型的民营企业从事不锈钢的生产。特别是随着中国人生活品质的不断提高，对不锈钢的需求持续扩大，而当时国内不锈钢产量极低，90%的需求都需要通过进口来满足。因此，项光将目光转向了不锈钢产业。

说干就干，1992年，项光正式进军不锈钢产业，创办浙江丰页集团有限公司，成为中国最早的民营不锈钢生产企业之一。

1998年，项光家族又创立了浙江清山特钢有限公司。当时，国内民营钢铁企业数量较少、实力较为薄弱，核心技术工艺和人才资源都被掌握在国营钢厂手里。为了解决技术难题，项光远赴山西太原钢铁集团，三顾茅庐说服了一批专家加入清山，帮助清山组建起了第一条生产线。自此万事俱备，清山系雏形初成。

1.2　镍矿短缺成壁障，技术革新造新王

镍是生产不锈钢的关键原材料之一。随着国内不锈钢企业生产规模的逐步壮大，潜在的矛盾逐渐显露出来：国内有限的镍矿难以满足包括清山控股在内的不锈钢企业日趋增长的需求。总的来说，谁能突破镍矿这一瓶颈，谁就能吃到产业发展的下一个红利，因此，寻找新的镍矿产地刻不容缓。

2005年，全球钢铁产能出现过剩，国家主动在钢铁行业去产能，此时国内已经有不少的钢铁厂开始倒闭，上游的钢铁产业利润近乎见底（利润率始终维持在4%左右），清山控股亦遭遇了成立以来的"首次大考"。镍矿主要以硫化镍矿和红土镍矿两种形式存在，但当时的企业对于红土镍矿的提炼能力却相当有限。对此，项光并没有畏缩，而是提出"不锈钢要发展就要解决镍"，进而投入大量资金，成立技术部门，并从国外引进RKEF冶炼工艺，研发出RKEF－AOD炉双联法新技术，节省了50%不锈钢冶炼能耗，对于控制成本起到了重要作用。随着技术进步，以清山控股为代表的国内企业逐步掌握了将红土镍矿加工成镍铁混合物的方法，而镍铁可以直接作为原料用于生产不锈钢（见图1）。清山控股通过自己的技术创新，降低了对资源品位的要求，取得了一骑绝尘的成本优势，不仅成就了自己，还改变了全球的镍产业格局。

1.3　清山难题已解

我国镍资源贮藏总量极其匮乏，而印度尼西亚地处低纬度地区，储藏着大量的镍矿石，这就意味着我国需要从印度尼西亚等东南亚国家进口镍矿石，同时不得不接受其对镍金属的高额定价，以至于不锈钢炼钢大厂在面对国外产业巨头和矿主的

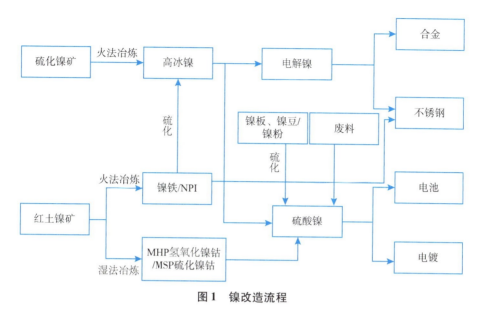

图1 镍改造流程

资料来源：根据中国知网整理。

垄断抬价之时，只能成为任人宰割的羔羊。

项光提出："要想破壁，就必须从源头解决问题"，此时的清山控股，不管是出于钢铁行业去产能下的自保，还是为了解决"不锈钢要发展就要解决镍"这一个棘手难题，都需要通过布局海外市场来谋求镍矿、另寻生路，于是将目光锁定到马六甲海峡的东南端——印度尼西亚。2009年，项光本人亲赴印度尼西亚，与当地企业合作，拿下印度尼西亚4.7万公顷的红土镍矿开发权。不久之后，印度尼西亚镍矿禁令出台，清山控股成为为数不多的拥有采矿权的企业。在此之后，清山控股又相继在津巴布韦、印度等国买矿。

就这样，清山控股凭借着自己的开发以及中国人身上特有的勤劳果敢，在不远万里的印度尼西亚建立了属于自己的一套镍金属开采流程，即煤炭——电力——红土镍矿——镍铁——不锈钢的产业体系。这套体系使得清山控股逐步走向"镍王"的宝座——拥有全国超25%的不锈钢产能和全球超22%的金属镍产量，并以3000亿营业收入规模跻身全球500强（见图2）。

不可否认的是，此时的清山控股进军印度尼西亚、买下镍矿颇有些误打误撞的意味。基于不锈钢才在海外布局镍矿的清山控股绝不会想到自己无意间踏上了时代的浪潮……

图2 清山成长历程

资料来源：网易新闻。

2 风起云涌

21世纪初，人们对于镍的认知还仅仅局限于钢铁领域，大多数镍被用来生产不锈钢。在当时，镍作为钢铁产业链上游的原材料并没有引起人们的太多重视，换句话说，镍只是在个别行业发挥着自己的能量。此时谁也不会想到镍金属即将迎来自己新的高光时刻。

2017年，新能源汽车逐渐进入大众的视野并快速发展。锂动力电池是新能源汽车的主要动力源，三元前驱体作为锂动力电池的重要组成部件，以硫酸镍的形式存在于电池正极，可以极大地提高电池活性。高冰镍、硫酸镍的异军突起已经占据了目前世界镍金属领域的主要市场，镍作为一种战略性资源在新能源领域中重新被寄予厚望。

2.1 打算盘清山做空

根据清山控股公开披露的信息，其2021年的镍产量达到60万吨，而全球镍产量是270万吨，即清山控股当年的镍产量占全球比重已超过22%。如此体量使得清山控股在国际市场一直存在着套期保值的需求，这也恰好解释了为什么其会持有如此巨量的空单数量。

根据清山控股披露的信息，清山控股对于自己高冰镍的增产有着巨大的信心，预计公司镍产量在 2022 年将达到 85 万吨，到 2023 年将跃升至 110 万吨。2022 年 1 月，国际镍出口大国印度尼西亚表示，未来可能将对镍铁和镍生铁征收出口关税，这对国际镍期货市场产生了一定的冲击。与此同时，国内镍价经历了一轮大约 20% 的上涨。1 月下旬，清山控股在印度尼西亚布局的高冰镍发运回国才缓解了当时价格上涨的态势。

在分析了近期的供需形势之后，清山控股作出了镍金属价格将会下跌的判断。根据期货套期保值的基本原理，为了防范现货价格下跌带来的风险，清山控股决定通过做空期货来对冲。倘若有一天，镍的现货价格真地下降了，清山控股可以利用手中空单的盈利来抵补现货的亏损。

2.2 外资密谋

2022 年 2 月，清山控股持有 20 万吨镍的空头头寸的消息已在市场传开。期货市场的一大特点是零和博弈，且大宗商品期货市场相较金融期货波动性往往更大，想要占据主动性就要对市场极度敏感。事发前夕，期货和现货的贸易联合主体想要通过主导 LME 镍期货仓单市场进行逼仓从而造成"杀伤"，本应该引起清山控股的高度注意。

神秘人囤积现货早就悄然开始。LME 官方数据显示，从 2022 年 1 月 10 日开始，LME 某单一神秘客户持有的镍期货合约就已经在逐步上升，从 10 日的 30%～39% 逐步增加到 19 日的 50%～80%。该客户在到期日最近的镍期货合约上持有的净多头寸与仓单总和占总仓单的比例已超过 90%，足以证明神秘多头已于 1 月份便开始进场。如此瞠目结舌的持仓比例奠定了神秘多头敢于继续做多的勇气。显而易见，该神秘人准备通过不断囤积而来的现货和手中大量的资金，谋求垄断地位，确保清山控股不可能提供足额镍仓单进行交割，为之后的伦镍逼仓事件埋下重要的伏笔。

LME 的期货交割规则是：合约在 3 个月以内的，为每一个工作日，4～6 个月的为每个星期三，7 个月及以上的为每个月第三个星期的星期三。而 3 月 9 日就是 4～6 个月期货合约的最后交割日，外资选择在 3 月 8 日这一最后交割日的前一天开始逼仓行为，旨在不留给清山控股任何筹集现货的机会。

2.3 品种错配——套保还是投机？

据了解，LME 镍期货合约的交割品是有一定纯度标准的电解镍（含镍量不低于 99.8%），而清山控股生产的镍铁（含镍量 10% 左右）、高冰镍（含镍量 70% 左右）均不符合 LME 的交割标准，因此其期货空头头寸与所生产产品不能构成完美匹配，这就需要清山控股用一部分产能去置换符合交割标准的产品，即进行交叉套期保值①。

清山控股想扩展海外市场，而地处北半球的俄罗斯的丰富的镍资源自然进入到它的视野。相关资料显示，2021 年，俄罗斯的镍产量约占全球镍总产量 9%（见图 3），出口量年均维持在 13 万吨左右，是世界上主要的电解镍出口大国。清山控股是俄罗斯电解镍出口方面主要的合作伙伴。如果价格平稳且没有偶然事件的发生，清山控股可以完美化解这种品种错配所带来的风险，但是，2021 年因为俄罗斯矿区生产故障以及出口税提高，导致其出口大幅下降，出口量只有 4.54 万吨，仅占俄罗斯以往镍出口总量的三分之一。

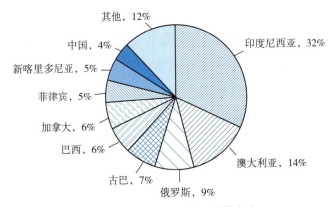

图 3　2021 年全球镍资源储量占比

资料来源：Wind 数据库。

清山控股在 LME 开出大量空单却没有准备充足的合格交割品，无疑隐藏着巨大的未知风险。

2.4　"黑天鹅"起飞——俄镍失"籍"

2022 年，俄乌冲突不仅影响了俄罗斯、乌克兰两个国家，更是冲击了全球金融市场，导致金属期货市场叫苦不迭，从而打乱了清山控股原本的计划。

据了解，2021 年俄罗斯的镍产量仅仅占到全球原生镍供应链的 6%，远低于印度尼西亚等东南亚国家，但却是全球电解镍现货市场的出口主力，大多出口到中国

---

①　所谓交叉套期保值，就是当套期保值者为其在现货市场上将要买进或卖出的现货商品进行套期保值时，若无相对应的该种商品的期货合约可用，就选择另一种与该现货商品的种类不同，但在价格走势上大致相同且互相影响的相关商品的期货合约来做套期保值。

和欧洲。自从俄乌冲突以来，俄罗斯已经受到包括美国在内多个欧美国家的制裁，俄罗斯多家银行已经被清退出 SWIFT 清算系统，贸易结算受到了毁灭性打击。随着制裁手段的增加，俄罗斯生产的电解镍也被 LME 开除了"镍籍"。清山控股虽然打通了整个镍产业链，但主要都是围绕红土镍布局，主要产品是镍铁、镍生铁和高冰镍等镍金属和中间品，无论是镍生铁还是硫酸镍均不是标准交割品，所需的电解镍主要靠从俄罗斯进口。换句话说，清山控股敢于持有巨量空头头寸的原因，正是因为把俄镍当作了压舱石。

俄乌冲突所带来的"黑天鹅"效应正是神秘多头期待已久的"大好时机"。至此，清山控股正式走进了西方资本精心布置的"围猎场"。

2.5　"我赌你枪里没有子弹"

清山控股此次的操作并没有完全脱离市场的交易逻辑，但俄乌冲突作为逼仓事件的导火索使得清山控股手里的"宝剑"变得无锋，亦使得西方资本开启了"狩猎"模式。

一方面，俄乌冲突导致俄镍流入欧洲市场困难，无法用于交割，现货的减少引起了欧洲金属期货市场的恐慌情绪，进一步为 2022 年 3 月镍价的"无厘头"式上涨提供了空间，使得国际游资在期货交割时点疯狂抬价。另一方面，全球极低的库存让清山控股面临"无货可调"的险境。Wind 数据显示：镍库存在一年时间之内下降了 70.5%，截至 3 月 7 日，伦镍的库存不到 8 万吨，沪镍库存也不到 1 万吨。至于可用来在 LME 交割的电解镍，年产量只有 90 万吨。俄罗斯作为世界第一产地，占了 20 万吨（和清山控股做空数量几乎一致）。排名前十的企业中，"中"字头的只有金初一家，可以说留给清山控股能协调的交割货源并不充足。

简单来说，藏在暗处的多头早已经算准了在 3 月 9 日交割期之时，清山控股根本拿不出 20 万吨的电解镍现货，到时只需利用手中大量的资金和近三个月囤积的库存逼仓，就能够使得清山控股满盘皆输。

2.6　一发不可收拾——"脱缰"的镍价

2022 年 1 月，根据 LME 大户持仓报告披露，某交易商持有交易所库存超过半数，镍库存的高度集中引发市场挤仓忧虑。2022 年 3 月 7 日，LME 的镍期货主力合约突然大幅度拉升，开盘价仅为 2.98 万美元的期货合约收盘价达到约 5 万美元，涨幅高达 72.4%，然而令人哗然的上涨速度并没有在第二天有所收敛。2022 年 3 月 8 日，该合约继续暴涨，短短几个小时，伦镍合约连续突破数个关口，从 6 万美元迅速拉升至 10 万美元，两个交易日内涨幅达到 248%，而后在 7.5 万至 8.5 万美元区间内震荡（见图 4），其前所未有的涨幅已经脱离了基本面，持有 20 万吨空头头寸的清山控股陷入"危机"。根据交易所的逐日盯市制度，清山控股不仅要补交镍价暴涨所带来的天价保证金，还面临着巨额的浮亏。

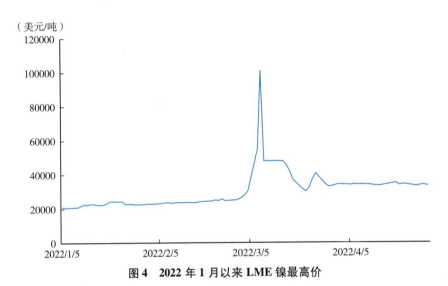

图 4　2022 年 1 月以来 LME 镍最高价

资料来源：Wind 数据库。

3　始料未及，LME 拔网线

此次的逼仓事件，LME 表现出来的反应超出了所有人的预期。在伦镍价格发生史诗级暴涨之后，LME 对镍金属期货合约按下了"暂停键"，这是 LME 首次中断镍金属期货合约交易。

3.1　LME 的"隐疾"

LME 作为世界一流的交易所，除了为市场提供准确透明的信息之外，还需要提供公平的交易场所以及能够平稳运行的交易系统和监管机制。LME 一直秉持着市场自由的交易理念，在长达一百多年的发展历史中，"弱交易市场，强机构客户"的组织特征一直是其摆脱不掉的"隐疾"。由于 LME 对于市场监管的力度十分有限，在应对大户操作和防范风险方面有着一定的局限性。虽然 LME 在被港交所收购以后有所改进，但是其延续下来的根本框架很难有较大的变动。

在本次事件发生以前，LME 没有持仓限额、涨跌停板和强制平仓等风控制度，在暂停伦镍交易后才急忙出台涨跌停板制度。种种现象表明，LME 在风险应对方面过于被动和滞后，一定程度上为风险滋生提供了客观条件。在收购 LME 期间执掌港交所的原行政总裁眼中，LME 市场是大户之间的市场，它是一个以期货交易为手段的现货交易所，"玩家"都是全球大型机构，需要的是市场至上和效率至上。LME 很多监管手段和风控手段是后置的，是应对突发、紧急、巨大市场系统性风险的手段，并非常规手段。大部分时间市场自行运作，偶尔出现伦镍类似的突发事件，在市场已经基本失序并可能对市场参与者的资本充足率和市场流动性产生系统性影响的时候，LME 才会使出雷霆手段。

3.2 拉偏架还是自救?

2022 年从 3 月 8 日开始，LME 连续发布 6 份相关公告，频频"放大招"：宣布取消 3 月 8 日零点之后在场外交易和 LME select 屏幕交易系统执行的镍交易、停止发布镍合约的官方价格和收盘价、不会在 3 月 11 日之前恢复镍交易、计划设置涨跌幅限制、以约 5.5 万美元/吨撮合规模较大的空头与多头平仓……

在地缘事件的巧合下，逼仓事件使得镍期货市场内的流动性几乎消失。根据期货交易的保证金制度和逐日盯市制度，在每次镍价爬升的同时，清山控股都需要补齐自己账户的保证金，否则就要被强制平仓，造成巨额亏损。根据计算，LME 的镍价每涨 1 万美元，清山控股手里 20 万吨的空单就要产生 20 亿美元的亏损。然而，如果事情发展到如此，这个多头所谓的浮盈也必然成为了单纯的纸上数字，因为市场上已经没有人能够接下这个盘，这必然造成交易商流动性的缺失，引发挤兑风险，继而导致一系列大宗金属市场的连锁崩溃，进而影响到 LME 自身的信誉，真可谓"牵一发而动全身"。

3.3 "百年老店"颁新规

2022 年 3 月 8 日，LME 发布公告称，镍合约的初始保证金由 2000 美元/吨上调至 2250 美元/吨，3 月 10 日后镍合约的初始保证金由 2250 美元/吨变动为 4808 美元/吨。在镍的大户持仓方面将问询上限由之前的 6000 手下调到 3000 手。若持仓超过 3000 手，交易所有权问询其持仓理由。此外，交易所会员每日晚 8 点前要上报所有超过 100 手的场外交易（OTC）头寸。3 月 14 日，LME 设置了适用于所有基本金属的涨跌幅限制：其他基本金属合约的每日最大涨跌幅度设置为 15%，而镍合约设置为 5% 并将根据市场情况继续审查和调整。其他基本金属涨跌停板制度将从 3 月 15 日开始实行，而镍的涨跌停板制度将从恢复交易开始实行。为确保市场价格稳定，3 月 16 日前签订的所有交割日在 3 月 16 日至 3 月 22 日之间的镍合约，其交割日均可推迟至 3 月 23 日。

调整保证金、设置价格涨跌幅限制、推迟交割日期都是 LME 试图缓和市场风险、挽救交易所公信力的表现，表明了其维护市场秩序的决心。此番设定也为市场安上了"保险丝"，以防市场内再次出现残酷的"逼空"事件，有助于市场价格回归理性。

4　镍交易恢复一波三折

伦镍价格的疯狂上涨，严重背离市场规律，LME 因此宣布暂停所有镍合约交易一周，意图给镍价的暴涨"降降温"，谁知伦镍的交易恢复过程并不顺利。

因 LME 从未设置过涨跌停板，导致 3 月 16 日开市以来故障频出。恢复交易当天，刚开盘不久 LME 就因系统错误宣布暂停镍交易，原因是 LME select 允许少量交易在低于每日价格下限的情况下执行。3 月 17 日和 3 月 18 日，LME 均表示，当日场内交易的第二轮镍交易被视为中断交易，所有在此期间达成的交易无效。3 月 21 日，LME 又发布公告称，在当天第二场场内交易时段，镍期货合约跌至预先设定的每日价格下限并认定为交易受到干扰，决定该时段交易无效。

在镍恢复交易之后的三个交易日之内，LME 三次调整涨跌停板分别为 8%、12% 及 15%。3 月 17 日，LME 将伦镍单日波动幅度扩大至 8%，并于当天交易时段生效。北京时间 3 月 17 日 16 点，伦镍进入恢复交易后的第二个交易日，但开盘便再次遭遇跌停，报 41945 美元/吨。随后，LME 宣布推迟镍电子盘市场开放时间，并在之后暂停了交易。3 月 18 日，LME 把伦镍涨跌幅限制扩大至 12%，结果开盘后，LME 镍价即下跌 12% 至每吨 36915 美元，触及跌停板。LME 表示，根据市场情况，镍期货的价格限制将调整到统一的 15%。

5　清山采取相应措施

5.1　同仇敌忾——团结就是力量

2022 年 3 月 8 日傍晚，项光向媒体表示正在积极协调。3 月 9 日，清山控股宣布用旗下高冰镍置换国内金属镍板，并已通过多种渠道调配到充足现货进行交割。如此快的反应速度震惊了海外的神秘多头。清山控股能迅速做出反应离不开背后众多愿意拆借库存给它的中资企业。在延迟现货交割的这段时间内，清山控股完全可以利用自己生产的高冰镍向其他拥有电解镍的企业或者个人兑换符合交割标准的镍，付出一定成本以缓和紧张局势。同时，清山控股已与两家新能源领域的镍材料使用企业达成交换协议，以清山控股高冰镍产品换取共计4000吨/月的电解镍仓单以供交割，后续有可能扩展更多合作企业交换可交割镍品种。

清山控股对外声称置换到交割现货还是有一定作用的，至少会清理一些在镍价上涨之初跟风进入的小众多头。多头没有能力处理交割后得来的实物电解镍，甚至连买下合约约定数量现货的资金都不够。这些多头会为了避免实物交割在恢复交易后迅速卖出手里的多头头寸进行平仓，卖得多自然会让伦镍价格下跌，清山控股就能以较低的成本平仓。

5.2　静默协议问世

3月15日凌晨，清山贸易有限公司的公众号"清山实业 Qsingshan"发布重要声明称："清山集团已与由期货银行债权人组成的银团达成了一项静默协议。在静默期内，清山集团和银团将积极协商落实备用、有担保的流动性授信，主要用于清山集团的镍持仓保证金及结算需求。在静默期内，各参团期货银行同意不对清山集团的持仓进行平仓，或对已有持仓要求增加保证金。作为协议的重要组成部分，清山集团应随着异常市场条件的消除，以合理有序的方式减少其现有持仓。"这一声明意味着清山控股可以进一步避免被追缴保证金。至此，逼仓事件已迎来尾声。

在与银团达成静默协议后，清山控股获得了难得的喘息之机，可以根据自己的判断和市场的走势来对期货头寸适时合理地做出调整，以此减轻镍的暴涨暴跌对整个产业链产生的负面影响。根据相关媒体报道，该静默协议持续的时间将取决于镍期货的价格走势，在价格回归到某一水平之前，银团都会给予授信保障。

该协议无疑是清山控股的一剂"强心针"，也为混乱不堪的市场提供了强有力的向导，但镍价的"回转"仍需各方努力。

6　"激战"过后，余波未平

从总体来看，这次的风波可能不会出现真正意义上的"赢家"，LME 多空资本博弈对整个产业链带来的影响可能需要很长一段时间"自愈"。

清山控股在受到"逼空"后不得不调用其他可用资金准备现货，而背后的神秘多头想必也不会吃下全部20万吨现货，因为如此巨额数量的电解镍并不是他们想要的，其目的就是逼清山控股就范，从而干扰其在全球的镍布局，攫取在镍生产、定价方面的话语权。最可能的结果就是，等待后续事态发展，在一个合适的点位对冲离场。

"逼空"事件对下游的生产商和消费商更是史无前例的打击。从现货市场看，目前由于镍价高位，采购方若高位接货将面临极高的风险，因此，现货市场短期处于停滞状态，买卖双方都等待局势明朗。中国有色金属工业协会镍业分会副理事长也表示，镍的现货贸易接近停滞，部分下游镍消费企业已暂停接单。在当期的形势下，新冠疫情依旧在全球流行，给全球经济造成了肉眼可见的破坏。经此一役，镍供应链消费端价格首当其冲，如果控制不住镍价不稳定带来的"蝴蝶效应"，很有可能造成整个行业的停摆。

7 未了局

LME 镍合约在 3 月 16 日复盘后，多次出现无效交易，定价机制混乱。虽然镍的主要矛盾在短期内得到解决，高冰镍置换金属镍板的方案整体可行，但是经历过此前伦镍价格的剧烈波动后，多空博弈仍然十分焦灼。

故事的发展仍在继续，俄乌冲突的不确定性仍在、电解镍的供应趋于紧张、硫酸镍产量远远没有达到预期、新能源汽车需求渐增等因素叠加都无法使这次事件画上一个完美的句号。

7.1 镍价回归平静

进入到 4 月份后，LME 镍主力合约逐步稳定在 3 万美元左右，价格震荡区间逐渐稳定，对于整个市场来说，回归平静是"矫正"镍价的开始。伦镍价格上涨在 3 月初就已经达到了顶点。展望后市，镍价大幅度高涨的可能性已经微乎其微，市场情绪在几轮资本博弈之后已经得到了充分的释放。

在"逼空"事件告一段落之后，市场情绪随着价格逐渐走向平复。从短期的供求状况来看，LME 内部对于是否加大对俄罗斯金属的制裁程度存在着分歧。在涨跌停板之后又允许展期交割，从根本上拉长了波动周期；从长期来看，虽然俄罗斯的镍进入欧洲市场比以往都要困难，但是其产能并没有受到很大影响。清山控股通过其技术革新冶炼的高冰镍与 LME 要求交割的电解镍有着高度相似的使用价值，甚至高冰镍更加贴合未来市场，只是需要置换才能进行交割，从本质上来说，清山控股对于电解镍"求贤若渴"的程度并没有达到恐慌的层级，市场的供应缺口并没有那么大。

7.2　悬而未决的诉讼，信息披露何去何从？

清山控股付出了 10 亿美元的代价，而 LME 仍然在收拾残局。有关资料显示，在 3 月逼仓事件爆发前全球的镍产量中 50% 以伦敦金属交易所价格出售，而目前只有不到 25% 以伦敦金属交易所价格出售。而 LME 一系列的操作也造成市场上那些本该投机获利的机构损失几十亿美元，在逼仓事件发生的三个月后，LME 就已经面临多家金融机构的诉讼，指责 LME 在前所未有的决策过程中信息披露不足，且做出暂停交易的决定是超越权限的。

这家具有 145 年历史的交易所正面临前所未有的监管压力。伦镍事件的余波尚在，缺少信息披露的 LME 该何去何从呢？

8　结　语

清山控股作为我国民营企业"走出去"的成功案例，经过近三十年的发展，已经成为我国有色金属的一张名片。

2022 年 3 月以来镍价的史诗级暴涨，LME"破天荒"地实施一系列交易限制措施，不仅震惊了一众看官，也提醒了中资企业需注意对全球风险的评估。清山控股面对国际资本的联合绞杀，冷静采取应对措施，虽未受到致命一击，但也付出了较高的代价，这应引起相关企业对自身套期保值策略的重新审视。

为什么中国企业屡屡在期货市场上遭遇国际资本巨头狙击？我们是否能从几次的失利中总结出必要的教训，从而使中国企业未来在波诡云谲的国际市场中规避"暗礁"呢？

未来，中资企业如何在积极参与国际金融市场的同时，提高自身抵御风险的能力，避免再一次成为国际资本猎杀的对象，值得我们思考。我们由衷地希望，历劫之后，再无下一个"清山"。

Case Study of Qingshan Holding Group's Crisis in the Futures Market

Abstract：In 2022，the opening drama in the global futures market was the unprecedented fluctuation of nickel prices in the London Metal Exchange．International capital made rational use of exchange rules to squeeze Qingshan Holdings Group，which held a large number of empty orders. Although Qingshan Holding Group broke through，it was also scarred. This case focuses on the mysterious bullish shorting of Qingshan Holding Group，and focuses on describing the whole process of the fierce competition between Qingshan Holding Group and international capital around nickel futures contracts in the international futures market. Through case study，students are guided to focus on discussing knowledge points such as futures contract trading system，margin system，hedging and speculation.

Key words：Nickel；Futures Trading；Qingshan Holding Group；LME

案例使用说明

一、教学目的与用途

1. 适用课程：期货投资学、衍生金融工具、国际金融。

2. 适用对象：金融专业硕士、具有一定工作经验的企业管理人员及经济类、工商管理类相关专业本科学生。

3. 教学目的：通过回顾清山控股因持有巨额镍期货空头头寸被国际资本狙击，继而引发镍期货价格飙升、市场流动性紧张的全过程，引导学生思考期货交易中保证金制度、套期保值、投机以及 LME 的期货交易制度问题。本案例主要阐述了国际资本推高伦镍期货价格后，清山控股为降低损失积极筹备现货、与银团达成静默协议，LME 为维持市场秩序紧急"拔网线"并颁布新规，直到镍价恢复平静的全过程。最后回顾了中资企业屡遭狙击的教训，引发关于中资企业更好地"走出去"参与国际市场的思考，目的是引导同学们对该事件的进一步关注与思考。

二、启发思考题

1. 期货合约保证金是期货合约进行交易的前提条件，请思考期货合约中保证金制度、逐日盯市制度和强制平仓制度之间的逻辑关系，并分析外界所说的"国际资本逼空清山控股"事件反转是否是真的反转？

2. 套期保值和投机是一对矛盾的统一体，两者都是期货市场交易的主要形式，思考两者的联系与区别并判断清山控股此次开空单的最初目的究竟是套期保值还是投机？

3. 根据材料，讨论 LME 在此次逼仓事件中的交易制度缺陷和事后补救措施，列举上海期货交易所（SHFE）为应对镍期货价格剧烈波动采取哪些措施，对比上海期货交易所和伦敦金属交易所，这对我国期货交易所有何警示？

4. 伦敦金属交易所宣布取消 2022 年 3 月 8 日在场外交易和 LME select 系统执行的镍交易之后，部分投资者质疑 LME "拔网线"的合理性，根据理论知识分析 LME 究竟是"拉偏架"还是自救呢？

5. 在大宗商品价格不断上涨的背景下，全球矿产资源的争夺日益激烈，大宗商品定价权仍然掌握在西方国家手中，我国如何推动商品期货市场国际化？

6. 尽管国内企业参与国际化竞争，尤其是参与国际金融市场竞争，面对诸多挑战，但从国家战略角度来说，仍然需要诸多企业"走出去"，国家需要提供怎样的支持，企业自身又需要做好哪些准备？

三、分析思路

教师可以根据教学目标灵活使用本案例，本分析思路仅供参考。具体思路如下。

1. 通过"国际资本逼空清山控股"事件全过程分析期货交易保证金、逐日盯市、强制平仓制度关系，并对清山控股的利益得失进行探讨。

2. 针对清山控股持有巨额空头头寸的最初意图是套期保值还是投机阐述不同观点。

3. 对比 LME 和上海期货交易所（SHFE）的交易制度，思考 LME 在交易制度上存在的问题以及对我国期货交易所的警示。

4. 结合清算所清算规则思考 LME "拔网线"的必要性和合理性。

5. 多角度分析"国际资本逼空清山控股"事件所带来的启示与借鉴。

6. 以"国际资本逼空清山控股"事件为线索，探究国家与企业自身如何实现"走出去"战略。

四、理论依据与分析

1. 期货合约保证金是期货合约进行交易的前提条件，请思考期货合约中保证金制度、逐日盯市制度和强制平仓制度之间的逻辑关系，并分析外界所说的"国际资本逼空清山控股"事件反转是否是真的反转？

期货交易是以现货交易为基础，以远期合同交易为雏形而发展起来的一种高级的交易方式。期货合约是由期货交易所统一制定，在将来某一特定时间和地点交割一定数量标的物的标准化合约。其中买进空头合约即指现货持有者预期未来价格将下降，或导致其自身受损而与投资者约定在未来某一时点以确定价格进行现货交割的合约，此时如果未来一段时间内现货价格上涨，现货持有者可以通过卖出现货获取收益；如果未来一段时间内现货价格下跌，现货持有者可以通过低价买入之前卖出的期货来弥补损失。

（1）保证金制度、逐日盯市制度和强行平仓制度之间的逻辑关系。

①保证金制度。保证金制度是为了避免期货合约一方违约而给另一方带来损失，期货交易所统一要求双方在前期就交付一定资金的制度。其中，保证金又分为初始保证金、维持保证金和追加保证金。初始保证金是交易双方在开仓时就需交纳的资金，其是根据交易额和保证金比率确定的：初始保证金 = 交易金额 × 保证金比率；维持保证金是期货契约价格发生变动时，客户必须保持其保证金账户内资金超过最低保证金金额（一般是初始保证金的 75%）；追加保证金是指当保证金账面余额低于维持保证金时，交易者必须在规定时间内补足保证金，否则在下一交易日，交易所或代理机构有权实施强行平仓（见图1）。

②逐日盯市制度。期货交易所通过逐日盯市制度监督客户账户内保证金是否充足，间接实现对市场的监管。逐日盯市制度是指在每个交易日结束之后，由交易所结算部门计算出当日各期货合约结算价格，核算出每个会员每笔交易的盈亏数额，以此调整会员的保证金账户，将盈利记入账户的贷方，将亏损记入账户的借方，若保证金账户上贷方金额低于最低保证金要求，交易所就会通知该会员在一定限期内缴纳追加保证金以达到维持保证金水平，否则将被强制平仓。

③强制平仓。强制平仓是期货交易所一种降低风险的手段，指在会员未能及时缴纳保证金或者持仓量超出限额，可能给交易所带来一定损失时，期货交易所有权要求其补仓或自行平仓，也可以在规定期限内仍未缴足保证金的情况下强行将其持仓卖出。

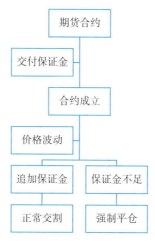

图1 期货交易保证金制度

（2）清山控股是否真正反转？

①期货合约亏损。清山控股结合市场发展以及供求情况预期镍价即将下跌，为避免由此产生的损失而开空单。假设期货合约交易数量20万吨，交易价格为2.5万美元/吨，交割时间在2022年3月9日，此前LME镍的初始保证金为2000美元/吨，即清山控股在最初需交付初始保证金4亿美元。但在交割日期前两天随着镍价暴涨：3月8日现货价格突破10万美元（后按10万美元计算），此时LME镍合约的初始保证金由2000美元/吨上调至2250美元/吨，清山控股期货合约亏损达到7.5万美元/吨，累计需要补交约150亿美元保证金或者交出20万吨现货，否则将被强制平仓。正如案例正文所说，受俄乌冲突影响，俄罗斯能源出口被多个国家制裁，这也就意味着清山控股无法通过以往的最大进口国俄罗斯进口镍现货，种种迹象均显示出清山控股或因无法足额交出现货而损失惨重。

3月8日当晚，LME发布声明宣布取消3月8日当天所有交易，并延后3月9日的交割期限，同时设立涨停限制（恢复交易当天为5%，第二天为8%，第三天为12%，第六天为15%），此举在一定程度上缓和了清山控股的燃眉之急。3月9日晚，清山控股发布声明称用旗下高冰镍置换国内金属镍板，已通过多种渠道调配到充足现货进行交割。如若清山控股采用现货交割，则使得形势反转，价格的巨额浮动由多头承担。此消息一出，LME镍价出现下降趋势，在随后两天内连续跌停板，从10万美元跌至5万美元，较前几日来说已经接近常态，使得清山控股亏损大大减少，也正是这样使得大家认为"国际资本逼空清山控股"事件开始出现反转。

3月10日LME镍合约的初始保证金提高一倍多，由2250美元/吨上涨至4808

美元/吨，此时清山控股在之前 150 亿美元保证金的基础上增加 5.116 亿美元保证金，如若无法按时补仓或者交不出 20 万吨现货将被强制平仓。3 月 15 日，清山控股发布重要声明：与期货银行债权人组成的银团达成了一项静默协议，约定在静默期内各参团期货银行不对清山控股进行平仓或要求追加保证金，同样，清山控股将自行减仓。

②置换成本。如果清山控股真的被强行平仓，一方面会使得其在印度尼西亚镍矿的股权易人，造成我国镍资源稀缺的情形，不利于我国新能源行业的发展；另一方面可能会使得国际资本再次将目标集中在我国企业，拉长中资企业"走出去"战线，阻碍我国经济全球化步伐。因此，清山控股强行平仓是我国以及国内大多企业均不愿意看到的结果，由此可以推测清山控股置换成本可能会低于市价购买，更低于平仓损失。

2022 年 3 月，国内电解镍的现货市场价为 28 万元人民币/吨，换算后约 4.4 万美元/吨，即清山控股按国内市场价收购 20 万吨电解镍现货只需要 88 万美元，由此可以推算出，清山控股的置换成本要低于 88 万美元的收购费用，更是远低于 150 亿美元保证金的补偿。

综上所述，清山控股看似已经从困境中走出，但是其手中到底有多少现货我们无从得知，其中具体的置换成本也无法计算，最后如何交割亦未完待续，事件的反转是否真的是反转仍值得商榷。

2. 套期保值和投机是一对矛盾的统一体，两者都是期货市场交易的主要形式，思考两者的联系与区别并判断清山控股此次开空单的最初目的究竟是套期保值还是投机？

（1）套期保值与投机的联系。

①套期保值。套期保值是投资者们所偏爱的规避风险操作，其本质上是用一个市场的盈利来抵补另一个市场的亏损，具体操作为投资者在买进（或卖出）实际货物的同时，在期货交易所中卖出（或买进）同等数量的期货交易合同作为保值。首先，期货商品应与现货商品品种相同或互为替代品，即案例正文中所提到的交叉套期保值；其次，现货商品与期货商品交易时间要尽可能地相同，两者交易时间越近、替代程度越高，保值效果也就越好。

②投机。投机是一种获利手段，其本质上是利用期货市场中目标产品出现的价差进行低买高卖从而赚取利润的交易行为。首先，投机要对目标期货进行基本分析以及技术分析等，判断其价格趋势的变动概率；其次，结合自身情况设立获利目标和亏损限度，当目标期货价格走势与预测相反时，投资者须及时平仓降低损失；最

后，因为投机对交易价格、交易数量以及交易品种等都没有限制，主要取决于投资者个人对市场的预期进行操作，因此，根据其对价格走势的预判以及自身承受能力决定其进行交易的数量与价格。

③两者的联系。套期保值和投机是期货市场交易的两种主要形式，两者既相互对立又相互依存，缺少套期保值的市场可能使得价格扭曲、风险过高，没有投机的交易市场其流动性也大打折扣。除此之外，两种交易方式的相同之处在于其均是基于投资者个人对产品价格未来走势的预测进行买卖。

（2）套期保值与投机的区别。

①交易目的不同。套期保值是为了规避或转移因现货价格波动而带来损失的一种操作，目的是锁定利润和控制风险；投机则是为了赚取因市场价差而产生的风险利润，目的是更多地盈利。

②承受风险不同。投资者本就了规避风险而选择套期保值，因此在套期保值时只需承担因基差变动带来的风险，相对风险较小；在投机时则需要承担出现市场价格走势与预期相反这种情形所造成的风险，因此相对风险较大。

③操作方法不同。投资者套期保值的头寸需要根据现货头寸来确定：套保头寸与现货头寸种类和数量均相同或相似但操作方向相反；投机则是完全依据个人的风险偏好、资金量以及对市场未来走势的判断自行确定交易品种、交易数量和交易价格。

④交易对象不同。在进行套期保值时需要同时在现货市场与期货市场两个交易市场中交易，通过两个市场产品价格的此消彼长规避风险；投机则是仅在期货市场中根据投资者个人判断进行低买高卖，不需要考虑现货市场的影响。

（3）清山控股开空单操作是套保还是投机？

清山控股在 LME 伦敦金属交易所开出空单是此次"国际资本逼空清山控股"事件的开端，起初我们认为这是清山控股套期保值的正常操作，但随着事件的愈演愈烈、人们的不断剖析，针对清山控股此次开空单操作究竟是套保还是投机，出现了以下两种不同的观点。

①套期保值。

清山控股手握印度尼西亚镍矿股权，具有较多现货，根据清山控股公开披露的信息：其 2021 年的镍产量达到 60 万吨，已占到全球 22%，因此，如若市场上镍价下跌，其将遭遇巨大损失，这也是为什么有人认为清山控股需要购买一定数量的期货合约进行套期保值的原因。

清山控股持有镍现货，未来将卖出一定数量的镍产品，因此当其预期镍价将下降或不确定未来行情担心镍价下跌造成亏损时，可以在现阶段的期货市场上卖出同等数量、相似品种的期货合约即开空单进行套期保值。

②投机。

a. 交易数量。清山控股2021年的镍产量达到60万吨，但从目前公布的数据猜测清山控股此次或在LME开出20万吨空单，即其开出空单数量已经占到清山控股2021年产量的三分之一，这远远超过了其自身的镍需求，同样亦不符合套期保值中交易数量相等的原则。

b. 品种错配。清山控股的主要产品是镍铁（含镍量10%左右）和高冰镍（含镍量70%左右），而LME中交割品却是电解镍（含镍量不低于99.8%）。这就使得清山控股生产的镍产品并不符合与LME期货合约的交割条件，即其期货空头与所生产产品不能构成完美对冲。

c. 场所选择。我国上海期货交易所早在2015年就可以进行镍产品的期货交易，但清山控股没有选择国内较为稳妥的上海期货交易所，而选择去风险较大的LME博弈。同时查询数据发现：截至2022年3月11日，LME镍库存为7.57万吨，而上海期货交易所镍库存只有6465吨。

3. 根据材料，讨论LME在此次逼仓事件中的交易制度缺陷和事后补救措施，列举上海期货交易所（SHFE）为应对镍期货价格剧烈波动采取哪些措施，对比上海期货交易所和伦敦金属交易所，这对我国期货交易所有何警示？

保证金制度是指在期货交易中，任何交易者都必须按照其所买卖的期货合约价值的一定比例缴纳资金，用于结算和保证履约。

大户报告制度是与限仓、减仓、强平制度紧密相关，控制交易风险、防止大户操纵市场行为的制度。当会员或客户某品种持仓合约的头寸达到交易所对其规定的头寸持仓限量一定比例以上，必须向交易所申报。

涨跌停板制度是指期货合约在一个交易日中的成交价格不能高于或低于上一交易日结算价为基准的某一涨跌幅，超过该范围的报价将视为无效。

交割制度是指期货合约到期后，按照期货交易所的规则和程序，交易双方通过该合约所载标的物所有权的转移，或者按照规定结算价格进行现金差价结算，了结到期未平仓合约的过程。

这场史诗级"逼空战"，背后的原因是伦敦金属交易所（LME）的风险控制制度缺陷，其缺乏大户报告制度、涨跌停板制度、持仓限额制度、风险警示制度等（见表1），片面追求经济利益，过度强调市场自由竞争，造成大宗商品市场巨震、期货市场失序。事件发生之后，LME迅速采取一系列措施挽救百年信誉。首先，为控制市场异常波动所带来的风险，LME 紧急宣布暂停镍交易，将镍交易保证金要求提高至 4808 美元/吨，并取消 3 月 8 日所有的镍交易。其次，宣布延迟交割安排，将 3 月 16 日之前签订的应于 3 月 16 日至 22 日之间交割的所有镍合同延迟交割至 3 月 23 日。再次，决定在恢复镍交易时设置涨跌幅度限制，同时为避免其他相关有色金属价格剧烈波动，设置 15% 的涨跌幅度限制，避免合约单日交易损失过大引发更大的系统性风险。最后，在大户持仓方面，持仓超过 3000 手，交易所有权问询其持仓理由，并要求会员上报所有超过 100 手的 OTC 头寸。

上海期货交易所（SHFE）为应对市场波动，使用一系列交易规则维护市场平稳运行。3 月 7 日 LME 镍价冲上历史新高，SHFE 采取风险警示制度，向全体会员和客户警示剧烈波动的市场价格；3 月 8 日宣布提高镍期货交易手续费至 60 元/手，提高其他相关品种的交易手续费；调整镍期货的交易保证金比例至 19%，调整涨跌停幅度为 17%，并调整相关产品的交易保证金比例和涨跌停幅度；在沪镍期货价格连涨 3 天之后，3 月 10 日决定暂停一天镍期货部分合约交易。

表1 　　　　　　　LME 和 SHFE "逼仓" 事件前后交易制度对比

制度	SHFE	3 月 8 日之前的 LME	3 月 8 日之后的 LME
保证金制度	有	有	有
涨跌停板制度	有	无	有
限仓制度	有	无	无
逐日盯市制度	有	有	有
大户报告制度	有	无	有
风险警示制度	有	无	无

资料来源：Wind 数据库。

伦敦金属交易所（LME）作为世界上最大的有色金属交易所，已有 145 年的历史，其公开发布的成交价格被广泛作为世界金属交易的基准价格。上海期货交易所（SHFE）作为国内最早成立的期货交易所之一，对国内期货和现货市场价格产生深远影响。目前上海期货交易所拥有 4 个种类的期货品种对外开放，未来将成长为世界一流期货交易所。目前国内只有上海期货交易所拥有镍期货交易。

LME 和 SHFE 的对比如下（见表 2）。

（1）会员组织形式不同。LME 会员组织形式采用公司制，交易所是由投资者入股方式组建并设置场所和设施、经营交易市场的股份有限公司，资金来源于股东，红利在股东之间分配，以营利为目的，对期货交易所承担有限责任。SHFE 会员组织形式采用会员制，交易所由全体会员出资组建，会员须通过缴纳资格费取得会员资格。SHFE 资金来源于会员缴纳的资格金等，开支从当年的盈利和会员费中取得，盈余部分不作为红利分给会员，以公共利益为目的，会员不对期货交易所承担责任。

（2）交易时间不同。LME 的圈内交易时间为伦敦时间 11：40~17：00，LME-select 交易时间为伦敦时间 01：00~19：00，办公室间电话交易时间为 24 小时。办公室间电话交易即经纪商之间的交易，也是经纪商代理客户的交易，这种交易机制使得参与者众多，随时可以入市买进或卖出，不存在没有交易对手导致的流动性不足问题，这使 24 小时不间断交易成为可能。SHFE 交易时间不是 24 小时循环交易，日盘交易时间为 9：00~15：00，夜盘交易时间 21：00~2：30。并且国内期货市场根据品种不同，设置了不同的夜盘结束时间，但基本覆盖了境外市场主要交易时段，增加了期货价格的连续性。

（3）交易方式不同。LME 圈内交易采用公开叫价方式，具有公开透明和价格发现的功能，但是交易时间较短交易量较小，有被电子化交易取代之势，大量交易通过办公室间电话交易和 LME select 电子交易完成，弥补了公开叫价的不足。SHFE 采用电子交易，不存在公开叫价交易方式。

（4）会员权限存在差异。LME 第一、二、四类会员是做市商，可以签发客户基础合约代理客户交易，也可以参与自营交易，使市场交易更加活跃。SHFE 的期货经纪公司会员是专门从事经纪业务的会员，不得从事自营业务；非期货经纪公司会员是专门从事自营业务的会员，不得从事经纪业务。

（5）保证金制度不同。LME 经纪公司对于大客户可以采用授信交易，不需要缴纳保证金和维持保证金，风险自担，交易所和监管机构一般不干涉。对保证金的账户管理采用混合账户管理模式，允许清算会员对冲风险敞口。SHFE 只能开展保证金制度，经纪公司不得向客户提供授信来补足保证金。交易所对保证金实施分账管理，交易所向会员收取保证金设立明细账，会员向客户收取保证金设立明细账。

（6）结算方式不同。LME 无论是实物交割还是对冲平仓，均采用到期日结算方式，在到期日之前以对锁的方式体现在持仓中。SHFE 采用当日无负债结算，每日交易结束后，交易所按当日结算价结算所有合约的盈亏、交易保证金及手续费、税金等费用，对应收应付的款项实行净额一次划转，相应增加或减少会员的结算准备金。

（7）平仓方式不同。对 LME 期货合约实施平仓，当合约交割日不对应时，账户存在两个敞口，需要通过调期将交割日调整为同一天才能对冲。SHFE 不需要调期，只需要采取反向操作，使得账户头寸为零即可平仓。

（8）交割时间不同。LME 的三个月合约是连续合约，每天都可以交割，三个月以上六个月以内每月的周三交割，七个月以上每月第三个星期三交割。SHFE 是月合约，每月交割一次，共有 12 个合约。

（9）交易制度不同。LME 在逼仓事件爆发之前，有保证金制度和逐日盯市制度；在"拔网线"之后设置了涨跌停板制度和大户报告制度，是一种事后措施。SHFE 对期货交易实行保证金制度、涨跌停板制度、限仓制度、大户报告制度、强行平仓制度、风险警示制度等一系列制度，是涵盖事前、事中和事后的全流程措施。

表 2 LME 和 SHFE 对比

项目	LME	SHFE
会员组织形式	公司制	会员制
交易时间	24 小时循环不间断	有夜间交易，非 24 小时循环不间断
交易方式	公开叫价	无公开叫价，均通过电子交易
会员权限	LME 会员可以是做市商	SHFE 会员不能是做市商
保证金制度	经纪商根据客户的信用等级给予授信，可不缴纳保证金；保证金混合管理	必须缴纳一定比例的保证金和维持保证金；保证金分账管理
结算方式	到期结算	当日无负债结算
平仓方式	可能需要调期	不需要调期
交割时间	三个月合约，每天可以交割，三个月以上六个月以内每月的周三交割，七个月以上每月第三个星期三交割	月合约，每月交割一次
交易制度	保证金制度、大户报告制度	保证金制度、涨跌停板制度、限仓制度、大户报告制度、强行平仓制度、风险警示制度

资料来源：Wind 数据库。

LME 的期货合约虽然和 SHFE 的一样都采用逐日盯市制度，但是 LME 期货合约的清算方式仍保留原始的远期合同形式，在不采用每日清算情况下保持头寸，通过经纪商授信或者银行担保实现，盈亏在到期日之前以对锁的方式体现在持仓中，造成风险堆积，在发生极端行情时易引发系统风险。

LME 的涨跌停板制度作为事后措施，只能平缓价格波动，不能防控市场风险、降低逼仓或恶意操纵价格的可能性，造成制度有效性降低。面对突发市场状况和规则变化 LME 自顾不暇，连续三天开盘即跌停，过窄的涨跌停幅度引发投资者质疑。

LME 的交易制度只对清算会员有约束力，对非清算会员不生效，"资本大鳄"在场外持有巨额头寸，违规操纵期货价格情况时有发生。LME 缺乏完善的风险控制制度，市场价格急剧波动时，缺少风险警示制度以警示和化解风险；无涨跌停板制度，造成交易者难以拥有足够时间追加保证金或筹措现货；大户报告制度和限仓制度的缺失，引发头寸的过度集中，市场透明度不够，操纵期货价格行为难以防范。

LME 期货交割品种受限，只接受达到一定纯度的精炼镍。镍资源开采技术的精进使得对电解镍需求下降，合同规范不符合国际市场需求，引发大规模的交叉套期保值。限制俄镍进入交易所交割使得交割品种进一步减少，是此次逼仓事件的原因之一。

4. 伦敦金属交易所宣布取消 2022 年 3 月 8 日在场外交易和 LME select 系统执行的镍交易之后，部分投资者质疑 LME "拔网线"的合理性，根据理论知识分析 LME 究竟是"拉偏架"还是自救呢？

2012 年得到英国金融监管当局的批准，香港交易所以现金方式全面收购伦敦金属交易所，使其成为香港交易所旗下子公司。2014 年 LME 首家自营清算所 LME-Clear 成立，增加交易和清算的规范性，减少依赖外部清算所。但是根据 LME 的会员组织方式，会员拥有决策权，监管权限在英国金融行为监管局（FCA），清算在交易所的清算部门进行，事实上香港交易所并没有权力指挥 LME "拔网线"。

伦敦金属交易所（LME）作为世界上最大的有色金属交易所，其价格和库存对世界范围内有色金属的生产和销售产生极大影响，其公开发布的成交价格被广泛作为世界金属交易的基准价格。LME 独特的 7 级会员制度呈阶梯状分布（见表3），其中最重要的组成部分有：圈内会员、准经纪结算会员、准交易清算会员、准经纪会员和准交易会员。LME 采用会员自行管理制度，第一类、第二类和第四类会员是市场风险的承担者和转移者，可以做非会员的经纪商，交易所和监管机构对经纪商向大客户收取保证金采用授信方式不干预。同时，LME 的交易均通过自营清算所 LME Clear 来完成清算。LME Clear 作为中央对手方（Central Counterparty，CCP）以所有买方的卖方和所有卖方的买方的形式直接或者间接介入交易对手之间去承担相应的权利和义务来减少交易对手信用风险和系统风险。此外，LME 还要接受英国金融行为监管局（FCA）的监督。

表3   LME 的 7 级会员制度

会员	会员分类	圈内交易	清算所会员	由交易所授权清算 LME 基础合约	由交易所授权签发 LME 基础合约
第一类会员	圈内会员	是	是	是	是
第二类会员	准经纪结算会员	否	是	是	是
第三类会员	准交易清算会员	否	是	是	否
第四类会员	准经纪会员	否	否	否	是
第五类会员	准交易会员	否	否	否	否
第六类会员	个人会员	—			
第七类会员	荣誉会员	—			

资料来源：Wind 资讯。

LME 独特的会员权限差异化制度，分割不同会员的权利，使得众多投资者通过不同方式参与 LME 期货市场。第一，圈内会员不仅是 LME 的会员也是 LME Clear 会员，允许参与圈内交易，可以在期货交易所的授权下向任何客户签发客户基础合约并成为"庄家"，可以由交易所授权清算 LME 基础合约。第二，准经纪结算会员和圈内会员相比除了不能进行圈内交易外，其他权限相同。据悉，摩根大通于 2015 年推出 LME 圈内公开叫价业务，成为了准经纪结算会员。第三，准交易清算会员是清算会员，能够由交易所授权清算 LME 基础合约，但不能进行圈内交易、签发客户基础合约，只能与第一、二和四类会员交易。第四，准经纪会员既不是清算所会员也不能进入圈内交易，其他权限和第一、二类会员一致。第五，准交易会员除了向交易所缴纳一定年费享有少量知情权外，无其他权限，只能与第一、二和四类会员交易。第六，个人会员和荣誉会员没有任何权利和实际意义。

据报道，此次清山控股 20 万吨左右在 LME 的镍空头头寸中，只有 3 万吨是圈内交易，剩余都是通过经纪商如摩根大通、法国巴黎银行、渣打银行、大华银行、星展银行、工银标准等双边场外市场持有的。其中只有经纪商建银国际是第一类会员，其他经纪商如摩根大通、法国巴黎银行、渣打银行、工银标准、中银国际都为第二类会员，星展银行是第四类会员，嘉能可为第五类会员（见表4）。清山控股作为非 LME 会员，只能通过第一、二、四类会员来参与期货合约的买卖。

表4   "逼仓"事件中各方参与者

名称	是否 LME Clear 清算会员	LME 会员
法国巴黎银行	是	第二类
渣打银行	是	第二类
工银标准	否	第二类
中银国际	否	第二类
摩根大通	是	第二类
建银国际	是	第一类
星展银行	否	第四类
大华银行	否	否
嘉能可	否	第五类

资料来源：Wind 资讯。

2008 年美国次贷危机席卷全球，掀起全球金融海啸，双边场外衍生品市场位于海啸中心，控制交易对手信用风险刻不容缓。2009 年 G20 峰会确立场外衍生交易监管框架的基调是"从场外走向场内"，并要求场外衍生交易通过中央对手方进行集中清算，至此场外衍生品交易由双边清算走向集中清算。随后由场外工作小组进一步将监管目标确定为标准化、集中清算、有组织的交易平台及交易报告库这四个方面，并按照这四个方面逐步控制交易对手信用风险。《巴塞尔协议Ⅲ》提高场外衍生品交易和债券融资业务的交易对手信用风险的资本要求，增加了双边保证金协议的成本。

中央对手方（CCP）是指以所有买方的卖方和所有卖方的买方的形式直接或者间接介入交易对手之间去承担相应的权利和义务来减少交易对手信用风险和系统风险。通过对所有交易实施统一轧差，有序拍卖违约方合约以减少需要被替代的总头寸，相较于双边市场无序的合约替代，其对价格的扰动更小。通过保证金制度以减少标的资产组合的价格变动的方式降低风险，通过收取保证金和违约基金来实现损失分担，避免由单一或少数交易对手承担造成的严重后果。如图 2 所示，中央对手方和所有的清算会员进行集中清算，清算会员代理客户（非清算会员）进行清算。

清算所对会员收取变动保证金、初始保证金以及违约基金。变动保证金也叫盯市保证金，用于覆盖会员持有头寸市价的净变化，必须每日甚至日内交付。初始保

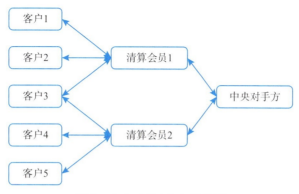

图 2　中央对手方组织结构图

资料来源：https：//business. sohu. com/a/708129762_121703870（搜狐网）。

证金是一个额外的数额，在会员进行交易时收取，用于覆盖在最坏情况下的会员违约平仓成本，会随着市场条件的变化而增加。违约基金是用来弥补超过初始保证金的损失的基金，是清算会员在加入清算所时缴纳的。不是中央对手方的会员，也可以通过清算会员进行清算，具体来讲客户和清算会员之间存在双边关系，不需要缴纳违约基金但是仍需缴纳保证金，清算会员从收取的超额保证金中（高于中央对手方要求的保证金）部分获得投资收益作为提供清算服务及承担额外风险的报酬，还收取清算服务费，包括违约基金的补偿费。清算会员会将自己和中央对手方的契约关系一模一样地应用到和客户的关系上，无形中客户在一定程度上受到中央对手方规则的制约。一旦客户无法履行义务时，清算会员对于中央对手方有保证支付客户未付款项的义务。另外，还需要考虑到客户（非清算会员）可能与不止一个清算会员存在业务往来。

　　根据中央对手方损失瀑布结构（见图3），当清算会员出现违约情况时，中央对手方首先对违约会员的所有头寸进行平仓，并对他们进行轧差，用变动保证金尽量抵销轧差后的盯市亏损，用初始保证金弥补可能出现的进一步亏损，还存在缺口时可以动用违约方的违约基金份额。极端情况下，当违约方的初始保证金和违约基金消耗殆尽时，可以动用部分所有者权益来维持正常经营。以上损失都是由违约方来买单的。当损失过于严重，需要其他会员为其违约行为买单，即"幸存者买单"，需要消耗未违约会员的违约基金份额、评估权及其他损失分配方案、中央对手方的剩余资本，最后一旦未得到流动性支持，中央对手方就倒闭了。中央对手方作为一个重要关节，相比银行而言，更是"大而不能倒"的企业，是因为过于关联而不能倒闭，这种关联性很大程度上归咎于场外衍生品市场。

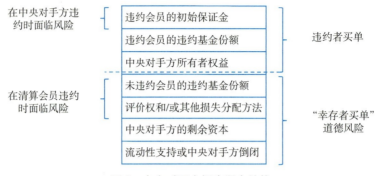

图3　中央对手方损失瀑布结构

资料来源：https://news.sohu.com/a/681861441_121643062（搜狐网）。

　　LME 的所有交易均通过自营清算所 LME Clear 进行清算，LME Clear 作为中央对手方与清算会员进行结算。当期货市场价格剧烈波动时，交易所会要求更高的保证金，经纪商不得不通过各种渠道筹集资金，造成资产大量变现，进一步引发其他市场价格的波动，融资需求增加导致市场流动性紧张。3月7日至8日，伦镍疯狂上涨，令所有空头和经纪商都面临追加巨额保证金的要求，这引起流动性需求上涨，造成流动性紧张的局面，不能及时补足保证金的经纪商会面临空头头寸被强平甚至破产的风险。3月9日，LME 宣布将镍的初始保证金提高一倍至4808美元/吨，其他有色金属的初始保证金也分别上调。据报道，在这一期间，各家商品交易商的追加保证金通知已达到数十亿美元，为此不得不向金融机构融资或者卖出资产，金融体系的流动性正在被虹吸到大宗商品市场内部。

　　此次 LME "拔网线" 对期货价格严重偏离基本面的行为进行纠偏，对企图在期货市场兴风作浪的投机者具有威慑力，也挽救了 LME 的百年声誉。可以设想极端情况，当期货价格严重偏离基本面时，LME 任由其上涨而不采取任何干预措施，所有持有空头头寸的客户和经纪商都要补足巨额保证金，这些保证金数额足够大以至于市场上融资困难，经纪商不能补足保证金而违约，并因此造成中央对手方的损失。根据中央对手方损失瀑布结构，可以看到不仅非违约会员损失违约基金份额，更严重会造成 LME Clear 的倒闭。LME Clear 是 LME 的重要组成部分，清算机构出现危机会引起期货市场的地震。至此 LME 此次 "拔网线" 是在自救。

　　5. 在大宗商品价格不断上涨的背景下，全球矿产资源的争夺日益激烈，大宗商品定价权仍然掌握在西方国家手中，我国如何推动商品期货市场国际化？

　　2009年清山控股提早布局印度尼西亚镍矿资源，"一带一路" 项目的提出使其发展更上一层楼。印度尼西亚位于 "一带一路" 上，拥有丰富的资源储备，如棕榈油、橡胶、镍矿等，中国企业投资印度尼西亚资源储备有利于扩大大宗商品进口渠道和运输途径，有利于国家经济安全。随着镍在电池端需求的不断增加，各大锂电池生产商和新能源电动车生产企业在全球范围寻找供应稳定的镍矿。2021 年 7 月，美国电动汽车制造商特斯拉和全球最大的矿业公司必和必拓控股达成协议，由其提供镍这种金属。

目前国际大宗商品和原材料定价权主要集中在发达国家手中，如纽约商品交易所、芝加哥期货交易所、伦敦金属交易所、洲际交易所和普氏能源资讯等。大宗商品的定价模式有两种，其一以期货交易价格为基准，加减一定的升贴水形成商品交易价格；其二通过双方协商谈判达成交易价格。大宗商品的原材料在地区上分布不均，导致大宗商品供给极易形成寡头垄断，国际资本通过对外投资控制世界上主要的大宗商品的原材料的开采和出口，牢牢掌控大宗商品定价权；发达国家以国际投行和跨国公司为代理，掌握大量资本，通过控制资金流向来引导大宗商品价格走势。通过建立以美元为中心的国际金融体系，使美元成为大宗商品的定价货币，全球有 53 种大宗商品都是以美元来定价，份额超六成，包括 LME 在内的多个期货交易所都是以美元来结算的。发达国家的权威金融机构发布大宗商品的产量、消费、库存、价格等信息，垄断了大宗商品的信息渠道。通过运用国际影响力，发达国家控制主要的海上运输渠道，掌握大宗商品的流向，使其获得绝对地位。

首先，实体经济可以利用期货市场套期保值和价格发现的功能减少大宗商品现货的风险。期货是未来的现货，期货的重要性必然会反映到期货合约的设计上来，目前还是发达国家主导期货合约的设计和期货市场规则的制定。国际大宗商品价格上涨给中国带来输入型通货膨胀，造成中国国内价格水平上涨。类似清山控股这样的中国企业走出国门，在海外拥有矿产资源的开采权、投资建厂以及进行国际化布局的企业需要期货市场的基准价格来定价，大宗商品定价话语权掌握在英、美手中，中国企业不得不接受卖方市场的高价，增加了经营成本，再通过进口沿产业链传导，引起不锈钢、新能源电池等相关产品价格的上涨。其次，具有定价影响力的本土商品期货市场，拥有健全的期货交易制度和"五位一体"的监管格局，能够保证大宗商品市场价格的稳定，避免市场被操控的风险。我国镍资源相对贫乏，是最主要的镍进口国，清山控股作为"镍王"在 LME 被国际资本逼仓，受期货价格剧烈波动和期货市场被国际资本操控的影响，只能被动接受镍期货价格的大幅上涨。再次，大宗商品定价权的缺失导致中国企业偏向在美国、英国的期货市场上进行套期保值，买卖信息、生产经营策略等商业秘密暴露在交易对手面前，经营风险扩大。发达国家争夺国际定价中心的地位，对他国大宗商品买卖进行监控，维护自身利益。发达国家通过控制期货市场获得大宗商品动态库存，使期货市场成为其战略目标的得力工具，形成对战略资源的有力控制，进一步维护其定价权中心的地位和国家经济安全。最后，大宗商品是国家经济安全的重要内容，世界各国越来越重视大宗商品的来源和价格，大宗商品和原材料通过产业链影响我国经济的方方面面，国家经济安全不容忽视。大宗商品定价权的争夺实际上是制定国际贸易规则和扩大国际影响力的争夺。基于大宗商品大规模进出的重要前提，聚焦国际贸易定价规则、基准价格的确定以及国际贸易市场格局，随着"一带一路"的不断推进，中国正处于形成大宗商品定价权的重要机遇期，建立国际定价中心，积极稳妥地推进期货市场国际化。

目前我国建立大宗商品定价中心的主要障碍有如下几方面。

（1）商品期货的品种和数量尚未完全开放，期货合约具有不连续性。目前我国只有 4 种对外开放的期货品种：原油、铁矿石、PTA 和 20 号胶期货，其他商品期货尚未开放，开放品种的限制使外国投资者无法参与国内的期货市场，难以反映国际期货市场价格信息。加快期货品种的开放进度，有利于建立国际大宗商品定价中心，提升国际影响力。我国商品期货合约的不连续性也限制了我国定价基准在国际贸易中的影响力。

（2）交易者范围和市场准入受限。中国期货市场的对外开放还处于起步阶段，产业、机构投资者和个人客户占比不合理导致期货市场运行效率和质量与国外期货市场相比存在较大差距。境外投资者市场准入门槛较高，如要求境内期货知识测试、境外经纪机构不能独立为境外投资者开户、提交较多的材料。

（3）境内、境外市场的规则差异大。境内期货交易所和境外期货交易所在章程和规则上存在较大差异，境内期货交易所规则较为简单，强调原则性，在可操作性和灵活性方面不如境外期货交易所。交易规则存在大量差异，不利于境外投资者对交易规则的理解。

（4）市场监管和法律法规的不充分。随着现货市场的迅猛发展，监管不到位和监管职责不明确的问题逐渐暴露，违规操作、过度投机问题时有发生。完善的法律体系是期货市场健康发展的基础，行业立法是行业成熟的标志，我国期货市场法律体系不健全，对跨境交易及其监督缺少法律层面的安排，解决金融纠纷存在依据不足的问题。

（5）境外市场培育不充分。期货市场对外开放进程比较滞后，主要培育国内期货市场，中国期货公司分支机构和国际相较数量上明显偏少，且大部分集中位于香港，渠道和辐射范围很有限。

（6）人民币国际化程度较低。人民币的计价、结算、投融资、交易和国际储备功能尚未完全实现。人民币跨境支付结算系统、人民币结算代理行、人民币跨境收付信息管理系统等基础设施有待完善。

可从以下 6 个方面建立大宗商品定价中心。

（1）首期 4 种对外开放的期货品种是走向期货市场国际化的"排头兵"，后续根据国际贸易的情况、相关现货市场在国际上的影响力、国家政策的调整和变化，选择具备良好市场基础的、进出口有一定规模影响力的、成交量大的期货品种率先开放，引入境外投资者参与交易。

（2）当前国内交易所在允许非居民成为境内期货交易所会员的限制有所松绑，但是允许外资会员从事经纪业务以及结算业务还有待进一步开放，参照发达国家成熟的市场经验，逐步放开境外投资者市场准入限制。积极引入产业、机构投资者，优化投资者结构，提高市场运行质量和效率。

（3）推进境内期货交易所和境外期货交易所在章程和规则的对接，增加规则的可操作性和灵活性，以积极的姿态与国际期货市场规则接轨，减少境外投资者对规则的不理解。

（4）对五位一体的期货市场监管体系职责进行进一步细化，提高防范和化解市场风险的能力。我国期货市场仅仅走过三十多年的光景，法制的缺失和不健全可能在期货市场对外开放时造成诸多困扰。

（5）对商品期货市场有一定发展基础的国家，进一步培育和开发市场，激发市场成交活跃性。对商品期货市场仍处于发展阶段的国家，就贸易往来的密切品种，开展教育培训。鼓励国内期货公司走出去，在海外设立分支机构，扩大境内期货市场影响力，建立期货市场的中国基准价格。

（6）以"一带一路"为引导，加强与"一带一路"合作伙伴的贸易合作，扩大人民币使用范围，增强人民币计价功能。持续完善人民币跨境支付结算系统、人民币结算代理行、人民币跨境收付信息管理系统等基础设施，加快人民币国际化进程。

6. 尽管国内企业参与国际化竞争，尤其是参与国际金融市场竞争，面对诸多挑战，但从国家战略角度来说，仍然需要诸多企业"走出去"，国家需要提供怎样的支持，企业自身又需要做好哪些准备？

党的十八大以来，在以习近平同志为核心的党中央开放发展新理念、新思想的指引下，中国的对外开放内涵更加丰富，对外开放路径更加清晰，对外开放空间更加广阔。党的十九大报告指出，要以"一带一路"建设为重点，坚持引进来和走出去并重，遵循共商共建共享原则，加强创新能力开放合作，形成陆海内外联动、东西双向互济的开放格局。党的二十大报告更是提出，"推进高水平对外开放"。"走出去"战略是党中央、国务院根据经济全球化新形势和国民经济发展的内在需要做出的重大决策，是发展开放型经济、全面提高对外开放水平的重大举措，是实现我国经济与社会长远发展、促进与世界各国共同发展的有效途径。在当前经济全球化和企业国际化迅速发展的大背景下，企业在国内保有一定竞争力后，后续只有"走出去"，结合国外资源、发展高新技术，才能够使中资企业做大做强，迈入国际市场。

在我国提出"走出去"战略后，一大批包括清山控股在内的中资企业响应号召，采取企业合并、在境外收购资源等一系列措施。清山控股在 2009 年与印度尼西亚八星集团合资成立矿业投资有限公司，最终获得印度尼西亚面积为 4.7 万公顷的红土镍矿开发权，是"走出去"的模范案例。

（1）国家为企业提供的支持。

①构建"一体两翼"的支持促进与监管服务机制。企业"走出去"需要建立以国家战略导向为主体，政策支持、国资监管服务两翼驱动为支撑的"一体两翼"式央企境外投资促进与监管服务机制。国家应进一步完善税收政策、投资保险政策，给予企业税收支持以及投资保障，加大财政贴息力度、扩大贴息范围，支持促进中资企业境外投资。与此同时，我国虽开设对外经济合作专项资金以及中央国有资本经营预算境外投资资金等专项资金，却没有考虑企业对外投资所面临的风险，因此下一步或可对相关企业进行直接补贴，以推进企业实现国际化发展。

②注重风险管控。在企业不断趋于经济全球化的过程中，会面对众多不确定性，然而金融杠杆可能使得这些小风险造成大危机，此时需要国家建立一定的风险控制制度来限制风险的扩大。首先，确定涉外合作企业的风险承受度，即其能够承担风险的额度，在该企业有可能发生风险时给予警告；其次，时刻观察市场，在任何可能造成危机的风险扩大前采取防范措施。

③为人才提供福利。人才对于提高企业竞争力、资源配置能力起着重要作用，而我国各行业当前普遍面临着人才流失的问题。因此国家应提供积极的就业扶持政策，岗位设置多样性、专业性，吸引人才对口，充分发挥其专业技能。同时采取措施推进企业与学校对接，保证人才储备，入职后对人才提供福利补贴，例如购房优惠、考虑家属等，确保能够留住人才。

（2）企业自身应做好的准备。

①建立风控机制。

中资企业在"走出去"过程中，必然会经历汇率波动、政策变动以及政治冲突等不确定因素带来的风险，与此同时，还有可能面临类似此次国际资本逼仓事件再度上演，甚至被联合"围剿"的被动局势的出现所产生的巨大风险。因此企业自身必须建立起一套完整的风控机制来应对未知隐患。

风控流程包括风险识别、风险分析、风险评估、风险控制四大步骤。风险识别是指在风险事件发生前，通过一系列方法系统地、连续地认识所面临的风险；风险分析是指在风险识别的基础上对风险进行定量、定性分析，分析风险发生的可能性并判断风险发生的潜在原因；风险评估则是在风险分析的基础上，判断风险发生后对企业可能造成的危害；风险控制是指企业采取一定措施将风险降到最低，例如风险规避、风险转移等。

②开拓创新，技术领先。

当前我国存在着业务模式单一、在部分领域技术落后等问题，制约着中资企业"向外走"的步伐，因此为更好地迎合经济全球化，中资企业应不断拓展创新。

首先，丰富企业的投资方式。现阶段企业投资方式已经由之前单一的收购发展为跨国并购、股权置换和战略联盟（见表5）等，因此，日后企业可以利用多种投资方式构建投资组合以创新投资战略。其次，不断拓宽企业投资合作领域与区域。当前我国企业的投资已由传统的贸易、对外工程承包，逐步拓展到资源开发和研发设计、生产制造、物流运输及园区建设等领域上来，主要集中分布在矿产资源、石油化工、装备制造、家用电器、交通运输、建筑施工等行业。日后应在此基础上不断扩大合作规模和应用领域。

表5 投资方式定义

投资方式	定义
跨国并购	跨国并购是指一国企业（又称并购企业）为了达到某种目标，通过一定的渠道和支付手段，将另一国企业（又称被并购企业）的所有资产或足以行使运营活动的股份收买下来，从而对另一国企业的经营管理实施实际的或完全的控制行为
股权置换	股权置换通常在于引入战略投资者或合作伙伴，并且不涉及控股权的变更，实现公司控股股东与战略伙伴之间的交叉持股，以建立利益关联
战略联盟	战略联盟是通过与其他企业、组织或个人建立长期合作关系进入新的业务领域。结成长期合作关系的各方一般互不拥有，而是成立一个新的商业实体（如合资企业）来经营新的业务

五、关键要点

1. 关键点：本案例通过清山控股持有镍期货巨额空头头寸被国际资本狙击引出一系列应急措施的事件，引导学生深入理解期货交易套期保值和投机、LME 的期货交易制度和清算规则。立足于实际案例，加强学生对相关理论知识的掌握，引发学生对期货市场功能以及大宗商品定价权的思考。

2. 关键知识点：交易所交易制度、套期保值和投机、中央对手方损失瀑布、大宗商品定价权。

3. 能力点：分析与综合能力、逻辑思维能力、批判性思维的能力、创新能力、提炼关键问题的能力以及解决问题的实际能力。

六、建议课堂计划

本案例可用于专门的案例讨论课，授课教师可参考本案例使用说明，做好案例教学计划安排，具体如表 6 所示。案例课堂教学时间建议控制在 80～90 分钟。

若授课教师拟将本案例用于课程中的教学辅助案例，建议要求学员提前熟悉案例内容、做好分组研讨，节约课堂时间，课堂上的案例讨论与分析主要围绕 3～4 个启发思考题展开。

表 6   教学计划安排

教学计划	教学活动及内容	辅助手段	时间安排
课前计划	提前发放案例正文、启发思考题和背景资料，要求学生们在课前完成阅读和初步思考。同时将学生分组，小组规模以 5～6 人为宜，要求以小组为单位进行案例阅读、相关资料查询与课前讨论		提前 1～2 周
课中计划	1. 案例教学导入：老师简单扼要地介绍案例的内容与主题，说明案例讨论的教学目的、要求和安排等	PPT 投影	5 分钟
	2. 案例回顾：带领学生简要回顾案例正文，梳理逻辑线索，交代关键点		5 分钟
	3. 分组辩论：按照原先的分组，以小组为单位，对清山控股持有巨额空头头寸是套期保值还是投机进行辩论，对案例中重点争议从理论知识角度进行辩论		20 分钟

续表

教学计划	教学活动及内容	辅助手段	时间安排
课中计划	4. 讨论分享：授课教师从所有小组中随机任意抽取一组，由该小组派出代表来展示小组分析成果，内容包括：案例重点内容总结、回答启发思考题以及小组成员对该案例的启示	PPT 投影 + 白板	20 分钟
	5. 其他小组补充：从剩余的所有小组里抽取一位代表，对刚刚汇报的小组内容进行补充		25 分钟
	6. 教师总结：授课教师对案例讨论进行归纳总结，并进一步鼓励学生对于案例中的一些知识点进行发散性思考和分析		10 分钟
课后计划	请学生们结合课堂讨论情况，进一步完善自己的观点，并形成最终的分析报告，重点分析"逼空"事件所带来的启示		

相关附件

附件 1：案例时间线

阶段	时间	事件
初露端倪	1 月 10 日	LME 数据显示，某单一客户持有的镍期货仓单（期货库存增加）占比从 30% ~ 39% 逐渐增加，当下占总仓单的比例已超过 90%
	2 月 24 日	俄乌冲突爆发，LME 发布公告限制俄镍进入 LME 期货仓库交割
突发剧变	3 月 7 日	LME 镍在此前四连扬的基础上加速上扬，单日高达 72.67% 的涨幅让市场为之瞠目
	3 月 8 日	伦镍连续突破 6 万美元、7 万美元、8 万美元、9 万美元、10 万美元五个大关，LME 发布公告取消在 2022 年 3 月 8 日英国时间 00：00 或之后在场外交易市场和 LME select 上执行的所有交易
事态反转	3 月 9 日	据证券日报报道，清山控股已通过多种渠道调配到充足现货进行交割
	3 月 15 日	清山控股发布公告称已经与由期货银行债权人组成的银团达成了一项静默协议
市场重启	3 月 16 日	LME 镍合约恢复交易，设置 5% 的涨跌幅限制，开盘后触及价格变动上限，随后 LME 暂停镍交易
	3 月 17 日	LME 扩大涨跌幅度限制至 8%，镍价连续两个交易日跌停
	3 月 18 日	LME 扩大涨跌幅度限制至 12%，镍价连续三个交易日跌停

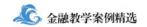

附件 2：LME Clear 清算会员

LME Clear members		
A	B	C
ABN AMRO Clearing Bank NV	BGC Brokers LP	CCBI Global Markets（UK）Limited
ADM Investor Services International Limited	BNP Paribas	Citibank，N. A. London Branch
Amalgamated Metal Trading Limited	BOCI Global Commodities（UK）Limited	Citigroup Global Markets Limited
	Britannia Global Markets Limited	Commerzbank AG
		Credit Suisse International
D	E	G
Deutsche Bank AG	E D & F Man Capital Markets Limited	GF Financial Markets（UK）Limited
		Goldman Sachs International
H	I	J
HSBC Bank Plc	ICBC Standard Bank Plc	J. Aron Company LLC
Hydro Aluminium AS		J. P. Morgan Securities Plc
		Jump Trading Futures，LLC
K	M	N
Koch Metals Trading Limited	Macquarie Bank Limited	Natixis
	MAREX Financial	Nanhua Financial（UK）Co Limited
	Merrill Lynch International	
	Mitsui Bussan Commodities Ltd	
	Mizuho Securities USA LLC	
	Morgan Stanley & Co. International plc	
R	S	T
RBC Europe Limited	Societe Generale International Limited	The Toronto-Dominion Bank
R. J. O'Brien Limited	Standard Chartered Bank	Tower Research Capital Europe Limited
	Sucden Financial Limited	Toyota Tsusho Metals Limited
	StoneX Financial Ltd	Triland Metals Limited
	Sigma Broking Limited	Tullett Prebon（Europe）Limited
U	X	
UBS AG	XTX Markets Trading Limited	
UniCredit Bank AG		

资料来源：Wind 数据库。

附件3：LME 镍价历史数据

日期	收盘价（美元/吨）	开盘价（美元/吨）	最高价（美元/吨）	最低价（美元/吨）	成交量（吨）	库存（吨）
2022 年 3 月 4 日	29130	27110	30295	27040	4052	77082
2022 年 3 月 7 日	50300	29770	55000	29770	5622	76830
2022 年 3 月 8 日	48063	49980	101365	48000	2144	75012
2022 年 3 月 16 日	45590	45590	45590	43995	4	74688
2022 年 3 月 17 日	41945	41945	41945	41495	3	74274
2022 年 3 月 18 日	36915	36915	36915	36865	3	74358
2022 年 3 月 21 日	31380	31380	31380	31380	1	73632
2022 年 3 月 22 日	28660	27020	30205	27020	2874	73578
2022 年 3 月 23 日	32380	28485	32380	28485	484	73242
2022 年 3 月 24 日	37235	34200	37235	34100	94	73074
2022 年 3 月 25 日	35491	40000	40700	34500	1079	72924
2022 年 3 月 28 日	33000	33005	34490	32530	577	72816
2022 年 3 月 29 日	31900	33000	33000	31785	777	72630
2022 年 3 月 30 日	32575	33060	33130	32400	372	72540
2022 年 3 月 31 日	32100	32575	33745	32010	590	72570
2022 年 4 月 1 日	34000	32000	34270	31940	695	72390
2022 年 4 月 4 日	32700	34000	34000	32650	497	73362
2022 年 4 月 5 日	33610	33245	33850	32980	530	72924
2022 年 4 月 6 日	33430	33610	34355	32810	663	73902
2022 年 4 月 7 日	33870	33200	34000	32500	635	74190

资料来源：Wind 数据库。

参考文献

［1］申倩倩．中国钢铁企业套期保值研究［D］．合肥：安徽大学，2013．

［2］兰鹏．期货最优套期保值比率研究评述［J］．财经理论研究，2013（1）．

［3］马俊．BOCI 公司期现对冲套利策略研究［D］．兰州：兰州理工大学，2014．

［4］内政办．内蒙古自治区人民政府办公厅关于推动期货市场服务实体经济发

展的指导意见 [Z]. 内蒙古自治区人民政府公报, 2015 (22): 40 – 42.

[5] 刘磊. 铁矿石期货套期保值风险管理研究 [D]. 大连: 大连海事大学, 2016.

[6] 中国证券监督管理委员会, 中国期货业协会. 中国期货市场年鉴 (2015 年) [M]. 北京: 中国财政经济出版社, 2016.

[7] 蒋云鹤, 刘海龙. 基于价格信息的期货市场交易操纵模型及其应用 [J]. 管理工程学报, 2016, 30 (1): 176 – 184.

[8] 程红星, 王超. 跨市场操纵立法与监管研究 [J]. 证券法苑, 2017, 22 (4): 472 – 486.

[9] 栾春旭. 金融衍生品市场操纵行为的识别与规制——以国内证券市场首个 ETF 操纵交易案为例 [J]. 福建金融, 2019 (11): 64 – 69.

[10] 戴新竹, 李文伟, 缪仁龙. LME 镍期货 "逼仓" 危机对金融基础设施风险管理的启示 [J]. 金融市场研究, 2022 (7): 41 – 50.

[11] 吕江涛. 青山依旧在, "镍王" 应反思为何中企屡遭狙击 [J]. 中国经济周刊, 2022 (7): 72 – 74.

[12] 陈邦祺. "镍王" 出山——妖镍事件亮爆隐形的 "青山系" [J]. 国企管理, 2022 (21): 76 – 79 + 3.

[13] 洪心宇. 浅析我国金融衍生品市场现状与发展策略 [J]. 中国管理信息化, 2022, 25 (14).

[14] 田野. 伦镍逼空事件: 为何总是踏入同一条河流 [J]. 中国石油企业, 2022 (4): 103 – 105.

[15] 李正强. 从伦敦镍期货事件看中外交易所风险防控差异 [J]. 清华金融评论, 2022 (5): 46 – 48.

[16] V Peramato, Óscar. Financial Futures Markets and Their Impact on the Real Economy in Middle and Low Income Countries [M]. Books LLC, Reference Series, 2011 (9).

[17] Zhao J, Tian Y. Impact of Chinese Futures Market to Regional Economic Development [C]. International Symposium on Regional Management Science, 2011: 51 – 54.

[18] Brockman, P., French, D W., Tamm, C. REIT Organizational Structure, Institutional Ownership, and Stock Performance [J]. The Journal of Real Estate Portfolio Management, 2014 (20): 21 – 36.

［19］Zhu G H，Liu F Y. The Repair Function for the Price System of the Real Economy in the Futures Market：An Empirical Analysis of Chinese Commodity Futures Markets ［J］. Journal of Wuhan University of Technology，2015.

［20］Mariah，Z.，Zhu，B. Research on the Financing Operation Mode of Chinese Sewage Treatment Plant ［C］. 2015.

案例正文编号：PDF-CASE2022142

案例使用说明编号：PDF-TN2022142

入库时间：2022 年

作者：姜学军、赵乾翔

独董"离职潮"的背后[*]

摘要： 作为舶来品的独立董事制度，在我国实施了二十余载，已成为上市公司改善公司治理的有效元素，一直备受各方关注。2021 年 11 月，中医药龙头康兰药业财务造假引发的独立董事被判天价罚款案，将独立董事再次推向了风口浪尖。本案例通过梳理康兰药业独立董事被罚后引发市场独立董事"离职潮"的来龙去脉，认识独立董事的职责所在，探讨"离职潮"的原因及其背后的制度性因素，以期对我国独立董事制度的进一步完善提供借鉴和启示。

关键词： 独立董事　康兰药业　财务造假　勤勉义务

---

* 本案例中人名、公司名均为化名。

案例正文

0 引 言

对资深股民史先生来说，2019 年注定是个悲喜惊交集的一年。"悲"的是，持重仓的康兰药业在 5 月 17 日宣布停牌"戴帽"了！其实早在 4 月 29 日康兰药业就发布了《关于前期会计差错更正的公告》，称财务报表存在会计差错，但凭借其对康兰药业的信任和多年的关注，史先生做出了继续持仓的决定。停牌公告令史先生追悔莫及，如果那时就斩仓所持的 2 万多股，就可以减少十几万的损失。

"喜"的是，经过近半年的等待，11 月 × 日晚，史先生与境遇相同的 5 万多股民终于等来了好消息：人民法院判决康兰药业向投资者赔偿损失（共计 24.59 亿元）。12 月 × 日，看着自己账户中重新回来的近 16 万元，史先生总算松了一口气。

"惊"的是，史先生注意到，上市公司的独立董事纷纷"逃亡"，辞职公告接踵而来，独立董事这份在史先生看来是"美差"的职位成了烫手山芋。

1 祸起康兰

康兰药业股份有限公司（以下简称"康兰药业"），是马兴夫妇于 1997 年创立的，注册资金 21.98 亿元（目前 49.73 亿元①）。该公司是一家现代化大型医药企业，以中药饮片、中成药、化学原料药制剂生产为主导，集药品生产、医疗器械营销于一体，产品远销广东省以及全国其他 20 多个省份。2001 年，康兰药业在上海证券交易所挂牌上市。

1.1 一路风光无限

得益于国家振兴中医药事业的战略大背景，坚守"用爱感动世界、用心经营健康"的经营理念，康兰药业一路高歌，取得了令人瞩目的成绩。

1998 年，也就是公司成立后的第二年，康兰药业就被认定为广东省高新科技企业；2000 年升级为国家级重点高新技术企业，同年顺利通过科技部和中国科学院的

---

① 康兰药业股份有限公司《关于变更公司注册资本暨修订〈公司章程〉的公告》。

"双高"认定；2002 年建成在当时堪称规模最大、起点最高、品种最全的中药饮片生产基地；2006 年其中药饮片高新技术产业化示范工程被列为国家星火计划项目；2009 年被认定为中国高新科技企业；2012 年成为国家级创新型试点企业。

2013 年，康兰药业迈上新的台阶，当年的销售收入突破了百亿大关，首次进入财富中文网"2013 年中国 500 强排行榜"；2014 年正式获得商务部直销经营许可证，强势进军直销领域；2015 年相继成立了两家健康公司；在 2017 年度"中国企业信用 500 强"中排名第 60 位，并入围"中国制造业企业信用 100 强"；自 2009 年以来连续十年登榜"中国最具竞争力医药上市公司 20 强"。

1.2 一向"地位稳定"

康兰药业以中药饮片为主业，不断优化业务结构，凭其较为完整的业务链条、颇为丰富的医疗健康资源、较强的整合能力而成为行业的龙头（见图 1），从成立到 2017 年间营业收入与净利润连年增长，2017 年达到峰值，其中中药饮片业务的产销规模曾排名第一。

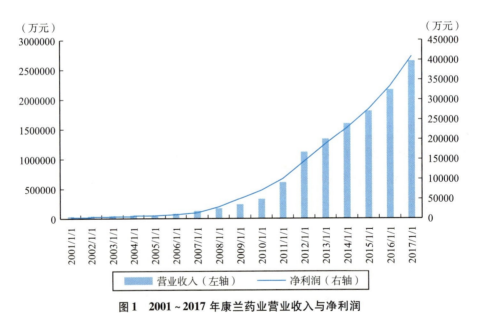

图 1　2001～2017 年康兰药业营业收入与净利润

资料来源：Wind 数据库。

国家发展改革委产业协调司公布的数据显示，我国规模以上医药企业的主营业务收入在 2017 年同比增长 12.2%，共计 29826 亿元；其中中药饮片加工子行业同比增长 16.7%，实现主营业务收入 2165.3 亿元。而康兰药业 2017 年中药饮片营业收入同比增长 30.93%，超出行业平均增长水平。表 1 为康兰药业（财务造假披露前）与当时头部药企年营业收入的对比。

表1	2014～2017 年一线制药公司年营业收入对比			单位：亿元
公司	2014 年	2015 年	2016 年	2017 年
康兰药业	159	181	216	265
云南白药	188	207	224	243
白云山	188	191	200	210
步长制药	103	116	123	138
同仁堂	97	108	121	134

资料来源：根据五家上市公司年报整理。

在业绩的带动下，康兰药业的股价也一路攀升（见图 2），2018 年 5 月达到顶峰的 27.99 元/股，总市值最高时接近 1400 亿元，坐上了医药板块第二把交椅，成为具有较高投资价值的"白马股"。

图 2　2016～2019 年康兰药业收盘价

数据来源：同花顺。

1.3　一夜光环尽失

令人难以置信的是，光鲜亮丽的数字竟源于财务造假！由于市场上对康兰药业财务数据的质疑一直不断，终于引起监管部门的注意。2018 年 12 月 28 日，中国证券监督管理委员会（以下简称"证监会"）向康兰药业发出《调查通知书》，要求康兰药业积极配合调查。

2019 年 5 月 17 日（周五）证监会通过官网及微信公众号等平台通报了对康兰药业的调查进展。通报显示康兰药业披露的 2016～2018 年间的财务报告存在三种重大虚假情况，包括用假单据虚增银行存款；伪造业务凭证造假收入；将资金转入关联方账户买卖本公司股票等。

5 月 17 日晚间康兰药业几乎同步发布公告，承认在公司治理、内部控制等方面存在重大缺陷，表示要加强管理，解决相关的问题，挽回损失，并对投资者致歉。

5 月 20 日康兰药业停牌 1 天，开始实施"其他风险警示"（即 ST），股票也改称"ST 康兰"。市场对此反应强烈，股价随即暴跌，从 2018 年 6 月的 28 元/股高点狂跌至 2019 年 5 月 17 日的 6 元/股附近，市值也从 1300 亿元折至 103 亿元，"白马股"风光不再。

剔除造假的数据，图 3 为 2001～2019 年康兰药业的实际营业收入与利润。

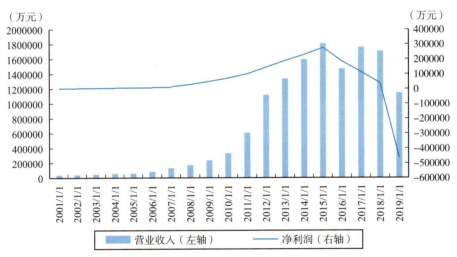

图 3　2001～2019 年康兰药业的实际营业收入与利润

资料来源：根据康兰药业历年年报整理。

2　祸累独董

2.1　独董现状

2.1.1　读懂独董

（1）独立董事。证监会在 2001 年《关于在上市公司建立独立董事制度的指导意见》（以下简称《指导意见》）以及 2022 年的《上市公司独立董事规则》中，明确定义了独立董事是指"不在上市公司担任除董事外的其他职务，并与其所受聘的上市公司及其主要股东不存在可能妨碍其进行独立客观判断关系的董事"。

鉴于《指导意见》明确要求"上市公司的董事会在 2002 年 6 月 30 日前至少设立 2 名独立董事；在 2003 年 6 月 30 日前，董事会成员中的独立董事占比不少于1/3"，境内上市公司普遍设置了这一职位。据统计，截至 2020 年底我国独立董事人数有一万四千多人，占全市场董事会总人数的 37% 左右。平均每家企业 3.12 位，单个企业独立董事最多的有 8 位，最少的是 2 位。

（2）人员构成。独立董事必须具备任职条件，不论是《指导意见》还是新颁布的《上市公司独立董事规则》（第九条）中都有明确的规定。从实践上看，一般由法律、财会专家、高校教授、企业高管等担任。他们的整体学历较高，拥有博士学位的占比超过 40%。

（3）薪酬水平。独立董事的薪酬标准没有统一的规定，由公司董事会制订预案、股东大会审议通过即可。Wind 数据库显示，2020 年度 A 股独立董事的平均薪酬约 8.40 万元。20 万元以上年薪占比约为 4%，多数在 4 万至 10 万元之间（约61%），有 10% 左右的独立董事的年薪在 4 万元以下。

（4）职责。根据证监会的《指导意见》和《上市公司独立董事规则》，独立董事"对上市公司及全体股东负有诚信与勤勉义务"和"维护公司整体利益"的前提下，特别要满足"关注中小股东的合法权益不受损害"和"独立董事应当独立履行职责，不受上市公司主要股东和实际控制人，或者其他与上市公司存在利害关系的单位或个人影响"等要求。另外，不允许独立董事在五家以上的上市公司同时兼任，以确保其有足够的时间和精力来履行职责。

2.1.2 康兰独董

康兰药业的第一届独立董事是在 2002 年 5 月 29 日召开的股东大会上经投票表决①通过的，王南、李定成为第一任独立董事。延续至 2022 年 1 月新一届董事会产生前，共有 12 人先后担任了这一职务，表 2 为 2002～2018 年间康兰药业的独立董事及任期。

---

① 康兰药业《关于提名王南同志和李定同志为公司独立董事人选的议案》《关于公司独立董事津贴标准的报告》《关于设立董事会专门委员会的预案》。

表2   **2002～2018年康兰药业独立董事及任期**

时间	2002～2003年	2003～2004年	2004～2006年
独董姓名	王南、李定	王南、李定、赖卓	王南、李定、赖卓、王锦
时间	2006～2009年	2009～2012年	2012～2014年
独董姓名	王锦、江镇、张红	韩中、江镇、张红	李定、韩中、赵一
时间	2014～2015年	2015～2018年	
独董姓名	李定、韩中、张红	李定、江镇、张红、郭崇、张萍	

资料来源：根据康兰药业各年度报告整理。

2.2 涉案独董介绍

根据康兰药业的历年年报，该公司的独立董事除2002年是两位外，其余年份均是3人。在2016～2018年间，先后担任康兰药业独立董事的共有5人，分别是江镇、李定、张红、郭崇和张萍。

江镇为担任康兰药业最久的独董。公司年报显示江镇1957年生人，具备注册会计师资格，曾在两家会计师事务所担任副主任会计师、所长等职务。

李定为最早担任康兰药业的独董。公司年报显示李定1945年生人，是华某大学教授、博士研究生导师，首批中国注册会计师。曾在多家公司担任独立董事。其在2003～2006年、2012～2018年间担任康兰药业独董，并在2018～2020年10月期间担任公司监事。

张红，1970年生人，某大学副教授。张红从2006年即担任了康兰药业的独董，先后有10年的履职经历。

郭崇，1973年生人，某理工大学教授，与张萍一样，担任康兰药业独董的时间只有2年。

张萍，1975年生人，华某大学副教授。

综上，除江镇外，其余4位独董都是高校教授。聘高校教授做独立董事一直是我国公司的普遍做法。从上市公司的角度来看，教授的专业性和权威性有利于为企业背书，提升企业形象。

从薪资水平来看，根据康兰药业2016年、2017年和2018年的年报，江镇三年从公司获取的税前薪酬分别是：7.39万元、7.39万元、10.08万元；张红两年的税前薪酬都是7.39万元；郭崇和张萍在2018年的税前薪酬是7万元。

从履职情况看（见表3），根据公司的年报，在2016～2018年间，独立董事们出席了全部的董事会和股东大会，没有缺席，也没有委托他人。

表3   2016～2018年独立董事参加董事会和股东大会的情况

项目	2016年	2017年	2018年
年内召开董事会会议次数	12	13	14
现场会议次数	4	2	4
通信方式召开会议次数	8	11	10
出席股东大会的次数	2	2	2
参加人	江镇、李定、张红	江镇、李定、张红	江镇、李定、张红、郭崇、张萍

注：2018年，张红、李安参加4次，郭崇、张萍参加10次。
资料来源：根据康兰药业各年度报告整理。

2.3 两次被罚

2.3.1 证监会行政处罚在先

2019年8月，证监会对康兰药业下达《行政处罚及市场禁入事先告知书》。该告知书上显示了康兰药业在2016～2018年间财务造假的内容和具体数据（均为累计金额）：虚增营业收入291.28亿元；虚增营业利润41.01亿元；虚增货币资金886亿元；多计利息收入5.1亿元。

2020年5月13日，证监会对康兰药业发布《行政处罚决定书》，责令康兰药业改正并给予警告，同时处以60万元的顶格罚款；对21名责任人员处以10万～90万元的罚款，共计595万元，对其中6名主要责任人有10年至终身的证券市场禁入措施。江镇、李定、张红、郭崇和张萍五位独立董事，由于在《2016年年度报告》《2017年年度报告》《2018年半年度报告》《2018年年度报告》审议中投了赞成票或签字，被认定为康兰药业信息披露违法行为的"其他直接责任人员"而受罚，具体处罚金额见表4。

表4   证监会对康兰药业独立董事行政处罚一览表

姓名	行政处罚金额（万元）	处罚种类	签字投赞成票的年报
江镇	20	警告	2016年年报、2017年年报、2018年年报
李定	20	警告	2016年年报、2017年年报
张红	15	警告	2016年年报、2017年年报

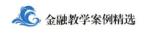

续表

姓名	行政处罚金额（万元）	处罚种类	签字投赞成票的年报
郭崇	15	警告	2018 年年报
张萍	15	警告	2018 年年报

资料来源：根据中国证监会行政处罚决定书（康兰药业股份有限公司、马兴、许冬等 22 名责任人员）整理。

2.3.2　法院民事赔偿判决在后

（1）首个独董"天价"罚单。

证监会实锤康兰药业财务造假行为后，按照法律规定遭受损失的股民可以提出索赔，于是一些股民开始积极寻求实施途径。2021 年 4 月 8 日，中证中小投资者服务中心有限责任公司①受部分证券投资者的特别授权，向广州市中级人民法院申请成为五万余名投资者的特别代表人参加诉讼，广州市中级人民法院对这起全国首例证券集体诉讼案进行了公开开庭审理。

法院认为，康兰药业在财报中做虚假陈述，给证券投资者造成了损失，依法应承担赔偿责任。法庭委托中国证券投资者保护基金有限责任公司对原告投资损失及其他风险因素等进行了测算，认定投资者实际损失为 24.59 亿元。

广州市中级人民法院在 2021 年 11 月 × 日作出一审判决：责令康兰药业赔偿投资者损失 24.59 亿元；马兴及 5 名直接责任人员、正中会计师事务所及直接责任人员承担全部连带赔偿责任；包括 5 名曾任或在职的独立董事等 13 名相关责任人员，按过错程度承担部分连带赔偿责任。

法院认定江镇等五位是兼职的独立董事，不参与公司的日常经营管理，较其他高管相对过失较小，仅判其在投资者损失的一定范围内承担连带赔偿责任，江镇、李定、张红承担的连带赔偿责任比例是 10%，郭崇、张萍为 5%（仅在 2018 年半年报中签字），详见表 5。

表 5　　　　　　　　法院对康兰药业独立董事判决一览表

姓名	民事连带责任比例（%）	赔偿金额（亿元）	签字投赞成票的年报
江镇	10	2.459	2016 年年报、2017 年年报、2018 年年报
李定	10	2.459	2016 年年报、2017 年年报

---

① 简称"投服中心"，是一家由证监会直接管理的证券金融类公益机构，于 2014 年 12 月 5 日注册成立，注册资本 30 亿元人民币。投服中心的主要职责是持股行权、纠纷调解、支持诉讼和投资者教育。

姓名	民事连带责任比例（%）	赔偿金额（亿元）	签字投赞成票的年报
张红	10	2.459	2016 年年报、2017 年年报
郭崇	5	1.2295	2018 年年报
张萍	5	1.2295	2018 年年报

资料来源：根据广州市中级人民法院民事判决书（2020）粤 01 民初 21××号整理。

（2）独董自我辩护未被采纳。

一审判决书显示，康兰药业的五位独董在诉讼中做了相应的辩护，辩词主要强调两点：一是独董在履职期间，均已认真审阅了公司的报告，并独立形成和明确表达了意见，虽然客观上未能识别和发现财报中的虚假，但已尽职尽责；二是对于康兰药业的各类违法行为，涉案独董无论是事前还是事后均不知情，更未从中收益。结合独立董事的职能及实际情况，不应承担连带赔偿责任。

由于康兰药业财务造假不是偶发行为，其持续的时间之长、涉及会计科目之多、金额之巨大是前所未有，身为公司的高管，不可能丝毫没有察觉，即使不主管全部业务，也应该发现一些端倪，而且他们均在案涉的定期财务报告中签了字，保证财务报告真实、准确、完整。由于五位独董无法出具相应的证据说明其已经尽责，所以法院认定 5 位独董是康兰药业信息披露违法行为的其他直接责任人员而判其承担民事责任。

2.3.3 张萍辞职

证监会做出行政处罚时，李安和张红两人已经离任，当任的独立董事是江镇、郭崇和张萍，这三人中仅有张萍一人辞职，坊间传言"集体辞职"不实。

2020 年 6 月×日，康兰药业发布《关于独立董事辞职暨补选独立董事的公告》，称张萍辞去包括独立董事、审计委员会、提名委员会及薪酬和考核委员会委员等职务，接替他的是许木（2020 年 10 月 14 日由赖小接任）。

江镇和郭崇一直履职到新一届（第九届）独立董事产生，他们的最后一次签字是 2021 年 11 月×日的《关于变更会计师事务所的事前认可意见》，而原本的任职期限是 2018 年 4 月至 2021 年 5 月。该二人非但没有提前辞职，而且延长了期限。

2.4 独董"辞职潮"

虽然康兰药业的独立董事没有"集体逃亡"，但"威慑力"十足，甚至影响了

A 股独立董事的生态。根据 Wind 资讯的统计，康兰药业一审判决之后到 11 月底这半个多月的时间内，有 42 个公司发布了独立董事辞职公告，其中大部分是因个人原因申请辞职。而后的一个月竟然有 84 位独立董事的辞职，创下了近年单月独董辞职数的新高，2021 年独董辞职人数也因此被刷新，达到了 592 人。2018～2020 年间 A 股上市公司独董辞职人数分别为 403 人、393 人和 589 人，具体见图 4。

图 4 2018～2021 年独立董事辞职数

资料来源：Wind 数据库。

这起"中国集体诉讼第一案"不仅在上市公司独董圈中激起了千层浪，而且引发了各层面包括监管部门在内的对独立董事制度的反思。如何完善上市公司独立董事制度，进一步补齐发展短板，使其能在公司治理中发挥更大作用，成为燃眉之急。

12 月 16 日，证监会起草了《上市公司独立董事规则（征求意见稿）》，并向社会公开征求意见，及时回应了"中国集体诉讼第一案"判决案之后市场对上市公司独董制度的热议和关切。

12 月 30 日，最高人民法院审判委员会通过《最高人民法院关于审理证券市场虚假陈述侵权民事赔偿案件的若干规定》，这是对 2003 年 2 月 1 日起实施的虚假陈述民事赔偿诉讼司法解释进行的一次修改和完善：一是就证券虚假陈述民事赔偿责任的构成要件等做了细化，包括主观过错、虚假陈述行为、重大性、交易因果关系、损失因果关系和损失计算、诉讼时效等。二是明确了各种财务造假的民事赔偿责任。此举被市场评价为"追首恶"与"打帮凶"并举，提高了违法违规行为人的违法成本。

3 后 续

3.1 马兴时代终结

挤完水分后，康兰药业的总资产仅为 314.59 亿元，不足以覆盖 429.02 亿元的总负债。2021 年 4 月 × 日，债权人广东某农商行以康兰药业不能清偿到期债务向法院提出破产重整①。12 月 × 日，全体债权人表决通过后，经广东省某市中级人民法院裁定批准，康兰药业破产重整案进入了执行阶段。

2021 年 11 月 × 日，广东省某市中级人民法院对马兴等 12 人操纵证券市场案进行了公开宣判。马兴因操纵证券市场罪、违规披露、不披露重要信息罪以及单位行贿罪数罪并罚，被判处有期徒刑 12 年，并处罚金人民币 120 万元；许冬（康兰药业原副董事长、常务副总经理）及其他 11 位责任人员因参与相关证券犯罪，被分别判处有期徒刑并处罚金。随后马兴提起上诉，被驳回。

3.2 期待康兰涅槃重生

2021 年 12 月 29 日，某市中级人民法院裁定康兰药业重整计划执行完毕，终结破产重整程序。至此，康兰药业重整顺利完成，广东某氏成为康兰药业新控股股东。

2022 年 1 月 25 日下午，康兰药业召开 2022 年第一次临时股东大会，会议审议并通过《关于选举公司第九届董事会非独立董事的议案》《关于选举公司第九届董事会独立董事的议案》《关于选举公司第九届监事会非职工代表监事的议案》等相关议案；随后，公司分别召开了第九届董事会 2022 年度第一次临时会议、第九届监事会 2022 年度第一次临时会议，会议分别选举赖志为董事长、高燕为监事会主席。至此，康兰药业董事会、监事会完成换届选举工作，第九届董事会、第九届监事会正式依法成立，四家药企和广东某氏联合投资者委派代表正式入主康兰药业核心治理层。

根据股东大会审议通过的有关议案，骆滔、赖小、曾芹当选新一届的独立董事。

3.3 化险为夷

天价罚单怎么赔偿？不仅独董担心，也让开篇的史先生们格外关注。根据广州

---

① 破产重整是《企业破产法》新引入的一项制度，是指专门针对可能或已经具备破产原因但又有维持价值和再生希望的企业，经由各方利害关系人的申请，在法院的主持和利害关系人的参与下，进行业务上的重组和债务调整。

法院的判决书，此次赔偿的主体是公司而非个人，江镇等 5 位独立董事承担连带赔偿责任，如果康兰药业不能履行赔偿义务，包括 5 位独董在内的高管及会计师事务所等中介机构就将按法院判决的比例进行赔偿。

好在破产重整进展顺利，"大侠"接盘，应赔尽赔，5 位独董有惊无险，免于自掏腰包。

3.4 独董"涨薪潮"

康兰药业财务造假案让大众目光聚焦到"大逃亡"之后，独立董事的薪酬也成了人们热议的话题。五名独立董事被判承担上亿元的民事赔偿连带责任，是他们从公司领取报酬的数百倍，风险和收益极其不成比例，从"美差"变成"高危"，上市公司和独董们何去何从？

独董"离职潮"后，部分上市公司中陆续出现给独董涨薪的案例，而且涨幅不低，最让人津津乐道的是亚某国际。在 2022 年 2 月 21 日晚间，亚某国际发布公告称，拟将其独立董事津贴由每人税前 12 万元/年，调整为 50 万元/年，一下子就翻了四倍多。公司解释说，这个标准既参考了行业的薪酬水平，也兼顾了地区经济发展状况，并结合公司的经营情况、盈利情况及公司独立董事履职工作量和专业性等。

从 2021 年披露的年报中，我们发现许多上市公司为独董涨薪。这一方面反映出公司对独立董事履职尽责程度的更高期望，另一方面有助于上市公司寻找经验和能力更高的人选，客观上促进独立董事更加谨慎和认真地履行职责。

Study on the Resignation of A Large
Number of Independent Directors

Abstract: As an imported independent director system, it has been implemented in China for more than 20 years. It has become an effective element for listed companies to improve corporate governance and has attracted much attention. In November 2021, the independent directors were sentenced to sky high fines due to the financial fraud of Kanglan pharmaceutical, a leader of traditional Chinese medicine, which pushed the independent directors to the cusp of the storm again. This case combs the context of the resignation tide of independent directors in the market caused by the punishment of independent directors of Kanglan pharmaceutical, understands the responsibilities of independent directors, and discusses the reasons for the "resignation tide" and the institutional factors behind it, in order to provide reference and Enlightenment for the further improvement of China's independent director system.

Key words：Independent Director, Kanglan Pharmaceutical Financial Fraud, Duty of Diligence

案例使用说明

一、教学目的与用途

1. 适用课程：公司金融、金融市场学、金融机构管理、投资学、企业并购与破产重整等。

2. 适用对象：金融硕士（MF）、相关专业的专业硕士和本科生，以及企业管理者。

3. 教学目的：本案例围绕康兰药业财务造假引发的独立董事离职潮，将5位独董受到监管部门的行政处罚和法院的民事赔偿案展现出来，目的在于让老师带领学生一起认识我国的独立董事制度；了解独立董事离职潮背后的制度性因素，以及独立董事的职责，关心我国上市公司治理的发展和改革。具体包括以下几个方面：（1）了解独立董事制度在我国的发展。（2）感知造假行为的后果，体会为什么上市公司必须对投资者保持敬畏之心。（3）分析我国独立董事制度存在的问题。

二、启发思考题

1. 什么是独立董事？特征是什么？怎样理解其职责？

2. 如何摘掉独立董事"花瓶"的帽子？

3. 独立董事制度的国际比较。

4. 如何评价目前我国的独立董事制度？

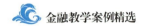

5. 康兰药业独立董事赔偿金额如此之大，市场上有无保险之类的产品可以分散独董的风险？

三、分析思路

本案例分析的基本思路是：首先了解独立董事制度的前生今世，以强化对独立董事"独立"和"勤勉义务"的理解；其次，了解康兰药业财务造假的大致经过，为案例的进一步分析做铺垫；再次，分析5位独董受到行政处罚和被判承担连带清偿责任的原因；最后，思考应从哪些方面对我国的独立董事制度加以完善。

四、理论依据与分析

（一）理论依据

1. 委托代理理论。委托代理理论指的是通过制定契约，委托人授予代理人经营权。然而由于代理人进入企业的目的是获取高额薪资和满足心理需求，与委托人利益最大化目标不同，导致代理人有偏离企业利益最大化的动机。代理人直接参与企业的经营活动，有条件凭借其信息优势实现这个动机，从而侵害委托人的利益。例如独立董事本应关注中小股东的合法权益，但其任职由大股东推荐（在我国，上市公司董事会、监事会以及单独或合并持有上市公司已发行股份百分之一以上的股东可以提出独立董事候选人），薪资标准由董事会制定，这种机制使独立董事履职时很难摆脱大股东的影响，有可能成为大股东的"花瓶"。

2. 资源依赖理论。作为一种组织理论，该理论强调资源对一个组织发展的重要性，组织只有适应环境的变化才能更好地生存。其中董事会扮演着为企业提供资源和管理外部环境的角色，董事不仅有管理监督作用，还能为企业提供资源，而独立董事的任职使组织降低了对外部环境的依赖程度，其专业知识和工作经验可以提高组织的内部控制水平，助推组织获得长远发展。

3. 社会认同理论。社会认同的含义是，个体能认识到属于自己的群体，一旦将自己带入他认为属于自己的群体后，能体会到与这个群体情感上的联系，并感受到加入群体的意义所在。社会认同产生的原因较多，主要包括群体熟悉程度、成员关系、自我价值实现等方面。个体对群体的了解程度越深，越能发现群体的优势和价值，提高认同感；如果一个群体内部的成员有相同的特征或经历，内部交流便会增强，提高了归宿感；而当自我价值从高声誉群体中获得满足时，个体也会倾向于增强社会认同。但独立董事在公司管理中，大多充当"外部"监管的角色，其薪资与公司的成长并不无太大关系，难以产生情感联系，认同感不高。

4. 信息不对称理论。信息不对称理论认为人们在做出决策前都希望自己能获取更多、更为全面和准确的信息，但经济活动中各个主体地位不同，每个人掌握的信息数量和准确性不一，获得较多信息的一方就会占据有利的位置，能充分利用信息获取更多的利益。信息不对称的存在可能导致独立董事在做出决定时产生偏差，一旦给投资者带来损失，如果不能举证已经尽到勤勉义务，就有可能遭到行政或民事处罚。

（二）具体分析

1. 什么是独立董事？特征是什么？怎样理解其职责？

（1）独立董事，又可称作外部董事、独立非执行董事，是董事的一种，属于公司高层管理者。他们虽是董事会的成员，但不在公司具体任职，不参与公司的日常具体事务，也不持有公司股票。但是享有特别话语权，通过对公司重大事项决定发表独立意见，起监督制衡、决策支持和沟通联络作用。从上市公司每年的年报中可以获取独立董事的简历、薪酬等信息。

根据证监会《上市公司独立董事规则》第二条，"本规则所称独立董事是指不在上市公司担任除董事外的其他职务，并与其所受聘的上市公司及其主要股东不存在可能妨碍其进行独立客观判断的关系的董事。"

美国证券交易委员会则将独立董事界定为与公司没有重大关系的董事，这里的重大关系是指：首先，独立董事之前不能担任过公司的执行董事，并且不能与公司存在职业上的关系。其次，独立董事不能和公司有业务往来，不能与公司存在上下游关系。此外，不能是靠人情关系而被任命的，即与在任执行董事、大股东、高级管理人员没有密切的私人关系。最后，不能持有就职公司大量股份，等等。

（2）独立董事的特征。从上面的定义中可以归纳出独立董事有两大基本特征，一是独立性，二是专业性。

独立性指独立董事要独立履行职责。在这一过程中不应当受其他存在利害关系的单位或个人的影响，如上市公司大股东、公司实际控制人、董事会高级管理人员等。而且证监会出于独立董事要有足够的时间和精力投入到任职公司的考虑，要求独立董事原则上最多只能在五家上市公司兼任独立董事。从国外的运作经验来看，保证独立董事的独立性是独立董事制度成功与否的关键。

专业性即独立董事必须对其就职的上市公司有基本了解，包括但不限于公司运作的基本知识、相关法律、行政法规、规章及规则；同时还要具有五年以上法律、经济或者其他履行独立董事职责所必需的工作经验，并须参加证监会及其授权机构所组织的培训。此外，证监会要求上市公司的独立董事中，至少包括一名会计专业人士。

（3）独立董事的职责。《上市公司独立董事规则》第五条规定，独立董事对上市公司及全体股东负有诚信与勤勉义务，并应当遵照相关法律法规、规则和公司章程的要求，认真履行职责，维护公司的整体利益，尤其要关注中小股东合法权益不受损害。

《上市公司治理准则》第三十三条规定，上市公司的董事应从公司和全体股东的最大利益角度出发，忠实、诚信勤勉地履行职责。

《公司法》同样要求：董事、监事、高级管理人员应当遵守法律、行政法规和公司章程，对公司应具有忠实义务和勤勉义务。

如果加以归纳，独立董事的主要职责是勤勉义务和合理关注的审慎注意义务。勤勉义务同时也是对所有董事、监事、高级管理人员的共同要求，与作为公司治理结构核心的董事相比，由于独立董事的专业性和独立性两大特点，公司成员、利益相关者对其具有较高的期待，尤其是中小股东投资者对其期待要明显高于其他董监高。因此，独立董事必须严格履行勤勉义务，做出独立、正确决断，进而维护公司和中小投资者的利益。但由于独立董事不参与经营和管理，对于涉及公司的产品生产、资金运用和日常交易等行为，独立董事只是站在一个监督者的角度，施以持续的关注和了解，而其他的董监高不仅要关注，还要参与和负责。

2. 如何摘掉独立董事"花瓶"的帽子？

我国的独立董事制度一直被诟病，独立董事被指既不"独"也不"懂"，是"花瓶董事"。要想摘掉这个帽子，需要各方的一致努力。

（1）独立董事——"独善其身"。

首先，要增强自身专业度和使命感。独立董事不仅要强化自己的专业知识，还要站在中小投资者角度去考虑问题，主动了解公司的经营管理状况，使自己的各项判断科学准确。同时应适当控制任职企业的数量，以保证其工作质量。

其次，增强自身独立性。独立董事应该遵守职业道德，充分行使自己的权利，不受大股东的影响，要发挥自身的监督作用，做出专业的判断。当和股东的意见不同，并发生分歧时，独董要敢于发表自己的否定意见，并要坚持自己的意见看法。

（2）上市公司——提供环境。

首先，提高独立董事在董事会中的比例。目前我国独立董事在董事会中的比例大都维持在法定最低比例三分之一，而西方国家独立董事的比例一般在60%左右。较多的占比可以提高独立董事判断的独立性，形成有效的制约监督机制。

其次，建立独立董事激励机制。以精神激励为主，物质激励为辅。作为独立董事，一般来说在物质层面已经得到满足，优秀的业绩口碑、社会民众的普遍认可所带来的精神满足应该更为重要。

最后，在制度层面为独立董事独立行使职权提供相关保障。《上市公司独立董事规则》第六章专章规定了独立董事履职保障内容，主要包括上市公司不仅应为独立董事履行职责提供所必需的工作条件，还要保证独立董事享有与其他董事同等的知情权，给予独立董事适当的津贴。此外还要建立必要的独立董事责任保险制度，以降低独立董事正常履行职责可能引致的风险等。

（3）市场层面——规范自律。

建立独立董事的行业组织——独立董事协会。由该协会定期组织对独立董事的培训，提升独立董事的职业水平。同时，还可参照注册会计师、银行业专业人员职业资格考试的做法，组织符合门槛的人参加独立董事资格考试，对通过考试者颁发独立董事证书。而且考试不能是一遍过终身无忧，要对其进行定期考核，比如可从业绩、评价、诚信几方面入手，将考试成绩纳入档案，终身跟随。此外，为进一步加强激励制度，可以对其实行级别任职制，不同级别所对应的薪资和可任职的公司不同，要想升级就必须通过对应的考试。

（4）监管机构——大胆创新。

为建设有中国特色的独立董事制度，监管部门必须在独立董事的产生机制、管理体制、薪酬制度、惩罚限额、专业资格认证、独立董事职业化等问题上进行大胆创新。

3. 独立董事制度的国际比较。

放眼西方的股份公司，其治理结构主要分为两种。一种是一元治理结构模式，主要代表国家为美国、英国。其权力结构是由股东大会选举董事会，董事会对股东大会负责，并且全权负责公司的各项重大决策。另一种是二元治理结构模式，主要代表国家为日本、德国。其中日本是由股东大会选举产生董事会和监事会，二者对股东大会负责，同时监事会对董事会进行监督，并与董事会共同行使对经营管理层的监督权力，实现权力制衡。而德国是由股东大会选举产生监事会，而后再由监事

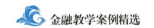

会来选举董事会，董事会对监事会负责，监事会对股东大会负责。

以上两种模式的区别在于二元模式设有负责监督董事会行为的独立机构，而一元模式公司并没有制约董事会权力的机构，董事会属于"一家独大"。一元模式内部监督系统的薄弱需要外部董事来弥补，这也是为什么独立董事制度会起源于美、英等国家。

美国是全世界最先设立独立董事的国家，1940 年美国颁布了《投资公司法》，其中明确规定：投资公司的董事会中，至少 40% 成员要独立于投资公司、投资顾问和承销商之外。设立独立董事的目的，主要是为了制约董事会、控股股东及高级管理层权力过于庞大，避免他们操纵公司，危害中小投资者的利益。

在美国，独立董事通常占据公司董事会的绝大部分。在 2000 年《财富》杂志显示的美国公司 100 强中，董事会的平均规模为 11 人，其中独立董事 9 人，占据公司董事 81.1%，内部董事仅 2 人，占据公司董事 18.2%，从中不难看出独立董事人数已经远远超过了内部董事。而且下设于董事会的专业委员会成员也大多由独立董事组成。同时美国法律对于独立董事的要求也十分严格，如果没有尽到勤勉尽责，损害了股东利益，那就必须依法赔偿。

尽管各国的独立董事制度不尽相同，但其演化过程却很相似（建议学生找更多的国家加以比较）。起因主要是由于公司治理结构缺乏一种有效的监督机制，导致某个机构或群体的权力过大，难以制约，不利于公司发展。而制度演进的目的是不断完善公司治理结构，降低其运营过程中面对的各种风险，使其实现健康平稳的发展。而在制度演进的过程中形成了不同的分支，进而形成了不同的公司制度安排模式，比如美国就是在一元模式的背景下产生了独立董事制度。

我国的公司治理结构是二元模式，在公司内部设立股东大会、董事会和监事会分别作为权力机构、执行机构和监督机构。独立董事制度是在监事会制度基本失效的情况下引入的。中美之间的不同表现在以下几个方面：

首先，美国上市公司股权较为分散，很少有控股股东或实际控制人，独立董事来自大股东的压力小。而我国绝大多数的上市公司有控股股东或实际控制人，独立董事缺乏独立性，有的沦为提线木偶，包括康兰药业案在内，主要是指独立董事没有监督和制约住大股东，进而损害中小股东权益。

其次，传统和文化不同。在中国这样一个"人情社会"里，能做某家公司的独立董事有很多人情因素，面对提拔他们的大股东，独董很难做到"不顾人情"。

再次，独董占比不同。美国上市公司中独立董事在董事会中占多数，独立董事的意见往往就是董事会意见，在这种情况下独立董事会更倾向于发表不同意见，也就更容易形成独立董事保持独立性的氛围。

最后，声誉机制上的差别。在美国能被聘为上市公司特别是知名大公司的独立董事被认为是社会地位和声誉的提升，如果在履职中出了问题被追究责任则是一件很耻辱的事；中国对独立董事追责的案例虽然不在少数，但只是运气不好，大多数抱着侥幸心理，不会觉得很丢人。

4. 如何评价我国目前的独立董事制度？

我国的独立董事制度固然存在着缺陷，但其发挥出的作用却是不可忽略的。大部分公司的独立董事都是某个或几个领域的专家，在职业操守上勤勉尽责；相关部门对独立董事的各种培训也较多，他们知晓自己承担的责任和履职的风险；近年来监管机构对独立董事不间断的处罚也起了警示作用，使之更加小心翼翼。更重要的是，独立董事制度的威慑作用，使公司大股东、管理层对违法违规行为有一定的忌惮，否则，我国上市公司公司治理的质量也不可能达到现在的水平。

其实，即使是在独立董事起源地的美国，也没有因为独立董事作用发挥得好而避免安然事件、世通事件等事件的发生，上市公司中内部人控制问题并不是中国资本市场上的特产，对独立董事寄予超预期不切实际，独立董事不是全能型董事。

如果担任独立董事的风险太大，风险收益严重倒挂，一些高素质的专家就可能退避三舍，出现"劣币驱逐良币"现象；而那些民营控股的上市公司、小公司和ST公司将很难找到合适的人选。这不仅影响独立董事队伍的整体素质，还影响上市公司的公司治理。

5. 康兰药业独立董事赔偿金额如此之大，市场上有无保险之类的产品可以分散独董的风险？

有，董事责任保险。这是以董事对公司股东、债权人或者其他第三人的经济赔偿责任作为保险标的的一种保险，该保险用于保障董事行使职权时，因一时疏忽或者行为失误，导致公司股东或第三人遭受经济损失，依法应当进行个人赔偿，此时由保险公司按照保险合同上的约定代为偿付。这样，赔偿风险就转移到了保险公司，董事后顾之忧得以解除，就能更加尽责地行使职权。但是，责任保险并不保障董事违背忠诚、虚假或误导性陈述、违反法律法规等行为。

2002年1月23日，中国平安保险公司（以下简称"平安保险"）和美国丘博保险集团达成合作，推出中国第一张中文条款的公司董事及高级职员责任保险保单，平安保险将第一份保额为500万元的董事和高级职员责任险免费提供给深圳万科企业股份有限公司，万科成为中国内地第一家投保董事责任险的公司。随后，平安保险独家在北京、深圳、成都、杭州等大中城市推出该险种，受到上市公司的欢迎，

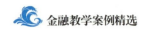

保险金额大多在 1000 万～2000 万元之间。

董事责任保险的被保险人范围十分广泛，独立董事也囊括其中，然而现有的董事责任保险还无法代替独立董事责任保险，有必要单独设立独立董事责任保险。新颁布的《上市公司独立董事规则》明确指出"上市公司可以建立必要的独立董事责任保险制度，以降低独立董事正常履行职责可能引致的风险。"

首先，董事责任保险的保险责任范围未考虑到独立董事所承担的法律责任与普通董事的区别。董事责任保险中的保险责任范围是普通董事应尽的职权，而未考虑到独立董事的特殊职权。我国《公司法》对独立董事的功能定位在于制约与平衡，而公司其他董事与高管的职权在于公司具体事务的经营管理，两者有着本质区别。根据权责相一致的原则，独立董事的法定责任与公司其他董事及高管有所不同，进而决定了独立董事责任保险与一般董事责任保险的保险责任范围具有差异性。

其次，董事责任保险的被保险人是否包括独立董事存在不确定性。在董事责任保险中，保险合同可约定的被保险人范围较广，保险公司通常要事先获取公司相关董事的信息，并进行相应的尽职调查，以确定是否将其纳入被保险人的范畴。因此，独立董事的风险保障存在着不确定性。

最后，董事责任保险有最高的责任限额，当第三人索赔金额巨大且被保险人众多时，独立董事的风险无法得到完全的转移。

在英国、美国等发达国家，上市公司应主动为独立董事购买职业责任险。然而上市公司买单所用的资金来源于股东的权益，因此实际上等于股东为独立董事责任买单。这种用股东的钱给独立董事买保险的行为，本质上是将风险转移到了上市公司的投资者，可能会导致独立董事权力的滥用，进而会使市场的风险承担体系发生紊乱，进而违背了市场经济中权利与义务相对称的基本原则，也就更不利于推进上市公司治理结构的完善。

五、背景信息

1. 我国独立董事制度的演进。

1988 年在香港上市的中国内地股份公司按照联交所的要求率先设立了独立董事，拉开了引入独立董事制度的序幕（见表 1）。

1997 年 12 月 16 日，证监会发布《上市公司章程指引》，在章程中提到"公司根据需要，可以设独立董事"，由此首次引入独立董事概念。

1999 年 3 月 29 日，国家经贸委、证监会联合发布《关于进一步促进境外上市公司规范化运作和深化改革的意见》，对境外上市公司建立健全外部董事和独立董事制度提出了规范和要求。

2001 年 8 月 16 日，证监会正式颁布《关于在上市公司建立独立董事制度的指导意见》，要求上市公司的董事会在 2002 年 6 月 30 日前至少设立 2 名独立董事；在 2003 年 6 月 30 日前，董事会成员中的独立董事占比不少于 1/3，这也标志着我国上市公司中强制性引入独立董事制度的开始。

2002 年 1 月 9 日，由证监会和国家经贸委联合颁布《上市公司治理准则》，明确要求上市公司要按照有关规定建立独立董事制度。

2004 年 12 月 7 日，证监会颁布《关于加强社会公众股股东权益保护的若干规定》，要求进一步完善独立董事制度，充分发挥独立董事的作用。

2006 年 1 月 1 日，修订后的《公司法》第一百二十三条明确规定："上市公司设立独立董事，具体办法要由国务院规定。"这标志着我国第一次从法律层面明确了独立董事的法律地位。

2018 年 9 月，证监会推动修改了资本市场重要基石性文件《上市公司治理准则》，其中对独立董事的章节进行了重要的调整，明确独立董事享有董事的一般职权，同时依照法律法规和公司章程针对相关事项还享有特别职权。

2020 年 3 月 1 日后，随着新《证券法》的实施，监管层对独立董事提出更严格的要求。

2021 年 11 月 26 日，独董制度迎来最新完善——证监会发布《上市公司独立董事规则（征求意见稿）》，并于 2022 年 1 月 5 日正式实施。

表 1　　　　　　　　　　我国独立董事制度发展重要节点

颁布年份	内容	颁布机构
1997 年	《上市公司章程指引》	证监会
1999 年	《关于进一步促进境外上市公司规范运作和深化改革的意见》	证监会、经贸委
2001 年	《关于在上市公司建立独立董事制度的指导意见》	证监会
2002 年	《上市公司治理准则》	证监会
2014 年	《上市公司独立董事履职指引》	上市公司协会
2018 年	《上市公司治理准则》（修订）	证监会
2021 年	《上市公司独立董事规则（征求意见稿）》	证监会

期间，针对上市公司出现了一些"官员独董"，2013 年 10 月，中央组织部出台

《关于进一步规范党政领导干部在企业兼职（任职）问题的意见》，启动清理"官员独董"工作。2015 年 11 月初，教育部下发《教育部办公厅关于开展党政领导干部在企业兼职情况专项检查的通知》，对"高校独董"情况加以规范。

协会自律规范方面，2014 年中国上市公司协会①发布《上市公司独立董事履职指引》，要求独立董事不仅应当能够充分了解公司治理的基本原则、上市公司运作的法律框架、独立董事的职责与责任、上市公司信息披露和关联交易监管等具体规则，还应具备内控与风险防范意识和基本的财务报表阅读和理解能力。

2. 康兰药业财务造假回放。

（1）初露端倪，操纵市场。

早在 2012 年康兰药业就被质疑财务存在漏洞，最受关注的要数与会泽地产的关联交易。康兰药业以医用土地之名低价购买土地，之后交给会泽地产进行开发民用住宅项目，而会泽地产的实控人是马兴的妻子许冬。根据相关报告，康兰药业虚增土地使用权和项目收入达 18.47 亿元，相当于 2002～2010 年九年净利润之和。在事实面前，康兰药业的股价在经历了短短五天的下跌后，开启了近两个月的上涨，此事件也就不了了之。而在逆天改命的股价背后，其实是自买自卖与关联交易。

（2）财务造假，粉饰包装。

2016～2018 年间，随着医药行业竞争逐步加剧，康兰药业经营情况不断恶化，面对新兴医药企业的竞争，康兰药业明显感到力不从心，股价难以维持。但 2016 年康兰药业的股票质押率已经达到了极限，一旦行情不好，康兰药业就必须补充保证金，否则股票就会被强制卖出。于是进退两难的康兰药业选择了财务造假，经证监会核实，康兰药业在此期间存在着虚增营业收入、虚增货币资金、虚增固定资产、关联交易买卖股票等违规行为。造假方式更是五花八门，如仿造增值税发票、大额定期存单，以及将不符合会计确认和计量条件工程项目纳入会计报表等。同时，康兰药业未在相关年报及公告中披露与关联方的关联交易，以及非经营性资金的占用情况。

（3）立案调查，真相大白。

2019 年 5 月 17 日，证监会召开新闻发布会，对康兰药业初步的调查结果进行公示，指出康兰药业有以下几种不法行为。一是通过虚假银行单据虚增存款；二是伪造业务凭证进行收入造假；三是向关联方账户转资金来对本企业的股票进行关联

---

① 中国上市公司协会（China Association for Public Companies，CAPCO），属于非营利性的社会团体法人，于 2012 年 2 月成立，由上市公司及相关机构等组成，以"服务、自律、规范、提高"为基本职责，维护会员合法权益为宗旨。

交易。

2019 年 5 月 18 日，康兰药业主动申请戴帽"ST"，涨跌幅从 10% 下降至 5%，停牌 1 天，而康兰药业此时却仍宣称自认为公司各种指标很正常，经营都在轨道中，未来可期。

2019 年 8 月 16 日，证监会对康兰药业下达《行政处罚及市场禁入事先告知书》。2016~2018 年之间，康兰药业不仅存在虚增营业收入、营业利润、货币资金、多计利息收入，虚增固定资产、投资性房地产、在建工程等情况，而且不按规定披露控股股东及其关联方非经营性占用资金的关联交易；在未经过决策审批及授权程序的情况下，累计向控股股东及其关联方提供非经营性资金 116 亿元用于购买自家公司股票、替控股股东及其关联方偿还融资本息、垫付解质押款、支付收购溢价款等。①

（4）尘埃落定，严厉处罚。

2020 年 5 月，证监会对康兰药业发出市场禁入决定书，责令其立即整改并予警告，并处罚了顶格的 60 万元；警告并对直接负责人马兴、许冬等人处以罚款。

2021 年 11 月，广州市中级人民法院对康兰药业证券特别代表人诉讼一审宣判，相关被告被判承担投资者损失总金额达 24.59 亿元。其中公司实际控制人马兴夫妇及邱锡等 4 名原高管人员组织策划实施财务造假，属故意行为，承担 100% 的连带赔偿责任；而另有 13 名高管人员按过错程度分别承担 20%、10%、5% 的连带赔偿责任。

2021 年 11 月 × 日，广东省某市中级人民法院对康兰药业原董事长、总经理马兴等 12 人操纵证券市场案公开宣判。马兴因操纵证券市场罪、不披露重要信息罪、违规披露以及行贿罪数罪并罚，被判处有期徒刑 12 年，并处罚金人民币 120 万元；康兰药业原副董事长、常务副总经理许冬及其他责任人员 11 人，因参与相关证券犯罪被分别判处有期徒刑并处罚金。

从行政处罚——民事处罚——刑事处罚，三部曲将康兰药业送上了破产重整。

3. 特别代表人诉讼制度。

如案例正文中所述，康兰药业因财务造假侵权赔偿证券投资者损失一案，是新《证券法》确立中国特色证券特别代表人诉讼制度后的首单案件，也是到目前为止法院审理的原告人数最多、赔偿金额最高的上市公司虚假陈述民事赔偿案件。那么

---

① 证监会于 2019 年 8 月 16 日下达对于康兰药业《行政处罚及市场禁入事先告知书》，在文件中明确列示出康兰药业的种种不法行为，以规范市场秩序。

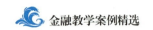

什么是特别代表人诉讼制度呢？

不同于其他的民事赔偿诉讼，虚假陈述证券民事赔偿诉讼有一个特点，这就是受害投资者人数众多，但单个受损金额却又很少，如果没有一个便利的诉讼方式很难赔偿所有受害投资者。修订后的《证券法》新设"投资者保护"专章，建立起"默示加入"、"明示退出"的诉讼机制，使该问题迎刃而解。

按照新《证券法》以及《最高人民法院关于证券纠纷代表人诉讼若干问题的规定》的相关规定，人民法院启动普通代表人诉讼，发布权利登记公告，投资者保护机构在公告期间受50名以上投资者的特别授权，可以依法作为代表人参加。特别代表人诉讼与普通代表人诉讼的区别主要有三点。

（1）诉讼代表人不同。普通代表人诉讼的代表人是投资者，而特别代表人诉讼的代表人是投资者保护机构。康兰药业案中，在广州中院发布普通代表人诉讼权利登记公告后，投服中心公开接受投资者委托，经法定程序后成为特别代表人。

（2）诉讼加入原则不同。普通代表人诉讼最重要的特征是"明示退出"，即只有进行了权利登记，才能参加代表人诉讼；而特别代表人诉讼是"默示加入"，即只要未在法定期间向法院声明退出，即视作同意参加该代表人诉讼。"默示加入"、"明示退出"的安排可以最大限度地增加原告投资者人数。

康兰药业案中，有9名投资者提交书面声明表示退出特别代表人诉讼，同时有3289人实现了正收益，也被剔除，法院最终确定遭受损失的人数为52037人，损失总金额为24.59亿元。

（3）诉讼效果不同。相较于普通代表人诉讼，特别代表人诉讼可以一次性解决纠纷。

4. 我国上市公司历史上的独董"辞职"潮。

在独立董事制度发展的20多年时间里，独董"离职潮"并非绝无仅有，由康兰药业所引发的独董"辞职潮"是A股历史上的第三次。前两次分别发生于特定的人群中，即官员和高校教授。

（1）官员独董"辞职潮"。2013年10月19日，组织部下发《关于进一步规范党政领导干部在企业兼职（任职）问题的意见》（〔2013〕18号），要求现职和不担任现职但未办理退（离）休手续的党政领导干部不得在企业兼职（任职）。对辞去公职或者退（离）休的党政领导干部到企业兼职（任职）要按照干部管理权限严格审批。自2013年10月至2014年7月，沪深两市有将近300名独立董事辞职。

（2）高校独董"辞职潮"。2015年11月初，教育部下发了《教育部办公厅关于开展党政领导干部在企业兼职情况专项检查的通知》，要求各高校遵照执行组织部

"18 号文"等文件要求。自 2015 年 11 月 27 日至 12 月底，共计有 274 位独立董事离职。

5. 独董被罚是"常态"？

如果康兰药业独董仅被证监会行政处罚，那就"不足为奇"，翻阅证监会及其派出机构出具的行政处罚决定书，每年都有数十例不等的案例（见图 1，违规行为涉及"重大遗漏"、"虚假陈述"的相对较多）。当好"看门人"、"独善其身"的难度和履职风险可见一斑。

而且有趋势表明，在目前强监管的证券行政执法大背景下，独立董事因上市公司违法而被要求承担相应的法律责任及承担的罚款金额都在进一步加重和提高。

图 1　2018～2021 年独立董事行政处罚情况

资料来源：根据证监会及其派出机构的公告整理。

六、关键要点

1. 关键点：一是证监会对康兰药业独立董事的处罚与法院的处罚是两种不同性质的处罚，且有因果关系或先后顺序之分。前者是行政处罚，原因是独立董事没有尽到勤勉义务，在有虚假信息的年报上签了字；后者是在前者的基础上，对遭受损失的投资者进行赔偿，没有证监会对康兰药业财务造假的认定，投资者就无权索赔，法院也不会审理和判决。二是江镇等 5 位独董属于任职疏忽，没有直接参与造假和犯罪，不像马兴等那样要承担刑事责任，因此在佛山市中级人民法院对马兴等 12 人操纵证券市场案进行的公开宣判中，没有独董的名字。三是针对投资者损失的 24.59 亿元，赔偿的主体是康兰药业而非独董等相关责任个人，后者只是承担连带责任。

2. 关键知识点：独立董事，勤勉义务，公司治理。

3. 能力点：综合分析案例的能力、批判性思维能力、将课本知识与实际相结合

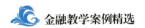
的能力、妥善解决问题的能力。

七、建议课堂计划

本案例可以作为专门的案例讨论课来进行，如下是按照时间进度提供的课堂计划建议，仅供参考。

整个案例的课堂时间控制在 80 ~ 90 分钟。

1. 课前计划：所有同学按班级人数酌情分为若干组，可自由组队。要求学生在课前阅读完整篇案例并完成问题的初步思考。

2. 课中计划：

课堂发言：简单扼要、明确主题，时间在 5 分钟左右。

分组讨论：小组成员之间分工合作，共同准备发言大纲。时间控制在 30 分钟内。

小组发言：每个小组推举出一名组员，配合 PPT 进行展示。每个小组发言时间为 5 分钟，时间控制在 30 分钟内。

由老师带领全班同学一起深入讨论研究，并进行归纳总结。时间控制在 20 分钟内。

3. 课后计划：要求同学继续收集相关资料，根据案例和课堂内容写一篇 1500 ~ 2000 字的案例分析报告。

如对此案例有兴趣跟踪，建议联系案例作者或继续关注市场上独立董事方面的消息。

 **相关附件**

附件 1：*ST 康兰——财务摘要（2017 年 ~ 2021 年 9 月）

金额单位：万元

*ST 康兰财务摘要	2021 年 9 月 30 日	2020 年 12 月 31 日	2019 年 12 月 31 日	2018 年 12 月 31 日	2017 年 12 月 31 日
报告期	三季报	年报	年报	年报	年报
数据来源	合并报表	合并报表	合并报表	合并报表	合并报表

续表

*ST 康兰财务摘要	2021 年 9 月 30 日	2020 年 12 月 31 日	2019 年 12 月 31 日	2018 年 12 月 31 日	2017 年 12 月 31 日
利润表摘要					
营业总收入	308603.43	541200.80	1144554.58	1706507.91	2647697.10
同比（%）	－22.30	－52.72	－32.93	－2.92	22.34
营业总成本	434500.93	957266.79	1482112.15	1649093.93	2182390.84
营业利润	－100373.08	－2714184.17	－386906.04	68692.07	483482.69
同比（%）	57.94	－601.51	－663.25	－76.19	22.17
利润总额	－99847.72	－2768445.48	－439107.95	67248.20	482670.01
同比（%）	57.76	－530.47	－752.97	－76.63	21.04
净利润	－102704.63	－2774696.04	－465520.72	37004.12	409464.62
同比（%）	56.70	－496.04	－1358.02	－82.74	22.71
归属母公司股东的净利润	－102458.99	－2773594.34	－466067.50	113518.85	410092.61
同比（%）	56.80	－495.11	－1344.53	－47.20	22.77
非经常性损益	24184.85	－49891.55	20421.43	11419.56	7308.27
扣非后归属母公司股东的净利润	－126643.83	－2723702.79	－486488.93	102099.29	402784.35
同比（%）	47.82	－459.87	－1544.89	－50.84	21.55
研发支出	1133.61	1135.85	12827.44	20788.41	16448.59
EBIT		－2559625.13	－347265.55	72462.20	566420.21
EBITDA		－2483533.52	－266796.61	128993.67	615773.35
资产负债表摘要					
流动资产	1826579.32	2190203.38	4701307.34	5488132.01	5647907.77
固定资产		589165.11	769502.96		610621.75
长期股权投资				55546.26	51760.10
资产总计	3149519.59	3621298.00	6458622.88	7314448.45	6872202.06
增长率（%）	－48.79	－43.93	－11.70	12.03	25.35
流动负债	2713172.72	2282206.89	2782306.54	2846124.93	2560757.37
非流动负债	1577076.06	2045007.17	1611217.18	1856715.66	1097947.29
负债合计	4290248.78	4327214.05	4393523.73	4702840.59	3658704.66
增长率（%）	－0.69	－1.51	－6.58	28.54	43.81
股东权益	－1140729.20	－705916.06	2065099.15	2611607.86	3213497.41
归属母公司股东的权益	－1154182.97	－718580.95	2051527.40	2598549.45	3203295.98

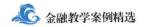

续表

*ST 康兰财务摘要	2021 年 9 月 30 日	2020 年 12 月 31 日	2019 年 12 月 31 日	2018 年 12 月 31 日	2017 年 12 月 31 日
增长率（%）	-163.55	-135.03	-21.05	-8.54	10.02
资本公积金	1157583.59	1157609.82	1155301.00	1165114.14	1161360.40
盈余公积金	152557.58	152557.58	152557.58	155222.24	188247.86
未分配利润	-3223762.29	-2788171.03	-15777.08	522655.76	1098525.90
现金流量表摘要					
销售商品提供劳务收到的现金	336624.58	610564.98	1324808.30	2103702.44	2876613.18
经营活动现金净流量	10859.09	103139.21	288204.50	30561.67	184279.42
购建固定、无形、长期资产支付的现金	9900.13	30172.69	47320.47	459329.64	179535.12
投资支付的现金			695.14	150.00	600.00
投资活动现金净流量	97599.28	83205.65	-16876.00	-465056.87	-152994.15
吸收投资收到的现金	24.50	96.24	344.50	481.90	30015.11
取得借款收到的现金	9400.00	1057192.93	1117572.20	1648704.00	2266650.00
筹资活动现金净流量	-91504.28	-187633.35	-404510.75	198959.85	650577.20
现金净增加额	16955.87	-1313.16	-133147.21	-235513.51	681766.19
期末现金余额	56825.91	39870.03	41183.19	176711.43	3406274.89
折旧与摊销		76091.61	80468.94	56531.47	49353.14
关键比率					
ROE（摊薄）（%）			-22.72	4.37	12.80
ROE（加权）（%）			-21.20	3.44	14.02
扣非后 ROE（摊薄）（%）			-23.71	3.93	12.57
ROA（%）	-3.03	-55.05	-6.76	0.52	6.63
ROIC（%）	-0.78	-65.92	-3.94	2.26	8.96
销售毛利率（%）	18.54	3.95	13.20	31.91	30.32
销售净利率（%）	-33.28	-512.69	-40.67	2.17	15.46
扣非后销售净利率（%）	-41.04	-503.27	-42.50	5.98	15.21
EBIT Margin（%）	-5.32	-471.59	-18.77	14.61	21.81
EBITDA Margin（%）		-457.53	-11.73	17.92	23.68
资产负债率（%）	136.22	119.49	68.03	64.30	53.24
资产周转率（倍）	0.09	0.11	0.17	0.24	0.43

续表

*ST康兰财务摘要	2021 年 9 月 30 日	2020 年 12 月 31 日	2019 年 12 月 31 日	2018 年 12 月 31 日	2017 年 12 月 31 日
销售商品和劳务收到现金/ 营业收入（%）	109.08	112.82	115.75	123.28	108.65
每股指标					
EPS（基本）	- 0.21	- 5.62	- 0.99	0.18	0.78
EPS（稀释）	- 0.21	- 5.62	- 0.99	0.18	0.78
EPS（摊薄）	- 0.21	- 5.58	- 0.94	0.23	0.82
扣非后 EPS（基本）		- 5.51	- 1.03	0.16	0.77
每股净资产 BPS	- 2.92	- 2.04	3.53	4.63	5.84
每股净资产 BPS（转股后）					
每股销售额 SPS	0.62	1.09	2.30	3.43	5.32
每股经营现金流 OCFPS	0.02	0.21	0.58	0.06	0.37
每股现金净流量 CFPS	0.03	0.00	- 0.27	- 0.47	1.37
每股企业自由现金流	0.50	- 0.77	0.31	- 5.87	- 0.35
P/E（TTM）	- 0.77	- 1.89	- 6.93	9.55	28.52
P/E（LYR）	- 0.75	- 2.86	16.34	11.17	33.30
P/B（MRQ）	- 1.45	0.88	0.74	1.45	3.96
P/S（TTM）	4.21	2.63	4.34	1.41	4.50
其他					
员工总数（人）	7786	7786	9209	12596	11219
显示币种	CNY	CNY	CNY	CNY	CNY
原始币种	CNY	CNY	CNY	CNY	CNY
转换汇率	1	1	1	1	1
利率类型	期末汇率	期末汇率	期末汇率	期末汇率	期末汇率

附件 2： *ST 康兰——财务摘要（2012～2016 年）

金额单位：万元

*ST康兰财务摘要	2016 年 12 月 31 日	2015 年 12 月 31 日	2014 年 12 月 31 日	2013 年 12 月 31 日	2012 年 12 月 31 日
利润表摘要					
营业总收入	2164232.41	1806682.80	1594918.88	1335872.85	1116515.48
同比（%）	19.79	13.28	19.39	19.65	83.62
营业总成本	1775178.93	1492105.30	1333581.63	1122809.76	951604.68

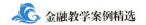
续表

*ST康兰财务摘要	2016年12月31日	2015年12月31日	2014年12月31日	2013年12月31日	2012年12月31日
营业利润	395772.34	321792.98	266641.66	217933.64	169702.51
同比（%）	22.99	20.68	22.35	28.42	47.81
利润总额	398757.62	324264.11	270722.25	221401.04	169261.39
同比（%）	22.97	19.78	22.28	30.80	43.39
净利润	333675.91	275645.63	228589.22	188041.35	144135.85
同比（%）	21.05	20.59	21.56	30.46	43.39
归属母公司股东的净利润	334040.36	275673.46	228587.91	187981.70	144119.15
同比（%）	21.17	20.60	21.60	30.43	43.40
非经常性损益	2669.71	1864.32	2255.52	2681.57	−419.46
扣非后归属母公司股东的净利润	331370.65	273809.14	226332.39	185300.13	144538.61
同比（%）	21.02	20.98	22.14	28.20	47.58
研发支出	12458.62	7700.31	5801.47	6201.97	6217.86
EBIT	461238.77	359476.89	304832.03	248642.95	196263.78
EBITDA	502127.74	391923.62	334565.22	272885.80	214082.70
资产负债表摘要					
流动资产	4446154.43	2944771.48	2065359.91	1464275.63	1151400.01
固定资产	591964.93	479034.76	431054.07	384884.02	260033.85
长期股权投资	44461.59	40700.10	33333.05	28587.15	23209.01
资产总计	5482389.66	3810522.93	2787931.70	2225138.90	1795829.29
增长率（%）	43.88	36.68	25.29	23.91	17.86
流动负债	2002444.14	1387917.77	824800.87	713333.15	375014.39
非流动负债	541632.81	538761.15	291257.93	308766.98	362501.07
负债合计	2544076.95	1926678.93	1116058.80	1022100.14	737515.47
增长率（%）	32.04	72.63	9.19	38.59	23.14
股东权益	2938312.70	1883844.01	1671872.90	1203038.76	1058313.82
归属母公司股东的权益	2911557.04	1876512.69	1671596.52	1202763.69	1058098.40
增长率（%）	55.16	12.26	38.98	13.67	14.43
资本公积金	1133875.21	365727.55	475663.27	474977.29	474319.41
盈余公积金	147409.42	114517.03	87640.11	64560.28	46321.08

续表

*ST 康兰财务摘要	2016 年 12 月 31 日	2015 年 12 月 31 日	2014 年 12 月 31 日	2013 年 12 月 31 日	2012 年 12 月 31 日
未分配利润	853170.85	658448.14	591696.18	443354.68	317586.47
现金流量表摘要					
销售商品提供劳务收到的现金	2392889.79	1937246.21	1783079.38	1430942.93	1198896.80
经营活动现金净流量	160318.94	50886.32	113220.39	167401.06	100835.02
购建固定、无形、长期资产支付的现金	156743.70	137473.63	68206.32	70343.03	140503.49
投资支付的现金			9892.29	1650.00	
投资活动现金净流量	−198630.80	−144351.39	−76888.63	−73526.79	−138151.60
吸收投资收到的现金	820090.52	6660.00	300000.00		
取得借款收到的现金	1629306.71	610950.00	372000.00	299857.63	270000.00
筹资活动现金净流量	1183357.59	675939.04	114132.12	142895.99	14767.44
现金净增加额	1145045.73	582473.98	150463.88	236770.26	−22549.14
期末现金余额	2724508.71	1579462.97	996988.99	846525.12	609754.85
折旧与摊销	40888.97	32446.73	29733.19	24242.85	17818.92
关键比率					
ROE（摊薄）（%）	11.47	14.69	13.67	15.63	13.62
ROE（加权）（%）	14.88	18.54	17.74	16.63	14.55
扣非后 ROE（摊薄）（%）	11.38	14.59	13.54	15.41	13.66
ROA（%）	7.18	8.35	9.12	9.35	8.68
ROIC（%）	9.33	10.80	12.11	12.05	11.21
销售毛利率（%）	29.90	28.34	26.21	26.10	25.16
销售净利率（%）	15.42	15.26	14.33	14.08	12.91
扣非后销售净利率（%）	15.31	15.16	14.19	13.87	12.95
EBIT Margin（%）	21.61	20.29	19.66	19.17	17.94
EBITDA Margin（%）	23.50	22.09	21.52	20.99	19.54
资产负债率（%）	46.40	50.56	40.03	45.93	41.07
资产周转率（倍）	0.47	0.55	0.64	0.66	0.67
销售商品和劳务收到现金/营业收入（%）	110.57	107.23	111.80	107.12	107.38

续表

*ST 康兰财务摘要	2016 年 12 月 31 日	2015 年 12 月 31 日	2014 年 12 月 31 日	2013 年 12 月 31 日	2012 年 12 月 31 日
每股指标					
EPS（基本）	0.67	0.62	1.04	0.85	0.66
EPS（稀释）	0.67	0.62	1.04	0.85	0.66
EPS（摊薄）	0.68	0.63	1.04	0.85	0.66
扣非后 EPS（基本）	0.66	0.62	1.03	0.84	0.66
每股净资产 BPS	5.29	3.59	6.25	5.47	4.81
每股净资产 BPS（转股后）					
每股销售额 SPS	4.37	4.11	7.25	6.08	5.08
每股经营现金流 OCFPS	0.32	0.12	0.51	0.76	0.46
每股现金净流量 CFPS	2.31	1.32	0.68	1.08	−0.10
每股企业自由现金流	0.35	0.83	−0.76	1.56	−0.50
P/E（TTM）	27.25	25.75	17.36	21.72	21.08
P/E（LYR）	32.03	32.61	18.39	27.46	28.75
P/B（MRQ）	3.46	4.93	2.67	3.43	2.85
P/S（TTM）	4.19	4.18	2.24	3.10	2.98
其他					
员工总数（人）	10037	8880	7061	6230	5230
显示币种	CNY	CNY	CNY	CNY	CNY
原始币种	CNY	CNY	CNY	CNY	CNY
转换汇率	1	1	1	1	1
利率类型	期末汇率	期末汇率	期末汇率	期末汇率	期末汇率

资料来源：根据康兰药业各年年报整理。

 # 参考文献

[1] 王言，周绍妮，宋夏子. 中国独立董事："咨询"、"监督" 还是 "决策"？——兼论独立董事特征对履职的调节效应 [J]. 北京交通大学学报（社会科学版），2019，18（4）：79 - 92.

[2] 陈汉文，廖方楠，韩洪灵. 独立董事联结与内部控制对盈余管理的治理效应 [J]. 经济管理，2019，41（5）：171 - 191.

［3］赵洪春 . 注册制改革背景下完善我国上市公司独立董事制度探析［J］. 经济研究导刊，2022（11）：129 – 133.

［4］范合君，王思雨 . 缄默不语还是直抒己见：问询函监管与独立董事异议［J］. 财经论丛，2022（3）：68 – 78.

［5］高明华 . 完善我国独立董事制度［J］. 中国金融，2022（5）：85 – 87.

［6］刘学 . 论独立董事的注意义务［J］. 上海金融，2022（1）：66 – 79.

［7］证监会 .《上市公司独立董事规则》（2022）.

［8］最高人民法院 .《最高人民法院关于审理证券市场虚假陈述侵权民事赔偿案件的若干规定》（2022）.

案例正文编号：PDF-CASE2023159

案例使用说明编号：PDF-TN2023159

入库时间：2023 年

作者：范立夫、齐龙女、李玉涵、赵梓涵、陈艳秋

日不落的"夕阳"之殇

摘要： 2022 年震惊全球的"黑天鹅"事件之一，莫过于英国"雷曼时刻"的来临，养老金体系一度命悬一线、近乎崩盘。特拉斯政府推出的以减税为特征的"迷你预算"法案与英国央行为治理通货膨胀而采取的持续紧缩的货币政策左右互搏，引发债券收益率史无前例的巨幅波动，导致英国养老金体系陷入"末日循环"。英国央行被迫出手救市，英国首相及财政大臣出现更迭。一顿猛如虎的操作之后，英国养老金体系虽逐步恢复平稳，却也向世界养老金的风险管理体系敲响了警钟。本案例以神秘的风险管理工具负债驱动投资（LDI）为主线，重点阐述了英国养老金体系在"迷你预算"法案的推波助澜下近乎崩盘的全过程。通过案例学习，引导学生探讨养老金体系的风险管理机制及风险对冲等知识点。

关键词： 英国养老金　负债驱动型投资　"迷你预算"法案　末日循环

 **案例正文**

0 引 言[①]

2022 年 9 月 23 日，伴随着英国特拉斯政府出台以大规模减税为主要特征的"迷你预算"法案，英国金融市场惨遭"股债汇三杀"，英国人赖以安度晚年的规模超万亿英镑的养老金体系几乎被推至崩溃边缘。"迷你预算"法案推出的当天，英国 10 年期国债收益率从 3.48% 上涨到 4.5%；一周内，英国 10 年期国债价格从 105.4 英镑跌至 91.4 英镑，发生概率为三百万分之一的国债收益率上涨 300～400 个基点[②]的破天荒事件席卷而来；半个月内，英国富时 100 指数跌近 8%，股票和债券市场蒸发 5000 亿美元；英镑兑美元汇率一度从 1.1274 跌至 1.035，逼近平价水平，创历史新低；英国养老金资产端[③]价值迅速缩水 13.3%，养老金市场陷入"末日循环"。千钧一发之际，英格兰银行被迫出手相救，试图力挽狂澜，市场看似风浪渐息，实则暗潮奔涌。而这一切似乎都与那个看似没有风险的风险管理工具——负债驱动型投资（Liability Driven Investment，以下简称 LDI）息息相关。让我们把视线拉回到故事的开头，一起来回顾一下这场不得不让世界瞩目的"史诗级巨震"……

1 "骄傲"的帝国，健全的养老金体系[④]

1.1 "源远流长"：悠久的英国养老金历史

提起 LDI 就不得不从英国健全的养老金体系说起。由于较早进入了老龄化社会，英国成为世界上最早建立起现代化社会保障制度的国家之一，这也是其一直引以为傲的地方之一。20 世纪以前，英国的养老金体系只为特定人群提供保障，而现代养

① 资料来源：英为财情。

② 一个基点代表利率或收益率变动 0.01%。过去十年间，英国国债收益率短期内的波动基本都在 10 个基点以内。据估算英国国债收益率在短短 1 周内上升 300～400 个基点的波动情况在历史上属于 5 个标准差事件，发生的概率为三百万分之一。

③ 资产端，就是资产情况及延伸意义。负债端，就是负债情况及延伸意义。投资所占用的资金为资产端。

④ 资料来源：赵立新. 英国养老保障制度［J］. 中国人大，2018（21）：51-54.

老金体系的建设也被普遍认为是从 1908 年颁布《养老金法案》开始的。不得不说，法案一经颁布就成为时代的"弄潮儿"，提出了为 70 岁以上的退休人员提供养老金的先进理念。到了 1921 年，养老金体系的建设迈上了新的台阶，《金融法案》为英国人民带来了"养老金缴费被正式纳入免税范围"的好消息。1931 年，第二次世界大战开始之前，养老金顶多算是救济贫困的良药，受益群体十分有限，还不能被称为普惠性的养老保障。而在 1946 年，第二次世界大战结束后，养老金体系才在《国家保险法案》的"力挺"下冲破屏障，将全民纳入国家养老金体系，成为英国社会保障体系的基石，制定了国家养老金的资格、缴费和领取等相关政策。20 世纪 70 年代之后，西方发达的工业化国家人口老龄化就像走上了高速的快车道，基本养老金带来的财政压力不断加重。1973 年《社会保障法案》引入了职业养老金，企业逐渐成为养老金体系的"顶梁柱"。随着职业养老金的发展，账户制和市场化的运营机制催生了个人养老金体系。1986 年《金融服务法案》颁布之后，经过不断的发展和完善，英国的养老金制度日渐成熟，形成了由基本养老金、职业养老金、个人养老金组成的"三支柱"养老金体系。基本养老金是公共养老金，提供基本的退休收入保障；职业养老金和个人养老金构成私有养老金，承担了提高养老金替代率①、进一步提升退休生活质量的重任。

自 1908 年颁布《养老金法案》以来，英国社会养老保障体系已经经历了一百多年的发展，完成了数十次的华丽"变身"。回顾英国养老金的发展路径，可以看到，其目前的养老金相关产品和服务是顺应居民养老需求发展的结果。从建立基本养老金，到形成职业养老金，再到发展个人养老金，养老金的市场化不仅没有给国家增加负担，更没有给企业增加过多成本，还提升了公众的养老规划意识，提高了养老金覆盖率，可以说是"有百利而无一害"。

1.2 "中流砥柱"：重中之重的职业养老金

如前文所述，发展到今天，英国养老金体系由三大支柱组成：基本养老金、职业养老金和个人养老金（见图 1）。

其中，职业养老金作为以雇佣关系为前提的一种养老金形式，因为英国基本养老金较低的替代率水平，成为英国养老金体系的中流砥柱，更是英国国民养老收入的最重要来源之一。因此，保证职业养老金的覆盖率对英国养老金体系至关重要。

英国为此也是绞尽脑汁，2012 年便开始实施"自动加入"政策，从雇主和雇员

---

① 养老金替代率是劳动者退休时的养老金领取水平与退休前工资收入水平之间的比率。

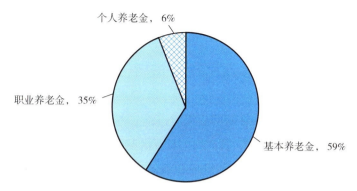

图1　英国养老金体系构成图

两个角度，保证了职业养老金的覆盖率。英国政府通过税优政策，采用税前缴费的形式，在缓解企业和个人压力的同时，进一步鼓励企业和个人缴纳职业养老金，为职业养老金的增长提供了有效的制度激励。正所谓"功夫不负有心人"，根据英国养老金监管局（The Pension Regulator）的数据，职业养老金的整体覆盖率目前已达到80%~90%，提供了35%~45%的替代率。

说到这里，就不得不提职业养老金的两个类型——收益确定型计划（Defined-Benefit Plan，以下简称"DB 计划"）与缴费确定型计划（Defined-Contribution Plan，以下简称"DC 计划"）。纵观英国职业养老金的发展历史，DB 计划由于提供确定性的退休待遇且可以抵御长寿风险，成为职业养老金中最先发展起来的形式。当时，英国的整体利率较高、权益市场收益较好，DB 计划对雇主负担不高，并且员工为终身雇佣制，更换工作的频率低。因此，为员工提供退休后终生的养老保障，成为行业的共识。员工退休后待遇水平的高低也成为雇主吸引员工长期为企业服务的重要手段。

总的来说，英国养老金历史悠久，体系健全。那么如此健全的体系为什么还会演化成英国的"雷曼时刻"呢？这就得聊聊英国养老金背后的管理机制了。

2　养老金背后的"劳模"——LDI[①]

长期以来，英国多数养老金一直采用负债驱动型投资（LDI）来进行管理。在过去的多年时间里，LDI 作为风险管理工具很好地满足了养老金既要收益率又要有期限条件的需求，并一度完美地履行了其主要职能。那么又是什么导致名副其实的

---

① 资料来源：大类资产配置及模型研究（十）——负债驱动投资（LDI）简介［EB/OL］.（2019 – 04 – 10）. https：//www. htsec. com/ChannelHome/2016102405/5863511. shtml.

"劳模"一夜之间变为众矢之的，成为众人口中的"罪魁祸首"？让我们先来了解一下英国养老金的投资策略。

2.1　"人气王"：备受青睐的 DB 计划

在英国职业养老金中，DB 计划的总资产占绝大多数。截至 2021 年底，英国的养老金中有 81% 是 DB 计划养老金，资产约 1.8 万亿英镑，可见其受欢迎程度之高。[①]

采用 DB 计划的公司，养老金的管理者承诺在员工退休时支付一笔固定的现金，所以员工退休后能拿到多少只取决于员工现在支付多少，与管理者的投资表现无关。由于 DB 计划未来要支出确定的现金流，那么计划管理人要做的就是，计算出养老金的负债，即未来需要支出的现金流的当前现值，并基于利率和通货膨胀的预期，买入期限和负债相同的等值债券或与通货膨胀挂钩的债券来对冲风险。如果买到优质的收益率更高的企业债券，还可以在购买债券之余使用额外的资金投资股市、房地产或其他成长型资产来获得额外收益。说到这里，相信大家已经看出了 DB 计划风险的端倪，如果养老金需要自己不断调整自己的投资计划来满足这个目标，就会导致其中蕴藏着货币时间价值风险。此外，买入并持有国债意味着，养老金未来现金流的现值对利率十分敏感，存在着利率风险。同时，由于英国养老金大多与通货膨胀紧密相连，其还会受到通货膨胀变动的影响。因此，养老金还面临着通货膨胀风险与其他可能隐含的风险。

为了达成资产与负债的完全匹配，实现风险对冲，负债驱动型投资（LDI）应运而生。

2.2　"对症下药"：锁定养老金需求的 LDI

那么 LDI 究竟是如何量体裁衣、因地制宜地履行了风险管理的职能呢？这还要从养老金自身的特点说起。

根据债券市场中久期[②]的概念，在其他因素相同的情况下，久期越长，债券价格对利率的变动越敏感，因此具有长久期的养老金未来现金流的现值对利率十分敏感。此外，由于英国养老金多数与通货膨胀挂钩，通货膨胀水平的变化也会使得养老金现值出现波动。通货膨胀越高意味着养老金在未来需要支出的金额就越多，利

---

① 资料来源：英国养老金监管局官网。

② 久期也称持续期，是 1938 年由 F. R. Macaulay 提出的，即麦考利久期，等于债券每次息票或债券本金支付时间的加权平均。它是以未来时间发生的现金流，按照收益率折现成现值，再用每笔现值乘以距离该笔现金流发生时间点的时间年限，然后进行求和，以这个总和除以债券价格得到的数值就是久期。

率不变的情况下负债的净现值就越高。因此，英国养老金的风险对冲目标主要集中在应对利率变化以及通货膨胀的影响上。通俗地说，当养老金资产端和负债端折现后的现值不匹配时，就需要按照其负债端对名义利率和通货膨胀的敏感度来设定其资产端对名义利率和通货膨胀的敏感度，使二者相匹配。

在此情况下，LDI 就好似天神降临一般，在满足收益率条件的同时，对于期限也具有很强的包容性，充分地发挥了其风险管理工具的作用。在负债驱动型投资策略下，养老金可以使用金融衍生工具——利率互换来匹配利率风险，或者用通货膨胀互换来匹配通货膨胀风险。以利率互换为例，英国养老金近年来多使用利率互换中的"支付浮动利率，得到固定利率"。养老金买入的长期国债为固定利息收入，通过和交易对手方——投行签订协议，支付浮动利息。利率互换只需要向投行缴纳少量保证金和担保品，就可以获得长期限的资金匹配契约。优惠下来的融资成本使养老金可以买入收益率更高的股票或企业信用债券。这既能满足监管的要求，又能实现资产端和负债端在时间上的匹配，还能获得资产端的收益。

2.3 "暗藏玄机"：LDI 的"安全垫"是否安全？

毋庸置疑的是，LDI 的作用非常大，可以说它是为养老金"量身定做"的投资策略，那么 LDI 是否真的如此完美？这个看似光鲜亮丽的风险管理工具是否是一个遍布暗礁的险滩呢？

在介绍 LDI 运作流程之前，先来介绍一下 LDI 的"安全垫"——缓冲区间。由于 LDI 使用杠杆增加对长期国债的风险敞口，同时又通过持有高风险、高收益的资产来提高整体的收益率。为了降低由于长期国债价格下跌带来的损失，LDI 在资产和负债之间设置了一定的缓冲区间。若损失超过这个区间，基金投资者会被要求提供额外的资金来重置缓冲区间，这种操作也可以被称为再平衡。

如图 2 所示，我们通过一个例子来说明如果英国国债的价值发生变动，LDI 的使用是如何影响到养老金的。

在这个简化的例子中，图的左半部分展示了在英国国债波动前，使用 LDI 的养老金运行的赤字情况。在 2022 年 8 月的时候，有超过 20% 的英国固定收益养老金处于赤字状态，而一年前这个比例超过 40%。[①] 在此例中，养老金通过持有成长型资产以提高回报率，并且通过 LDI 来提高英国国债的持有量（使用 LDI 的养老金持有的一半英国国债是通过回购借款所取得的）。缓冲区间就是英国国债持有量的一

---

① 资料来源：英国养老金监管局官网。

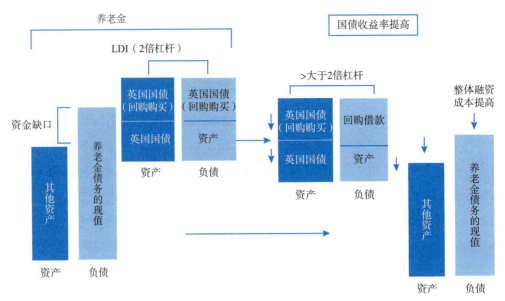

图2　LDI 作用示意图

半，这部分国债不是通过杠杆资产购买的，而是由非杠杆资产所购买。

图的右半部分展示了英国国债收益率①上升（即国债价格下跌②）后的情况。在此例中，随着英国国债价格下跌，LDI 预设的缓冲区间就会被破坏，如果国债价格继续下跌（超过50%），缓冲区间将会被完全破坏，LDI 的资产净值将会归零，并且导致回购借款的违约。后果就是交易的对手方将会获得英国国债的所有权。LDI 的缓冲区间被破坏将导致其要么出售部分持有的英国国债，要么让养老金的投资者提供额外的资金以再平衡缓冲区间。由此可知，缓冲区间的存在说明已经考虑了部分风险所带来的损失，然而，当极端情况出现，例如国债收益率飙升，价格暴跌，缓冲区间所带来的安全保障已经不足以保护养老金的时候，养老金可能会面临重大危机。

3　"黑天鹅"振翅来袭，掀起狂风骤浪③

2022 年 9 月 23 日，一个原本平平无奇的日子却成了一个大新闻爆炸的标志性

---

①　国债收益率一般被称为国家信用担保"无风险回报率"，大多数作为名义利率使用。近似地讲，国债收益率（名义利率）减通货膨胀率等于实际利率。

②　国债价格与国债收益率成反比，即：国债价格越高，收益率就越低；反之国债价格越低，收益率就越高。

③　资料来源：英国国家统计局，英国政府官网。

时间节点，因为在这一天，特拉斯政府推出的"迷你预算"法案，像是魔童降世一般，将英国金融市场搅得天翻地覆。在美元愈发强劲的外部环境下，加息叠加激进的财政计划令英国金融市场惨遭"股债汇三杀"。各期限英债收益率直线拉升，英镑兑美元下破多个关口，续刷 37 年新低。而拉长时间来看，从 2022 年初到法案颁布，英镑兑美元累计下跌超过了 20%。那么到底是什么让"迷你预算"法案，一个听起来可爱无害的政策拥有了掀翻市场的"超能力"呢？让我们一起把视线拉回到事情发生的那一天……

3.1 "蛰伏的引线"：紧缩政策下扶摇直上的债券收益率

2020 年以来，英国出现了明显的通货膨胀。2021 年 12 月 16 日，英国央行召开货币政策委员会会议，决定将基准利率上调至 0.25%，以应对日益严重的通货膨胀压力，这也是英国央行时隔三年多来第一次上调利率。

2022 年 2 月 24 日，俄乌边境的一声枪响打破了世界大宗商品市场的宁静，全球能源市场出现了价格大幅上涨的局面。英国大部分家庭面临生活成本危机，英国民众身陷高通货膨胀的泥潭。是年 8 月，英国国家统计局（Office for National Statistics，以下简称 ONS）发布的数据显示，英国 7 月通货膨胀率达到 10.1%，系自 1982 年以来首次超过两位数并达到 40 年以来新高。无独有偶，9 月英国通货膨胀率第二次达到 10.1% 的高点（见图 3）。ONS 民调显示，在通货膨胀压力巨大的背景

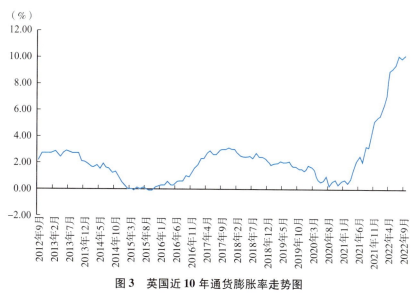

图 3　英国近 10 年通货膨胀率走势图

数据来源：英国国家统计局。

下，英国民众的生活成本持续上涨，超过一半的受访者削减了取暖、热水和电力的开支，超过 14% 的受访者决定节食挨饿，每 12 个人中就有 1 个人无法支付家庭账单，民众叫苦不迭。为缓解通货膨胀压力，英格兰央行开始实行紧缩的货币政策。

进入 2022 年，英国央行分别在 2 月 3 日加息 25 个基点、3 月 17 日加息 25 个基点、5 月 5 日加息 25 个基点、6 月 16 日加息 25 个基点、8 月 4 日加息 50 个基点。到 9 月 22 日，再次加息 50 个基点，将基准利率上调至 2.25%，这是自 2021 年 12 月以来英国央行的第七次加息。紧缩的货币政策伴随着债券收益率的上升，自然而然地成为了这场危机深埋的暴雷引线。

3.2 "黑天鹅起飞"："迷你预算"法案横空出世

就在宣布加息政策后的第二天，当地时间 9 月 23 日，英国财政大臣宣布推出"迷你预算"法案（见表 1），计划通过税收优惠和改革扩大经济的供给面，削减国民保险，取消提高公司税收计划，同时削减购买房地产的印花税。此外，英国政府还计划在国内多地建立低税区，重点是刺激经济增长。而这项听起来惠及民生、好处满满的政策实际上却漏洞百出、危机四伏。

表 1　　　　　　　　　　　"迷你预算"法案减税政策内容

序号	减税政策
1	房产价值中 25 万英镑以下部分无需支付印花税，原为 12.5 万英镑
2	首次购房者的免税区间扩大至 42.5 万英镑（房产总价需低于 62.5 万英镑）
3	取消原定的提高企业所得税的计划，并维持在 G20 国家中最低的 19%
4	从 2022 年 11 月 6 日起，国民保险费用取消上调 1.25%
5	延迟一年收取酒精税
6	从 2023 年 4 月起，比原计划提早一年降低个人所得基本税率至 19%
7	从 2023 年 4 月起，取消对于收入高于 15 万英镑人群 45% 的附加税
8	制定政府的能源价格保证，通过能源账单减免计划将商业能源账单的成本减半

不知道财政大臣是否考虑到英国央行为了抑制恶性通货膨胀，已连续七次加息。此时发布宽松的财政政策无疑与英国央行试图遏制通货膨胀的紧缩货币政策背道而驰。

国际货币基金组织（IMF）罕见地对英国减税政策提出警告[1]，敦促英国政府重新评估减税计划，因为它"可能加剧不平等"[2]。英国央行行长为安抚市场情绪，紧急购买政府债券，以帮助恢复市场秩序，防止金融市场出现重大风险。德国财长指出，英国央行在踩刹车，而政府却猛踩油门。美国前财长称，减税计划导致英国长期债券利率飙升标志着"信誉的丧失"，这将影响伦敦的全球金融中心地位。

"迷你预算"法案还引发了外界对英国债务进一步扩大的担忧。就当时公布的细节来看，"迷你预算"法案需要英国政府额外举债 720 亿英镑，这将是英国政府近 50 年来财政负债的最大增幅。财政大臣表示，为了保证新政实施，本财年英国国债发行目标将大幅增加。国际评级机构穆迪则直接表示[3]，在借贷成本上升、增长前景疲软和严重的公共支出压力下，英国结构性赤字可能会大幅增加，为弥补赤字而增发的国债，就会为国债市场的波动埋下伏笔。

3.3 "股债汇三杀"：英国金融市场的过激反应

正所谓引火上身、玩火自焚，高通货膨胀外加激进的减税政策终于彻底引爆了民众的不满。在"迷你预算"法案推出后的连续两次民意调查中，英国 60% 的民众表示要求重新大选。首相伊丽莎白·特拉斯，称英国现阶段"最不需要的就是大选"。因此，在减税计划推出后，市场资金开始了"用脚"投票，并加剧了资金对英国长期国债的抛售。

在众人的非议和反对声中，"迷你预算"法案这个快速燃烧的导火索终于烧到了英国金融市场身上。从短期看，减税政策导致了利率上升，从 DCF 的框架看[4]，利率上升会导致必要报酬率上升，由于股市的敏感性，反映在股价上则是股价暴跌。从长期看，减税政策可能会加剧贫富差距，加大社会动荡，这些预期对股市也是重大打击。于是英国股市遭遇惨烈跳水，英国富时 100 指数继 2022 年 9 月 23 日大跌 2% 后，26 日盘中一度大跌超 1%。

2022 年 9 月 23 日当日，英镑兑美元汇率迅速下跌，英镑大幅贬值至 1.0838 美元，

---

[1] 2022 年 9 月 27 日晚，IMF 向英国警告称："我们正密切关注英国近期的经济发展，并与当局接触。考虑到包括英国在内的许多国家通货膨胀压力升高，我们不建议在这个关键时刻出台大规模、无针对性的财政方案，因为财政政策不能与货币政策背道而驰。"

[2] "迷你预算"法案中对最高收入者减税幅度最大，由 45% 降至 40%。

[3] 2022 年 9 月 28 日，全球评级机构穆迪警告英国政府，无资金支持的减税计划可能导致预算赤字扩大和利率上升，将威胁到英国在投资者心目中的信誉。

[4] DCF（Discounted Cash Flow）估值法，是将企业的未来盈利折现为当前公司内在价值的一种估值方法。投资者通常以此估值作为投资价值判断，若估值大于公司当前价值，则说明此公司具有好的投资价值。

然而它并没有停止脚步，仿佛跨过煎熬的周末一般，2022 年 9 月 26 日，英镑在众人的哗然声中一度跌至近 51 年来的最低水平 1.0349 美元，逼近平价水平（见图 4）。

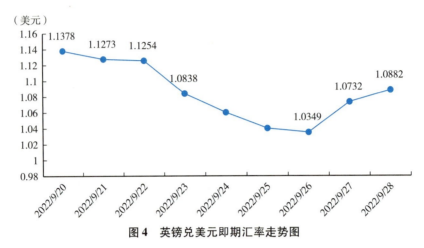

图 4　英镑兑美元即期汇率走势图

数据来源：新浪财经。

除了股市和汇市的动荡外，英国国债市场也难逃"魔爪"。自"迷你预算"法案颁布后，英国国债市场连续突破数个关口，英国 30 年期国债收益率从 2022 年 9 月 22 日的 3.78% 飙升到了 9 月 23 日的 4.04%（见图 5），短短一天的时间内上升了 120 个基点，再次刷新 2009 年 10 月以来的最高位。其前所未有的涨幅已经脱离了基本面，持有巨额国债的英国养老金也因此陷入资产端迅速缩水的"危机"。

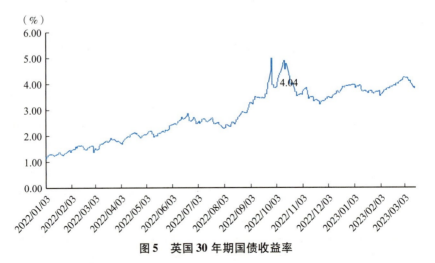

图 5　英国 30 年期国债收益率

数据来源：根据 Wind 数据整理。

4 "危机来临"——养老金陷入"死亡螺旋"①

为什么过去 20 年养老金都在 LDI 兢兢业业的"服务"中稳稳前行,如今却惨遭崩盘?为什么"迷你预算"法案导致的利率的大幅上升却让 LDI 成了众人口中的"罪魁祸首"?又是什么让养老金无法完成自救,深陷"死亡螺旋"的泥潭?这一切似乎还是迷雾重重……

4.1 "破防了":风雨飘摇,养老金体系面临危机

前面说到,英国养老金危机爆发以前 LDI 的实施效果是非常显著的。然而,没有天衣无缝的计划和策略安排,养老金计划必然会受到通货膨胀、利率波动等诸多因素所带来的影响,其中利率波动对养老金计划的影响占主要地位。毫不夸张地说,利率波动是金融产品的命脉。

因此,"迷你预算"法案带来的"股债汇三杀"不仅引起了英国金融市场的剧烈动荡,对养老金体系来说也是一个重创。如前所述,英国养老金体系大多采用互换的方式对冲利率风险和通货膨胀风险,那么在互换交易中养老金就需要用国债充当担保品获得资金敞口,同时需要上缴一定比例的保证金。"迷你预算"法案的出台,使得财政赤字增加、财政负担加重、借贷款成本上升,促使整个社会的融资利率升高。利率升高,民众就会抛售国债转向银行存款,进而导致作为担保品的国债的持续减值,因此,养老金就需要向投行持续补缴担保品。同时,利率的上升致使养老金支出的浮动利率高于获得的固定利率,利率互换产生亏损,养老金同样面临着补缴保证金的压力。

市场也没有让我们的分析失望,从 9 月 20 日到 9 月 27 日,在这短短一周时间内,英国 10 年期国债价格从 105.4 英镑跌至 91.4 英镑,整整下降了约 13.28%,折算下来相当于养老金资产端的价值缩水了近 13.3%。这意味着养老金面临着大规模的爆仓和破产风险,被无数英国人当作生存依靠的养老金将在一夜之间蒸发,许多人辛苦了一辈子存的"养老钱"将会就此化为乌有。不难想象,如果任由事情继续发酵下去,英国社会将会出现一波"大地震",到时候,整个英国的金融体系也将陷入混乱。

2022 年 10 月 5 日,英国央行副行长在给英国议会财政委员会主席的信中提道:"9 月 27 日晚间,多家负债驱动型投资(LDI)基金发出了可怕的信号。如果央行不

---

① 资料来源:根据新浪财经官方网络资料整理。

加以干预，许多养老金可能会陷入资产净值为负的状况，很可能不得不在第二天早上开始清盘程序，为数众多的养老金可能会面临破产危机。"

4.2 "末日循环"：LDI 弊端初现，养老金陷入僵局

事实上，在利率大幅度上升时，对于 DB 计划的养老金管理者而言，其实是不需要支付任何保证金的，但是 LDI 这种衍生品需要缴纳更多的保证金，因此，养老金就需要填补保证金的"窟窿"。俗话说"兵来将挡，水来土掩"，有"窟窿"补上不就行了，那么养老金又是如何陷入"末日循环"的呢？

通常情况下，养老金产生的空缺确实可以通过投资新的具有更高收益的债券组合，来让担保品的价值"跟上"投行的要求，在可能发生亏损的情况下能够保住自己的保证金。但是养老金体系怕的不是利率的波动，而是利率在极短时间内的大幅波动，关键在于事情发生的速度和程度。"迷你预算"法案的出台，就像是一名训练有素的刺客，以刀光剑影的速度狠狠地刺了 LDI 养老金一刀。英国国债价格暴跌的速度飞快，来势汹汹，以至于直接突破了 LDI 的"安全垫"，养老金根本没有充足的时间来缓冲，更没有机会去稳住局面以等待翻盘的时机。养老金的内部流动性受到了严重冲击，面临着巨大的违约压力。更可怕的是，英国国债的持续抛售导致国债收益率不断上行，这种上行就会导致养老金在利率互换中需要支付的利率持续上升，保证金和担保品又需要不断补足，基金经理就不得不抛售更多的英国国债去弥补缺口。这么一来，基金经理抛售国债去补足保证金导致国债价格下跌，国债价格的下跌引致国债收益率上升，充当担保品的国债价值缩水导致缺口无法弥补，养老金需要抛售更多的国债去换取保证金，国债收益率……如此循环往复，养老金和国债就陷入了一场"末日循环"（见图 6）。

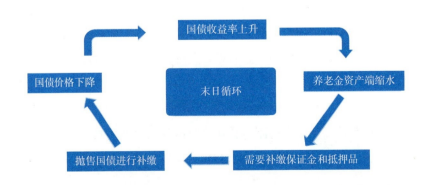

图 6 "末日循环"示意图

5　命悬一线，英国央行终于出手救市[①]

5.1　"扶大厦之将倾"：英国央行推出临时性量化宽松政策（QE）

面对此次"史无前例"的养老金危机事件，英格兰银行无法再作壁上观，终于出手救市。2022年9月28日，英国央行宣布将"以任何必要的规模"临时购买英国长期国债，以恢复英国债券市场秩序。紧接着在2022年9月29日，英格兰银行宣布，将紧急购买650亿英镑的英国长期国债，以稳定市场。英国政府也出台了相关政策（见表2）。

表2　　　　　　　　　英国央行及英国政府出台的相关政策措施

日期	发布方	政策内容	政策功能
2022年9月29日	英国央行	承诺买进总计650亿英镑、期限超过20年的金边证券（英国政府发行的公债）以降低长债收益率，为英国养老金调整头寸创造时间	提供流动性、稳定长债收益率、降低杠杆
2022年10月3日	英国政府	财政大臣当天发布声明表示英国政府宣布不再推进此前取消45%最高所得税税率的计划	稳定长债收益率市场
2022年10月14日	英国政府	撤回"迷你预算"法案中的两项内容，政府表示将采取一切必要的措施减少中期债务	稳定长债收益率市场
2022年10月14日	英国政府	新任财政大臣表示，将取消政府拟进行的几乎所有的减税计划，并将缩减能源价格上限措施	稳定长债收益率市场

资料来源：Wind资讯。

假设英国央行出手再晚几天，任市场抛售的情绪加大，那么英国长期国债收益率将朝着6%飙升。英国养老金很可能出现大量爆仓、破产的情况，届时属于3000万英国人的养老钱将就此消失，英国的股票和汇率市场都将受到更加沉重的打击。英国养老金破产，社会必定进入一场大动乱。因为养老金涉及众多老人，是许多民众退休后的保障。这一场危机对英国造成的损害，可能并不亚于2008年百年一遇的国际金融危机。

---

① 资料来源：根据英国央行官方网站、英国政府官方网站、英国巴克莱银行官方网站资料整理。

5.2　"死里逃生"：英国养老金暂时恢复生机

这一连串组合拳后，国债暂时止跌，国债收益率回落，暂时性打破了死循环，英国养老金终于喘了一口气，英国的老人们暂时脱离了退休养老金打水漂的危险。

自英国央行宣布进场之后，英国 10 年期国债收益率从 4.5% 下跌至 4%，英国 10 年期国债价格当天上涨超 20%；英国 50 年期国债收益率从 4.74% 下跌至 3.47%，英国 50 年期国债价格当天暴涨 40%。从表面现象来看，这场危机似乎已经解除了。在 10 月 4 日，英国政府也欢天喜地宣布马上撤销减税计划，这让 10 年期国债收益率下降至 3.85%（见图 7）。然而，看似"救世主"般的政策背后却是令人悚然的事实：一旦英国央行停止买入国债，那么 10 年期国债收益率很有可能再次攀升，甚至有望突破前高。

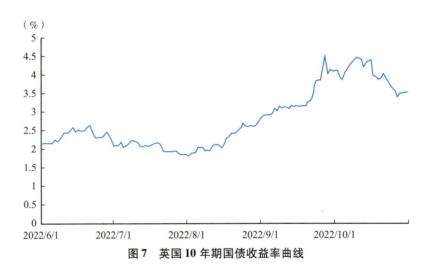

图 7　英国 10 年期国债收益率曲线

数据来源：根据 Wind 数据整理。

根据英国巴克莱银行的计算，截至 2022 年 9 月，DB 养老金也就是固定收益型养老金总资产已经由 2021 年的 1.8 万亿英镑缩减至 1.5 万亿英镑，其中共包括约 6000 亿英镑的通货膨胀挂钩债券和长期金边债券、约 3000 亿英镑公司债券、3000 亿英镑股票、约 2300 亿英镑海外股票、600 亿英镑私人股本、400 亿英镑英国股票。经过这一次危机之后，之前市场预测的主要集中在金边债券和通货膨胀挂钩债投资组合的 4 倍杠杆率，已降至 1.5 倍至 3 倍之间。摩根大通表示，与 LDI 相关的衍生工具头寸的市值损失可能在 1250 亿英镑至 1500 亿英镑之间。

从偿付能力角度来看，负债下降幅度大于资产下降幅度这一结果似乎正是 LDI 的本意所在，但显然面对极端的尾部事件，LDI 缺乏必要的流动性和担保品管理是硬伤。

5.3 "剜肉补疮"：临时性政策隐患重重

虽说具有一定成效，但英国央行的这一操作还是让全球金融机构都看傻眼了。英国央行一边加息紧缩，另一边又无限量地印钞票进场购买国债以保护养老金，这无疑会进一步加剧英国本来就愈发严重的通货膨胀危机。

如果只考虑短期的话，英国政府的财政刺激"撤回"和英国央行"暂时性 QE"确实可以起到修复债券市场流动性、稳定资产价格、避免债券市场流动性危机演化为债务危机甚至全面金融危机的作用，但这些依然是治标不治本。

从中长期看，首先，英国央行临时性 QE 与加息互相矛盾，市场对于中央银行政策倾向的预期更为困惑。英国国债市场动荡与流动性枯竭是"迷你预算"法案所引致的，随后英国央行为维护市场流动性进行"临时性 QE"，相当于中央银行为财政扩张的负面影响"兜底"，央行信誉降低与通货膨胀失控的风险可能进一步抬升。其次，虽然财政大臣亨特撤回财政刺激受到市场欢迎，但英国远未摆脱困境，经济和金融仍然处于非常不稳状态。再次，除英国央行外，保险与养老金、外资也是英国国债主要持有者，若外资抛售潮趋于恶化，英国央行或难以完全应对。最后，LDI 需要战略性解决暴露的流动性缺口。短期内是通过抛售金边债券来回笼约 100 亿英镑的流动性，但中长期会更倾向于抛售公司债券、ABS、CLO 等资产，因为这些资产市场流动性远远低于英国国债市场，如果 LDI 想要结构性地增加其流动性，未来他们可能会持有更多的英国国债，而不是公司债券等半流动资产，并使用更少的杠杆。这可能影响对 ABS、CLO 和类似短期浮动利率信贷产品以及公司债券的需求，甚至长期的非流动信贷头寸。

2022 年 10 月 12 日，英国央行行长就警告道：紧急购债干预是暂时性的，不会延长，计划仍定于 10 月 14 日结束。言论一经发布，英国国债市场还没回过神就又陷入新的恐慌，没有央行兜底保护养老金了，那养老金面临爆仓的风险就会再次加大，债券市场崩盘的可能性又一次加大。

作为此次危机的主角和受害者，英国养老金认为英国央行的救市举措还远远不够，强烈建议应该将紧急购债计划的结束日期从 10 月 14 日延长至 10 月 31 日，否则还是有爆仓的风险存在。事件的持续发酵，让英国的债券市场成为全世界各个金融机构最关注的焦点。

6　未雨绸缪——"向世界敲响的警钟"

随着 2022 年 10 月 14 日英国央行紧急购债计划的如期结束，英国完成首相的更迭，一切都逐渐回归正轨，英国养老金风波看似风浪渐息。但就像石子落入水中激起浪花后总会泛起层层涟漪，此次事件向世界各国的养老金体系发出了响亮的警报声，引发全球对于养老金风险管理的重新审视。

目前，人口老龄化已然成为全球面临的共同难题，随之而来的是巨大的养老金压力，养老金投资的长期稳定增值愈发重要。全球养老金在投资时普遍采取一定的交易策略对面临的风险进行管理，金融衍生品也就成为必然的选择。通常情况下，养老金投资都会设置缓冲区间，在一定程度的冲击下不会轻易出现崩盘的情况。然而，一旦出现类似英国此次的极端情况，养老金的内部流动性就会受到严重冲击，将会面临巨大的违约压力，缓冲区间所带来的安全保障也将失效，养老金就容易走向崩溃。

如何能够使养老金体系在极端情况下"幸免于难"？如何提高养老金体系的"抗压"能力？如何优化养老金的风险管理机制？这些都成为值得世界各国养老金体系管理者深刻思考、"未雨绸缪"的问题。

The "Sunset" of the Sun Will Never Set

Abstract: One of the black swan events of 2022 that shocked the world was the UK's "Lehman moment", when pension systems were on the brink of collapse. The "mini budget" bill introduced by the Truss government, which is characterized by tax cuts, and the continuous tightening of monetary policy adopted by the Bank of England to fight inflation has triggered unprecedented swings in bond yields and sent the UK pension system into an "Doomsday cycle". The Bank of England was forced into action, and the prime minister and chancellor of the exchequer came and went. Britain's pension system is now on an even keenest footing after a tiger-like manoeuvring. However, it is also a wake-up call for the world's pension risk-management system. This case focuses on the arcane risk-management tool LDI, and highlights the near-collapse of the UK pension system under the "Mini-budget" act. Through case study, students are guided to discuss the risk management mechanism and risk hedging of pension system.

Key words：UK pension；Liability Driven Investment；Mini-budget；Doomsday Cycle

 # 案例使用说明

一、教学目的与用途

1. 适用课程：衍生金融工具、金融理论与政策、投资学。

2. 适用对象：金融专业硕士、具有一定工作经验的企业管理人员及经济类、工商管理类相关专业本科学生。

3. 教学目的：本案例回顾了英国养老金危机这一事件的全过程，案例正文主要阐述了"迷你预算"法案颁布后，英国遭遇"股债汇三杀"，养老金市场陷入"末日循环"，英国央行不得不出手救市，并向世界各国的养老金管理体系敲响警钟。案例旨在引发同学们对英国出现此次养老金危机和金融市场动荡的原因进行分析，目的是激发同学们对该事件的兴趣，从而引导同学们在学习理论知识的同时，能够对该事件进行进一步的关注与思考。

二、启发思考题

1. 英国是世界上最早建立现代化社会保障制度的国家之一，请简述其养老金体系存在的传统风险及负债驱动型投资（LDI）产生的原因。

2. 负债驱动型投资（LDI）在过去 20 年中，一度完美履行了其风险管理的职能，但如今却犹如洪水猛兽一般使得英国人赖以生存的养老金几近崩溃。请结合 LDI 的运作逻辑说明其暗藏的风险。

3. 特拉斯上任后出台的包含多项减税政策的"迷你预算"法案引发了英国金融市场的剧烈动荡，试阐述其引起英国"股债汇三杀"的内在逻辑机理。

4. 结合 LDI 的作用机理分析此次英国"股债汇三杀"波及养老金体系的原因，并结合材料阐述英国养老金危机背后的"末日循环"。

三、分析思路

教师可以根据教学目标灵活使用本案例，本分析思路仅供参考。

具体思路如下：

1. 从利率风险和通货膨胀风险两方面分析养老金体系中的问题，引出负债驱动型投资（LDI）产生的原因。

2. 通过养老金危机事件全过程，分析负债驱动型投资（LDI）的逻辑机理，讨论英国养老金传统的风险管理机制及其所含风险。

3. 从减税政策出台的背景出发，围绕国债价格与到期收益率①的关系，结合英国实际情况与市场对"迷你预算"法案的反应，思考英国此次金融市场动荡即股市大跌、债市狂抛、汇市崩盘的内在原因与逻辑。

4. 针对英格兰银行出手后仍存在的养老金流动性危机这一"定时炸弹"，阐述英国养老金危机背后的"末日循环"是如何产生和发展的。

四、理论依据与分析

1. 英国是世界上最早建立现代化社会保障制度的国家之一，请简述其养老金体系存在的传统风险及负债驱动型投资（LDI）产生的原因。

英国养老金体系存在的传统风险主要聚焦在利率风险以及通货膨胀风险两方面，原因如下：根据债券市场中久期的概念，在其他因素相同的情况下，久期越长，债券价格对利率的变动越敏感。由于养老金的久期通常很长，即养老金未来现金流的现值对利率十分敏感。此外，由于英国养老金多数与通货膨胀挂钩，通货膨胀水平的变化也会使养老金现值出现波动。通货膨胀率上升，生活成本增加，随之养老金的负债增加。所以通货膨胀越高意味着养老金在未来需要支出的金额就越多，利率不变的情况下负债的净现值也就越高。因此，英国养老金的风险对冲目标主要集中在应对利率变化以及通货膨胀所带来的影响上。当养老金资产端和负债端折现后的现值不匹配时，就需要按照其负债端对名义利率和通货膨胀的敏感度，来设定其资产端对名义利率和通货膨胀的敏感度，以使其二者相匹配。为了达成资产与负债的完全匹配，实现对冲利率风险和通货膨胀风险，负债驱动型投资（LDI）

---

① 到期收益率是利率水平的有效衡量指标。到期收益率与利率是同向变动的。

应运而生。

综上所述,英国养老金体系的传统风险主要有利率风险以及通货膨胀风险。折现率通常与长期市场利率挂钩,市场利率下降,养老金计划的投资收益率降低,折现率下行,负债的现值增加,需要更多的资金来匹配未来的支出(见表1)。

表1 养老金对利率变动(利率风险)

项目	利率上升	利率下降
养老金	盈利	亏损

英国养老金主要是由私营的金融公司管理,对于庞大的养老金市场,每一家公司都需要承受利率的波动,而如果利率周期长,单独的一家公司是不能承受的,所以利率风险的对冲尤为重要。因此,养老金管理公司找投行进行衍生品的交易来对冲风险,即负债驱动型投资(LDI)。LDI相当于养老金和投行"对赌",赌国债收益率的涨跌:国债收益率下降,养老金能按给定的利息赚到钱,但如果国债收益率上升,养老金就会产生亏损,出现保证金不足时还需要进行补缴(见表2)。

表2 在 LDI 下养老金和投行对利率变动

项目	利率上升	利率下降
养老金	亏损	盈利
投行(LDI)	盈利	亏损

从养老金的角度看,采用LDI后,无论利率的涨跌,LDI和养老金的实际拥有者——个人用户的两方面收益和损失能够相抵,从而风险被对冲(见表3)。

表3 养老金总体变动

项目	利率上升	利率下降
养老金面向用户	盈利	亏损
养老金面向投行(LDI)	亏损	盈利
总风险	—	—

对于养老金而言，虽然利率风险被对冲，但在担保方面仍有区别。作为客户，无论利率涨跌都无需支付保证金，只需到期提取养老金。然而，养老金管理公司和投行之间的衍生品 LDI 需要担保，一旦利率上涨，养老金相当于亏损，此时需要提供更多的保证金作为担保（见表4）。

表4　　　　　　　　　　　　　　　　　　保证金变动

项目	利率上升	利率下降
保证金面向用户	无	无
保证金面向投行（LDI）	交保证金（保证金担保）	收保证金
总风险	交保证金	收保证金

2. 负债驱动型投资（LDI）在过去20年中，一度完美履行了其风险管理的职能，但如今却犹如洪水猛兽一般使得英国人赖以生存的养老金几近崩溃。请结合 LDI 的运作逻辑说明其暗藏的风险。

（1）LDI 的运作逻辑。LDI 使用杠杆来增加对长期国债的风险敞口，同时，又通过持有高风险、高收益的资产来提高整体的收益率。例如，通过使用互换等衍生品来匹配长期负债，用利率互换（IRS）来匹配利率风险，或者用通货膨胀互换来匹配通货膨胀风险等（见图1）。因此，养老金只需投入初始保证金进行交易，而国债收益率的变动方向则会决定养老金是需要缴纳还是获得更多的保证金。例如，当国债收益率上升，养老金需向交易对手方缴纳保证金；当国债收益率下降，养老金可以获得交易对手方的保证金。

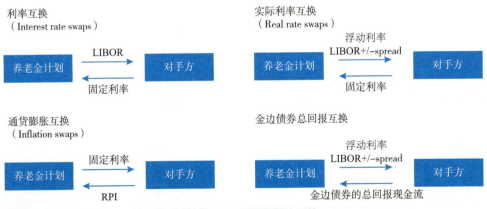

图1　养老金计划常用的互换

以利率互换（IRS）为例，英国养老金近年来多使用利率互换中的"支付浮动利率，获得固定利率"，也就是养老金买入长期国债，产生固定利息收入，其通过和交易对手方（投行）签订协议，支付浮动利息。由于利率互换只需向投行缴纳少量担保品和保证金，就能获得长期的资金匹配契约，所以优惠下来的融资成本使得养老金可以买入收益率更高的股票或企业信用债券，以获得更多的收益。这既能满足监管的要求，又能实现资产端和负债端在期限上的匹配，还能获得收益。如果利率下降，一方面负债的净现值上升，另一方面 IRS 赚钱，资产和负债同步上涨，相互抵销。如果利率上升，虽然 IRS 亏损，但负债的净现值也有所下降，从而也会相互抵销。下面举例进行详细解释说明。

假设某养老金计划在 30 年后有一笔 100 元的固定支出。这段时间内的平均年利率预期为 4.00%，因此这笔支出当前的价值为 31 元。为了对冲该现金流的利率风险，养老金计划可以采取以下措施：a. 将 31 元投资于一个 30 年期的债券；b. 与对手方达成一个本金为 31 元、固定利率为 4.00% 的 30 年期 IRS 合约。相比完全持有债券，IRS 只需支付保证金。假设 IRS 保证金约 10%，那只需占用 3.1 元的资金就能覆盖等价 31 元债券的现金价值（即 30 年后的支付敞口），剩余的 27.9 元便可用于投资高收益资产（见图 2）。

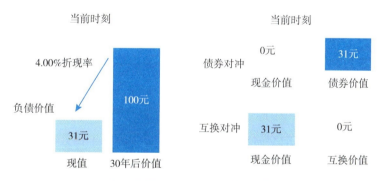

图 2　利用债券或互换对冲利率风险

假设由于宏观环境的变化，未来 30 年的预期利率下降了 1%，变为 3%。那么，负债的价值将增加 10 元，达到 41 元。如果养老金计划只有债券，债券价格也相应上涨为 41 元。如果养老金计划持有的是互换，那么当预期利率下降为 3% 时，未来预计支付的金额将减少。由于收到的金额依然保持不变，所以互换合约的价值就会上涨，即：养老金计划以 31 元为本金支付每年 3% 的利息（30 年后为 75 元），但收取的仍为 4%（30 年后，对手方支付 100 元）。这两笔资金流在 30 年后的差额是 25

元，按 3% 折现到当前为 10 元。

反之，如果利率上升到 5%，那么负债的价值减少 10 元，为 21 元。同时债券也相应跌到约 21 元，而互换收到的金额不变，但支付的金额增加，因此，互换合约的价值就会下跌，约亏损 10 元，亏损到一定程度则需要补保证金（见图 3）。

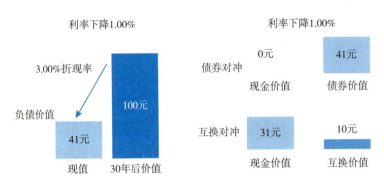

图 3　预期利率变动时，债券和互换对冲负债的风险

因此，在不同情况下，养老金的 LDI 始终能保持资产与未来现金流支出（负债）相匹配。同时，相比全部持有债券，衍生品能够节约占用的资金，前期只需向投行缴纳少量的担保品，就可以获得足够的敞口。节约下来的资金，可以用于配置短久期高收益率的企业债券、股票等，从而实现养老金的增值。

（2）LDI 的风险。LDI 的风险主要是由于其使用杠杆，也就是使用衍生品，从而存在的流动性风险，该风险容易受到利率波动的影响。当使用 LDI 的资金规模和使用衍生品的资金规模越来越大时，其所蕴含的风险也会被数倍扩大。英国养老金近年来多次使用利率互换中的"支付浮动利率，得到固定利率"，也就是买入长期国债得到固定利息收入，向交易对手方投行支付浮动利息。因此，作为浮动利率的支付者，采用 LDI 的养老金对长期浮动利率负债十分敏感。利率如果一直下行，通货膨胀也维持在低位，支付浮动利率而获得固定利息收入会让养老金赚很多钱。然而，由于全球加息潮的影响，英国利率逐渐上行，通货膨胀率也不断上升。当利率大幅上升时，使用 LDI 的养老金的浮动利息的支出远远超过了所购买长期国债的固定收益，在利率互换中产生了亏损。同时，由于养老金提供给投行的担保品是国债，其价格与到期收益率成反比，收益率的飙升意味着国债价格的暴跌，此时养老金需要追加保证金或提供更多担保品。当出现这种情况的时候，为了填补保证金的缺口，养老金的基金经理就不得不抛售流动性最好的资产，即英国国债，以此获得足够的资金进行保证金的补缴。然而，这种行为会引发国债价格进一步的下跌，收益率的再次上升。总结：收益率大幅上涨→衍生品出现亏损→需要补缴保证金→抛售国债来回收资金→加剧国债价格下跌，收益率上涨。

3. 特拉斯上任后出台的包含多项减税政策的"迷你预算"法案引发了英国金融市场的剧烈动荡，试阐述其引起英国"股债汇三杀"的内在逻辑机理。

（1）减税政策出台的背景和初衷。

在特拉斯上台之前，英国所处的局面非常复杂严峻。首先，英国经济增长乏力，常年经济增长率徘徊在2%。其次，受到脱欧与疫情的影响，出现劳动力短缺、需求市场萎缩等问题。最后，在俄乌冲突之下，能源与物价飙升，2022年7月，通货膨胀率已经达到10.1%，维持在近40年来的高位，能源危机和严重通货膨胀让民众生活成本陡增。面对英国目前低增长、高通货膨胀的局面，特拉斯政府的思路在于通过经济增长创造出足够的社会财富来支撑英镑币值，倾向于一种"以时间换空间"的思路。同时，特拉斯政府又认为高税率破坏了英国竞争力，降低了企业投资和人们工作的积极性，因此，刺激增长的重担最终落在了减税上。面对英国目前的局面，特拉斯在其上任首相后，基本贯彻新自由主义思想，上任"三把火"可以简单总结为：巨额能源补贴和史上最大减税方案。

（2）引起英国"股债汇三杀"的内在逻辑机理。

英国政府的激进减税措施属于宽松的财政政策，其与英国近些年为抑制通货膨胀而采取的加息的紧缩的货币政策相悖，且有以下三个不合适之处：第一，"迷你预算"法案的出台会提升英国的债务水平。英国当前的财政健康程度根本不足以支持这种"历代级"的财政刺激，大规模的减税会大幅加剧英国国债的违约风险，致使英国国债收益率急速攀升。为支付庞大的财政开支，英国政府未来需要增加举债，这将导致英国政府的预算和经常账户赤字进一步扩大，从而对英镑、国债和股票带来压力。第二，减税政策会加剧英国本就严峻的通货膨胀问题。英国当前最大的问题是高企的通货膨胀，首要的任务应为控制通货膨胀，稳定物价，而大规模的减税会削弱英国央行加息所产生的效果和作用，迫使英国央行采取更激进的紧缩性货币政策，导致股价下跌和国债收益率的上升。同时，货币政策与财政政策相悖，会使得民众的未来预期充满不确定性，从而降低对市场的信心，且并不被国际市场所看好，这会使得特别依赖外国资本的英国或将面临越来越大的风险，尤其是不能再吸引足够的外国资本以维持对外收支，最终可能导致英国经济的撕裂。第三，大规模的减税实际上加剧了英国贫富差距。"迷你预算"法案中的减税项目对低收入人群的帮助有限，反而高收入人群颇能受益。此外，英国政府很有可能因为未来财政收入的减少，所以削减社会援助开支，这也使得中低收入群体产生不满。

因此，"迷你预算"法案引起英国"股债汇三杀"的主要原因在于市场对英镑失去信心、催动英镑贬值，同时市场担心其发布的减税政策会进一步刺激通货膨胀升温，从而陷入恶性通货膨胀螺旋。因此，左右英镑的主要因素不再是英国国债收益率而是英国整体经济的风险溢价。

对于股票市场，考虑到股市的敏感性，减税政策对于股市的影响可能来自多方面：首先，减税会导致利率上升，从 DCF 的框架看，利率上升会导致必要报酬率上升，反映在股价上则会导致股价暴跌。其次，养老金危机很可能会导致系统性风险，出于避险情绪，股市大跌。最后，从长期看，特拉斯政策可能会加剧贫富差距，加大社会动荡，这些预期对股市也是重大打击。

对于汇率市场，减税对于汇率的影响主要原因在于激进减税政策有可能损害英国的主权信用，市场存在担忧情绪。一国货币表现的背后是该国的信用支撑，巨额减税可能会导致英国政府的财政赤字大幅增加，并且在中长期内推动政府债务大幅增长，国际市场出于对英国主权信用的悲观预期，纷纷抛售英镑，造成了汇率的大幅下降。

对于国债市场，国债收益率和汇率一般是强正相关关系，理论上国债收益率上涨，汇率上涨。然而，左右英镑的主要因素不再是英国国债收益率而是英国整体经济的风险溢价，国债收益率于英镑而言是负相关的关系，英镑贬值意味着国债收益率会上涨。减税使得收益率上行，国债价格下跌，从而导致英国养老金的投资亏损。

总之，英国此次"股债汇三杀"的直接原因是"迷你预算"法案的出台使得英国财政当局失去了市场公信力，民众对英国经济增长的前景极度丧失信心，对政府债务产生担忧以及对政策未来预期充满不确定性。

4. 结合 LDI 的作用机理分析此次英国"股债汇三杀"波及养老金体系的原因，并结合材料阐述英国养老金危机背后的"末日循环"。

（1）英国"股债汇三杀"波及养老金体系的原因。

首先，英国养老金的运作模式为用负债驱动型投资对冲负债。英国企业提供给员工们的职业养老金主要分为两种：收益确定型计划和缴费确定型计划。在养老金的逐步发展历程中，DB 计划凭借其可以提供确定型的退休待遇并可以抵御长寿风险，为员工提供终身的养老保障的特点，成为企业吸引员工的策略和行业共识。DB 计划又称"最终薪金养老金计划"（Final Salary Schemes），其含义为养老金的管理者承诺将在员工退休时支付一笔固定的钱，所以员工退休后能拿到多少只取决于其现在支付多少，与管理者的投资表现并没有任何关系。因此对于养老金本身而言，

DB 计划意味着未来其需要支付给客户的钱是固定的。例如，假设养老金需要在 30 年后向客户支付 50 万英镑的养老金，那么养老金可以现在购买于该年到期的英国国债。此外，如果买到优质的收益率更高的企业债券，其可以在购买债券之余使用额外的资金投资股市、房地产或其他成长型资产。养老金自己则需要不断调整自己的投资计划以满足这个目标。久期（Duration）是债券市场中的一个概念，指债券的平均到期时间，即债券持有者收回其全部本金和利息的平均时间，主要用来衡量债券价格变动对利率变化的敏感度。在其他因素相同的情况下，久期越长，债券价格对利率的变动越敏感。如果按照上述的例子，30 年的久期就意味着，该养老金未来现金流的现值（即负债的净现值）对利率十分敏感。此外，由于英国养老金多数是与通货膨胀挂钩的，通货膨胀水平的变化也会使得养老金现值出现相对的波动。通货膨胀越高，养老金在未来需要支付的金额也就越多，利率不变的情况下负债的净现值就相对越高。长期以来，英国多数养老金一直采用 LDI 来对冲其负债。当养老金资产端和负债端折现后的现值不匹配时，就需按照其负债端对名义利率和通货膨胀的敏感度，来设定其资产端对名义利率和通货膨胀的敏感度，使二者相匹配。

DB 计划一直以来都在英国金融市场中占据主导地位，其总资产远远高于 DC 计划资产额，因此 DB 计划也是英国金融市场系统性风险的来源之一。正是由于 DB 计划体量大，才需要采取保障机制，对冲其大幅波动的风险，以保证养老金和金融市场的稳定。因此，英国养老金使用了衍生品中的一种——利率互换（Interest Rate Swap，IRS）来匹配其利率风险，或者使用通货膨胀互换（Inflation Swap）来匹配其通货膨胀风险。利率互换就是指交易双方在一笔相同名义本金数额的基础上相互交换具有不同性质的利率支付，目的是减少融资成本。英国养老金近年来多使用利率互换中的"支付浮动利率，得到固定利率"。英国养老金买入长期国债，获得固定利息的收入，其通过和交易对手方——投行签订协议，支付浮动利息。利率互换只需要向投行缴纳少量保证金和担保品，就可以获得长期限的资金匹配契约。优惠下来的融资成本使养老金可以买入收益率更高的股票或企业信用债券。这既能满足监管的要求，又能实现资产端和负债端在时间上的匹配，还能获得资产端的收益。虽然其大部分存在一定的利率互换风险敞口，但是养老金里存在杠杆是一个很普遍的行业现象（见表 5），只要加强监管，实现良好运作，这一策略是可以帮助基金管理利率风险，也就是在引入额外风险的情况下，改善投资风险和回报之间的平衡。

通过以上阐述，可知英国养老金是作为固定利率的获得者、浮动利率的支付者，因此其对长期浮动利率负债十分敏感。在过去 20 多年间，英国利率一路下行，通货膨胀也位于较低水平，这对于支付浮动利率而获得固定利息收益的养老金来说可谓是赚到了很多钱。然而，自 2022 年以来，全球央行掀起了加息潮，英国利率也受到了影响而逐渐上升，英国国内通货膨胀水平也一路飙升至 40 年来的高点。尤其是在特拉斯政府宣布了激进的减税计划后，英国债券市场陷入"腥风血雨"，英国金融市场大动荡，英国 30 年期国债收益率在短短一段时间内快速飙升了 120 个基点，而英国的 10 年期国债收益率则在一年内飙升了超过 300 个基点，英国遭受"股债汇三杀"。随着利率的快速升高，浮动利息的支出远远超过了养老金所购买的长期国债的固定利息收益，意味着养老金的利率互换产生了亏损。同时，英国养老金提供给投行的担保品是国债，价格和收益率呈反比变动关系，收益率的飙升带来了价格的暴跌。如此一来，保证金和担保品被快速耗尽，养老金需要持续补缴。

表5   LDI 变化的因果机制，DB 基金完全不对冲情况

利率变化	杠杆高低	结果
缓慢上升	高	资产下降，负债下降，净资产上升，无需追加保证金
缓慢下降	高	资产上升，负债上升，净资产下降，无需追加保证金
突然上升	高	资产下降，负债下降，净资产上升，大概率需要追加保证金
突然下降	高	资产上升，负债上升，净资产下降，无需追加保证金
缓慢上升	低	资产下降，负债下降，净资产上升，无需追加保证金
缓慢下降	低	资产上升，负债上升，净资产下降，无需追加保证金
突然上升	低	资产下降，负债下降，净资产上升，无需追加保证金
突然下降	低	资产上升，负债上升，净资产下降，无需追加保证金

注：部分利率变动的影响没有被对冲，资产负债不完全同步变动。

其实 LDI 在设计的时候不是没有考虑到利率上升可能带来的担保品不足的问题，也预留一定的安全垫。但问题是，在经历了十余年的低利率、低增长后，没有人会预料长期收益率飙升的尾部风险的情况，然而此次发生的就是这类极端事件。

为了补缴超百亿英镑的保证金和担保品，使用 LDI 的养老金开始抛售各类资产，整个英国养老金陷入"末日循环"。

（2）英国养老金危机背后的"末日循环"。

英国的"股债汇三杀"导致了养老金的亏损，同时养老金面临需要补缴保证金

或担保品的局面。通常情况下，养老金可以通过投资新的高收益债券，以提高担保品的价值，满足投行所需，而且 LDI 在资产和负债之间设置了一定的缓冲区间。然而，此次英国国债价格是在短时间内的突然暴跌，速度快，时间短，冲击大，影响广，以至于养老金没有足够的缓冲时间和机会，英国养老金内部流动性受到了严重冲击，面临着巨大的违约压力，缓冲区间所带来的安全保障在极端情况的出现下已经无法保护养老金。因此，英国国债持续被抛售，国债价格继续下跌，国债收益率不断上升，养老金在利率互换中需要支付的利率接着升高，保证金和担保品又需持续补足，就不得不再抛售更多的英国国债去弥补缺口。如此循环往复，英国养老金陷入了一场"末日循环"，也是"死亡螺旋"。

英国养老金占的市场规模庞大，除了英国央行持有的国债外，养老金持有的资产占英国机构资产管理市场的 40% 左右，占英国 GDP 的三分之二。养老金通过抛售资产以补足保证金头寸，其包括股票和债券在内的全部资产的价格都会大幅度下跌，这会导致金融市场的"大地震"、"大动荡"，英国监管机构的"噩梦"。

随着英国养老金的崩盘和金融市场的动荡，英国央行被迫下场出手救市，旨在将处于悬崖边缘的养老金拉回到正轨。英国央行如果没有及时出手，英国长期国债收益率很有可能会一路飙升，养老金可能会面临大规模的爆仓和破产，无数英国人赖以生存的养老金将在一夜之间蒸发，整个英国的金融体系也将陷入混乱。如果英国养老金监管局不能在短期内协调好养老金与投行间利率互换中的保证金和担保品问题，一旦英国长期国债收益率再次出现飙升，养老金的资产端价值又会遭遇大幅贬值，流动性危机随时会再次爆发，又将陷入"末日循环"之中。

五、关键要点

1. 关键点：本案例通过描述英国养老金由于"迷你预算"法案的出台而被推至崩溃边缘这一事件，引导学生深入思考英国养老金的负债驱动型投资（LDI）、风险管理机制及其所隐含的风险。以实际案例为立足点，加强学生对相关理论知识的掌握，激发学生对实际问题的兴趣与深入思考能力。

2. 关键知识点：负债驱动型投资（LDI）、国债收益率与国债价格的关系、货币政策、财政政策。

3. 能力点：分析能力、逻辑思维能力、批判性思维能力、提炼问题核心的能力、创新性思维能力和解决实际问题的综合能力。

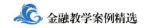

六、建议课堂计划

本案例可用于专门的案例讨论课，授课教师可参考本案例使用说明，做好案例教学计划与安排，具体如表6所示。案例课堂的教学时间建议控制在 80～90 分钟。

若授课教师拟将本案例用于课程中的教学辅助案例，建议要求学员提前熟悉案例内容、做好分组研讨，节约课堂时间，课堂上的案例讨论与分析主要围绕 3～4 个启发思考题展开。

表6　　　　　　　　　　　　　　教学计划安排

案例教学计划	教学活动及内容	辅助手段	时间安排
课前计划	提前发放案例正文、启发思考题和背景资料，要求学员们在课前完成阅读和初步思考。同时将学员分组，小组规模在 5～6 人为宜，要求以小组为单位进行案例阅读、相关资料查询与课前讨论		提前1周
课中计划	案例教学导入：教师简单扼要地介绍案例的内容与主题，说明案例讨论的教学目的、要求和安排等	PPT 投影	5分钟
	案例回顾：由教师带领学生简要回顾案例正文		5分钟
	分组讨论：按照原先的分组，以小组为单位，对 LDI 蕴藏的风险、英国"股债汇三杀"产生的原因和养老金危机背后的"末日循环"进行讨论，对案例中重点问题从理论知识角度进行讨论分析		20分钟
	讨论成果分享：从所有小组中任意抽取一组，派出代表来展示自己小组的分析成果，内容包括：案例重点内容总结、回答启发思考题，以及小组成员对该案例的启示	PPT 投影 + 白板	20分钟
	其他小组补充：从剩余的所有小组里抽取一位代表，对刚刚汇报的小组内容进行点评和补充		25分钟
	教师进行总结：教师对于案例讨论进行归纳总结，并进一步鼓励学生对于案例中的一些知识点进行发散性思考和分析		10分钟
课后计划	请学员们结合课堂讨论情况，进一步完善自己的观点，并形成最终的分析报告，重点分析"黑天鹅"事件的起因、经过和结果，以及所带来的启示		

相关附件

附件 1：案例时间线

时间	事件
2 月 24 日	俄乌冲突爆发，全球能源市场价格大幅上涨、英国民众面临支付不起能源账单的局面，英国陷入高通货膨胀泥潭
9 月 22 日	英格兰银行宣布加息 50 个基点，紧缩的货币政策致使债券收益率升高
9 月 23 日	"迷你预算"法案出台，宽松的财政政策与紧缩的货币政策相悖，引起"股债汇三杀"
9 月 27 日	多家采用负债驱动型投资（LDI）的养老金发出可怕信号，诸多养老金面临破产危机
9 月 29 日	英国央行紧急宣布，将暂时推迟英国首相特拉斯政府的量化紧缩措施的实施，并且斥巨资 650 亿英镑用来购买英国国债，同时声明"无限购债"行为，此举暂时缓和了养老金面临的危机
10 月 3 日	财政大臣宣布表示英国政府不会再推进此前提出的关于取消 45% 最高所得税税率的计划。十天后，英国政府撤回"迷你预算"中的两项内容
10 月 14 日	英国财政大臣辞职，英国国债收益率出现大面积的回落
10 月 20 日	英国首相发表辞职声明宣布辞去英国保守党党首职务，英镑对美元的汇率、英国股市、英国国债价格均小幅上涨
10 月 24 日	英国前财政大臣重新成为执政党保守党新党首，确认将出任英国首相，各项金融产品价格再次上涨

附件 2：英国 30 年期国债收益率

日期	英国 30 年期国债收益率（%）
2022 年 8 月 1 日	2.28
2022 年 8 月 2 日	2.28
2022 年 8 月 3 日	2.31
2022 年 8 月 4 日	2.29
2022 年 8 月 5 日	2.43
2022 年 8 月 8 日	2.36
2022 年 8 月 9 日	2.35
2022 年 8 月 10 日	2.34
2022 年 8 月 11 日	2.45
2022 年 8 月 12 日	2.54

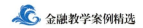

续表

日期	英国 30 年期国债收益率（%）
2022 年 8 月 15 日	2.44
2022 年 8 月 16 日	2.52
2022 年 8 月 17 日	2.62
2022 年 8 月 18 日	2.63
2022 年 8 月 19 日	2.72
2022 年 8 月 22 日	2.84
2022 年 8 月 23 日	2.88
2022 年 8 月 24 日	2.94
2022 年 8 月 25 日	2.89
2022 年 8 月 26 日	2.88
2022 年 8 月 29 日	2.89
2022 年 8 月 30 日	2.98
2022 年 8 月 31 日	3.08
2022 年 9 月 1 日	3.20
2022 年 9 月 2 日	3.29
2022 年 9 月 5 日	3.20
2022 年 9 月 6 日	3.39
2022 年 9 月 7 日	3.37
2022 年 9 月 8 日	3.51
2022 年 9 月 9 日	3.47
2022 年 9 月 12 日	3.45
2022 年 9 月 13 日	3.48
2022 年 9 月 14 日	3.45
2022 年 9 月 15 日	3.47
2022 年 9 月 16 日	3.45
2022 年 9 月 19 日	3.47
2022 年 9 月 20 日	3.61
2022 年 9 月 21 日	3.59
2022 年 9 月 22 日	3.78
2022 年 9 月 23 日	4.04
2022 年 9 月 26 日	4.52
2022 年 9 月 27 日	4.99

数据来源：根据 Wind 数据整理。

参考文献

［1］纪志宏. 货币政策与国债收益率曲线［J］. 中国社会科学院研究生院学报，2003（3）.

［2］阎晓春. 负债驱动的投资：英国养老金投资策略的新变化及对中国的启示［J］. 武汉金融，2007（5）.

［3］胡继晔. 养老金体系在富裕国家的变化——以英国为例［J］. 国际经济评论，2011（6）.

［4］陈静. 量化宽松货币政策的传导机制与政策效果研究——基于央行资产负债表的跨国分析［J］. 国际金融研究，2013（2）.

［5］孙守纪. 认知、协商与共识：英国养老金制度改革的经验借鉴［J］. 探索，2018（5）.

［6］曾芸，霍达，袁绍锋. 国债期货促进货币政策利率传导了吗？——基于国债期货、现货与回购市场联动的视角［J］. 金融评论，2019，11（6）.

［7］吕和威，岳国强. 发达国家金融危机后非常规货币政策的宏观经济效应研究——基于2008－2019年发达经济体实施超低利率与量化宽松政策效应评析［J］. 价格理论与实践，2022（9）.

［8］陈晋. 英国央行货币与金融稳定政策［J］. 中国金融，2023（6）.

［9］王振瀚. 英国养老金危机的启示［J］. 中国金融，2023（10）.

［10］David Romer. Advanced Macroeconomics［M］. McGraw－Hill Education，1996.

［11］Roy A. Innovative approaches to managing longevity risk in Asia：lessons from the West［Z］. ADBI Working Papers，2012.

后　记

本书汇编的教学案例均来自于金融教指委全国金融专业学位案例中心。金融教指委自2015年开始积极组织全国金融硕士教学案例大赛，并将获奖案例收录入库。

该案例中心以"共建·互利·合作·共赢"为宗旨，积聚各方力量，精心建设，积极推动案例教学，形成了覆盖金融专业学位各应用性课程的教学案例体系，为金融专业学位教育的发展做出了具有深远影响的贡献。

东北财经大学金融学院积极组织师生参与教学案例建设。此次汇编的10篇教学案例就是学院师生完成并入选该案例中心的优秀教学案例，是学院历年重视教学案例建设的成果结晶和优秀案例的代表。

感谢金融教指委全国金融专业学位案例中心对东北财经大学金融学院上述教学案例的认可。感谢金融教指委全国金融专业学位案例中心的授权，使得我们有机会将这些教学案例结集出版。

感谢东北财经大学金融学院师生对全国金融硕士教学案例大赛的积极参与，感谢相关师生的授权，使这些教学案例有了另一个展示并更广泛应用于教学的机会。

在本书的出版过程中，得到了经济科学出版社的大力支持，特别是李建编辑，她的敬业精神和勤奋工作，才使本书如期出版，在此也深表感谢。

在教学案例的编写过程中，我们参考了大量的国内外同行的相关研究成果，从中得到了许多启示和帮助，在此向这些作者表示深深的敬意和谢意。

此次教学案例的结集出版，是对过去学院教学案例建设的一个阶段性总结，更是学院持续做好教学案例建设的起点。期待案例集的出版能发挥更好的辐射带动作用，调动更多师生参与教学案例建设的积极性，产出更多更高水平的教学案例。

编者

2023年9月